단절 이후의 삶

노년이야기

박경숙 · 안경진 지음

다 산 출 판 사

목 차

2장 삶의 서사와 의미 • 35

3장 늙고 쇠퇴하는 것을 깨달으며 산다는 것 • 95

4장 K 돌봄의 미래 · 155

5장 죽음 앞에서 · 203

들어가며

코로나와 함께한 2년, 삶이 많이 변했다. 개인적으로 가장 크게 경험한 것, 혹은 가장 분명하게 이전 삶과 차별화된 경험은 세상과의 단절이다. 이전에도 혼자의 시간이 많았지만, 그와는 비교가 안 될 정도로 혼자의 시공간 속에 묻히게 되었다. 혼자 먹고, 혼자 산책하고, 혼자 운동하고, 혼자 작업하고, 혼자 산다. 사람들과의 만남이 뚝뚝 끊어져 나갔다. 스쳐 지나는 사람들 사이에 서 있다. 어디에도 속하지 않는다는 감각이 매우 컸다. 세상에 대한 관심도 사라졌다. 한때는 분노하고 집착했던 말들이 소음으로, 그것도 점점 멀리서 들린다. 구글과 네이버를 검색하는 빈도도 뜸해졌다. 세상에 대한 관심만 사라진 게 아니라 나라는 존재도 사라지고 있는 느낌이다. 활력을 유지하려고 애쓰지만 하고 싶은 의지가 생기지 않는다. 존재가 아무것도 아니라는 느낌이 강하다. 세상과 자의식이 사라지는 것 같은, 자유라기보다 무중력에 갇혀 있는 느낌이고 존재하지 않는 것 같은 느낌, 비존재감, 매우 충격적인 느낌이었다. 세상도 나라는 존재도 낯설다. 사물을 인지하는 능력도 크게 쇠퇴한 듯하다. 그러면서 비존재가 본질일까 싶기도 하고, 관계와 사건, 감정, 의미, 그리고 기억이 존재라고 믿는 것의 기본일까 싶기도 하다.

단절되는 경험에서 조금은 더 가까이 오는 것도 있었다. 손에 잡히지 않는 세상의 일들이 아니라 하루 일상에서 만나는 사람, 사물, 동물, 식물들이다. 언제나 있을 것 같았지만 무심했던 존재들과 더 빈번하게 소통하고 사소한 이야기를 나눈다. 그동안의 소원했던 관계를 반성하고 새롭게 관계를 맺는 경험도 하게 된다. 사소한 것들을 유심히 보면서 어린아이가 물어볼 것 같은 가장 기본적인 질문들을 하기도 한다. 그러면서 스쳐 지나갔던 모습을 유심히 본다. 단순하고 반복되고 느린 동작으로 만나는 존재, 그렇게 노년의 삶이 가까이 다가왔다. 단절과 느린 시간대에서 나의 삶과 노년의 삶이 뭔가 닮아 있는 것 같다. 그 시간대에서 사람들과의 관계가 하나둘 떨어져 나가고, 촘촘하게 짜여 있던 하루의 일과들도 사라진다. 활동의 흐름이 느려진다. 바깥 세계는 빨리 지나가는데 노인은 아주 천천히 움직인다. 바쁘게 지나가는 사람들 사이에서 움직이지 않는 듯 움직인다. 이해하지 못할 것 같은 의미들이 느림 속에 조금씩 드러나는 듯하다.

코로나 상황은 좀처럼 보지 않았던 질병과 죽음에 대한 우리 자신의 시선을 보게 했다. 평소에는 질병을 얕잡아 보았다. 그러나 자연이 세상과 삶을 총체적으로 마비시킬 수 있는 엄청난 위력을 가진다는 것을 실감했다. 그리고 언제 닥칠지 모르는 전염을 두려워하면서 우리 모두는 격리되었다. 질병의 위력을 두려워할 뿐만 아니라 질병을 가진 존재를 매우 위험하게 여기면서. 2020년 코로나의 습격은 고령자의 생명을 많이 앗아갔다. 많은 노인이 요양원에서 자신이 어떤 상황에 있는지도 대부분 자각하지 못하면서 생명을 다했을 것이다. 그러나 세상은 노인의 죽음에 별 감흥이 없는 것 같다.[01]

01 요양원이나 요양병원의 의료, 방역 상황이 어려운 것으로 전해진다. 몇 명씩 방을 함께 쓰고 있고, 신체적으로 허약하고 지병 등이 있어 집단 감염에 노출되고 사망 위험도 크다. 관련 기사를 보면 안전하게 부모를 보호할 수 있는 방법을 찾지 못하는 가족들의 안타까움이 전해진다. 돌봄의 외주화와 집단 격리가 취약한 노인들의 생명을

단절 속에서 경험하는 비존재감, 고통, 죽음에 이렇게 무심해도 좋은가. 2018년 미투 운동 이후 우리 사회의 인권, 성 평등에 대한 인식은 상당히 개선되었다고 생각했다. 약자로 명명되어 일상화된 폭력에 노출되고 위축된 삶을 살아가는 다양한 존재들의 고통에 대해 방관자가 아닌 저항하고 연대하는 시민들을 기대하였다. 그럼에도 노인의 단절과 그 속에서 겪고 있는 삶의 고뇌는 인간의 권리의 시선에 주목되지 못하는 것 같다. 누구나 통과해야 하는 삶의 과정이 세상으로부터 단절되는데 이렇게 무심해도 괜찮은가? 노인이 세상에 나와 마음껏 삶을 향유할 수 있기 위해서뿐만 아니라 아직은 노년이 아니라고 생각할지 모르는 아동, 청년, 중년의 삶을 위해서도 노년의 삶에 대해서 관심을 가져야 하고, 단절의 의미를 성찰해야 한다.

이 연구는 노년에 대한 두려움, 혐오, 편견과 무지가 숨기고 있는 의미들을 찾기 위해 시작되었다. 그리고 계속 찾고 있는 중이다. 어떻게 노년을 살아야 하는지, 노인을 위한 사회는 어떠해야 하는지, 왜 늙어가고 쇠퇴하는 것이 두려운 것인지, 돌봄이 왜 부담스러운지, 왜 죽음과 삶의 의미가 사라지는지에 대한 답을 찾고자 하였다. 단절 이후의 삶은 노년의 다층적인 경험과 의미들을 함축하는 메타포다. 상처이고 폭력이고 허무이고 새로운 삶에 대한 희망을 비유한다. 그리고 매우 주관적이고 매우 정치적이고 사회적이고 우연적인 경험이다.

부족한 대로 노년의 의미들을 그려나갈 수 있었던 데에는 연구 참여자의 도움이 크다. 2019년 서울 및 경기도 지역 소재 노인요양기관과 노인들이 많이 모이는 장소를 방문하여 노인, 가족 그리고 노인 돌봄 종사자 20여 명과 심층면담을 하였다. 나이 듦, 노화에 대한 인식,

위태롭게 한다. "6번 코로나 '음성' 받은 아버지를 요양병원서 꺼내주세요." 『서울신문』. 2020.12.29.

돌봄 경험과 인식, 임종기, 죽음에 대한 인식, 삶의 의미 등 자신의 삶을 성찰하는 주제였다. 노년, 한 분 한 분의 이야기가 삶의 의미에 대한 비유였다. 나의 삶과 관계되고 많은 사람들의 내적인 갈등과 성찰의 여정을 안내하는 신호이자 가이드였다. 한 분 한 분 삶의 이야기 속에서 도전해 볼 만한 미래의 의미를 그려볼 수 있었다. 연구 참여자 여러분께 감사드린다.

노년의 의미를 찾아가는 여정에 안경진 박사와 서울대 생활과학대 박사과정 차륜수 님이 함께 했다. 륜수 님은 연구 참여자를 섭외하고 어르신들을 만나 인터뷰하고, 인터뷰한 내용을 정리하고 토론하고 글의 주제들을 다듬어 가는 데 함께 참여하였다. 안경진 박사는 저서의 집필과정까지 함께 참여하였다. 어르신을 만나는 것이 큰 용기였고 막상 만나 보니 한 분 한 분이 친근하고 그분들의 이야기가 우리 자신의 이야기라는 것을 알아 간 소중한 여정을 함께하여 감사하다.

2022년 2월 집에서
박경숙

1 장

노인을 위한 사회

1. 어떻게 노후를 살 것인가?

“당신의 노년의 삶이 어떠한 모습이길 바라십니까?” 이 질문을 많이 했지만 정작 스스로에게 물어보니 막연한 느낌이 든다. 인터뷰 중에 연구팀원이 은퇴 이후의 삶을 어떻게 살 거냐고 물어서 내심 당황한 적이 있다. 은퇴 이후 어떻게 살 것인가? 이미 노인이 된 분들의 삶의 이야기를 들으면서 그 답을 찾을 수 있다고 은근히 기대하였던 것 같다. 아직은 시간이 많이 남아 있다고 생각했는지 모르겠다. 그런데 어느 순간 정신을 차리고 보니 훌쩍 나이가 들었다. 이미 많이 살았다. 이제는 은퇴가 남의 이야기가 아니라 나 자신의 일로 생각하게 된다. 내 나이 또래 사람들은 노후를 어떻게 준비하고 있는지 궁금해진다. 직장에 따라 다르겠지만 대기업에서는 50대가 크게 눈에 띄지 않는다. 적극적으로 과제를 수행하기에 몸과 마음이 쉽게 지친다. 고용을 더 연장하기 위해 임금피크제가 도입되었지만, 임금이 떨어지는 시기가 되면 직장에서 명예롭게 퇴직하는 것이 대기업의 문화다. 주된 일자리에서 물러난 뒤 대부분은 스스로 제 2의 인생을 설계한다. 정보화 시대에 뒤처지지 않게 공부를 더 하거나, 자영업을 시작하거나, 경제적으로 도움이 되는 소일거리를 하거나, 전원생활을 시작한다. 가진 것 없이 노년에 접어든 이들도 많다. 열심히 살았는데 손에 쥔 것은 없고, 일자리도 불안하고, 몸도 이전 같지 않고, 지금 사는 것도 빠듯한데 노후 대책을 따로 준비할 여력이 없다.

노후를 어떻게 살 것인가가 고민되는 것은 우리의 삶의 조건이 노년을 기준으로 확연히 구분되기 때문이다. 이전 시기는 더 가지고 더 높이 올라야 하도록 조직된다. 생산성 중심으로 사회조직이 편제되고 그에 따라 사회적 지위가 위계화되고 개인의 지위가 빠르게 대체되는 체제 안에서 우리 각자는 능력, 생산성, 재산을 쌓는 데 치열하게 경쟁하며 산다. 그러다가 일정한 나이에 이르게 되면 아주 소수를 제외하고는 높은 곳을 향한 사닥다리에서 우르르 떨어지는 신세가 된다. 높은 곳을 향하라는 사회적 역할에 충실하게 살수록 그 단절의 충격은 더 크다. 은퇴는 단순히 일자리의 상실이 아니라 사회적 인정과 자존감의 상실을 수반한다. 같은 공간에 살면서 전혀 다른 구성원이 된다. 현역 시절에는 노동과 각박한 경쟁에 치여 자유로운 여가의 시간을 선망하기도 하였지만, 노는 것은 많은 것의 상실로 경험된다. 사회가 바라보는 노년의 인식은 나이듦을 더욱 위축하게 한다. 사회에 비치는 노년의 모습은 탐욕스럽고 고집불통이고 무용하거나 의존적인 존재로서 형상화된다. 누구도 피할 수 없는 자신의 모습임에도 불구하고 지금 당장에는 노년을 타자화하고 혐오하고 배제한다. 그리고 스스로도 그 배제의 맨홀로 끌려들어 간다. 이렇게 타자화되고 배제된 공간에서 대다수는 노쇠와 죽음을 고독하게 맞는다.

단절과 부정적인 사건이 많은 노년이 자신의 경험이 되는 것을 피할 수 있는 삶을 찾는 흐름도 있다. 사회와 단절되지 않고 지속적으로 활동적이고 생산적인 노년이 성공적인 삶이라는 인식이 확대되고 있다. 가난하고 사회적으로 별로 가치가 없고 허무하게 살았다고 여겨지는 과거 노인과는 다른 노년의 삶을 찾는다. 노년을 행복하게 사는 것은 개인적으로 사회적으로 중요한 가치를 가진다. 그러나 노년의 행복이 더 많은 소유와 높은 곳을 향하는 권리를 허용하는 것일까에 대해 의문이 제기된다. 신을 닮아 가려 하는 사회로부터의 단절은 충격이지만 그 사회 속에서 경쟁하다가 죽어가는 것 또한 비극이다.

코로나 상황은 일상의 경험을 더 예리하게 지각하게 하였다. 무심코 지나갔던 우리의 마음의 습관과 고정관념에 균열이 깨지고 있다. 그러면서 존재의 조건에 대한 깊은 성찰도 갖게 되었다. 옴짝달싹 못하게 하는 사회의 압력으로부터 벗어나 스스로 새롭게 삶의 세계를 짤 수 있는 아직은 비어 있는 공간이 있을 수 있다. 사회의 중심 논리로 짜여진 일상에 균열이 일어나면서 노년의 의미를 새롭게 정의할 수 있는 공간에서 그려질 수 있는 새로운 의미는 기존의 의미를 전복시키는 잠재력을 가진다. 혐오, 고정관념, 무시 속에 묻혀 있던 노년의 경험들이 새롭게 탄생할 수 있다. 그것이 무엇인가의 정체도 명확해질 것이다.

어떤 노년을 살고 싶은가, 어떻게 살아야 하는가는 주관적 실천에서뿐만 아니라 사회적 실천에 관한 질문이다. 행복한 노년을 위해서는 노년의 의미를 새롭게 의미화하는 것이 필요하다. 지금의 세상과 단절한 뒤에는 아무런 대안이 없을 것 같고 개인은 한없이 고립되고 나약한 것처럼 느껴진다. 그런데 항상적일 것 같은 사회의 중력이 크게 균열하는 것을 체험하고 있다. 당연하게 여겨졌던, 대안이 없을 것 같았던 사회 질서의 균열이 커지면서 노년을 단절하게 한 의미들의 정당성을 질문하게 되었다. 그리고 개인과 사회의 관계성에 대해 다시 성찰하게 된다. 코로나 상황 이후 일상의 경험은 세상으로부터 차단되는 것이었고 세상에 부여했던 의미들이 균열되고 삶의 본질을 성찰하는 것이다. 그리고 새롭게 관계를 맺는다.

2. 전환의 시대

전 국토가 개발 바람에 몸살이다. 생활 쓰레기가 쌓이고 환경이 훼손되고 있다. 주택 땅값이 폭등하고 미래를 위한 투자에 너도나도 주식을 거래한다. 클릭 한 번으로 편하게 상품을 소비할 수 있게 세팅

된 환경에서 생활비가 급격히 인상된다. 삶의 보금자리인 내 집을 마련하기 위해 영혼까지 팔 각오로 집 장만에 몰두하고 갭투자를 위해 집을 거래하면서 가계부채가 늘어나고 있다. 사회시스템은 집, 상품, 돈, 소비가 삶의 기본이고 문화라고 정의하고 기능하고 있다. 물질주의가 불평등을 심화하고 생산과 소비, 폐기, 오염이 끝없이 순환되는 게 현재의 인간과 자연의 관계인 것 같다.

우리가 체험하고 있는 위기와 혼동은 아마도 한 세기를 거칠 수도 있다. 어느새 근대의 메타포도 낡은 것이 되고 있다. 근대를 문명으로 동일시하면서 보다 나은 사회를 기획하였지만, 사회 현실과 삶의 다양한 짜임들은 근대와 전근대 그 어느 프레임에도 맞지 않고 또 변하고 있다. 발전의 준거가 되었던 근대, 자아, 주체, 가족, 젠더, 국가, 노동 범주들이 형체가 무너지고 있는 가운데 발전 최상의 명령은 발전을 수행할 다른 존재들을 창조하고 기획하고 있는 듯하다.

위기에 대한 대응으로 인간은 진화한다고 인식된다. 당연한 것 같지만 커다란 변화가 이루어지는 시기는 기존 체제에서 이탈되는 현상이 커지고 다른 세계와의 접속이 활발해진다. 변화를 촉발하는 위기는 안과 밖의 관계에서 일어날 수 있다. 안에서의 위기는 갈등을 심화하는 불평등, 차별 구조와 관련이 깊다. 밖으로부터의 위기는 전염병, 전쟁, 새로운 힘과 가치의 접촉 등 다양하다. 제레드 다이아몬드는 『총, 균, 쇠』에서 인간과 세균의 상호 관계에서 전염병이 일어났고 전염병의 창궐은 인간 세상에 혁신을 유발하였다고 논한다(제레드 다이아몬드, 2005). 오랜 시기 역병이 창궐한 것은 가난하고 식량이 부족해서가 아니라, 작물화된 가축의 증가, 인구밀도와 같은 문명의 발달과 밀접히 연관된다고 논한다. 지금 겪고 있는 팬데믹은 인간 사회가 이루어낸 문명에 대한 자연의 대응일 수 있다. 그리고 팬데믹이 일어나기 전 많은 사회가 내적으로 심각한 갈등을 겪고 있었다. 팬데믹에 대응한 사회적 거리두기는 지금까지의 개발 중심의 삶의 방식과 세상의 짜임을 중단하고 인간과 자연 세계가 공생하는 새로운 관계가 엮어지는 기회가 될 수 있다.

누가 어떻게 생존할지, 어떻게 새롭게 사회가 편제될지 분명하지 않지만 기획되지 않은 혁신적 발상과 실천들이 서로 연결되면서 세상을 변화시킬 수 있다. 대면 관계의 제약 상황에서 비대면 관계가 크게 확장되고 있다. 누군가는 자기 주도로 살아갈 방책을 구하면서 당연시된 권위를 문제 제기하고 변화를 요구한다. 공정한 접근과 형평한 분배, 다양성이 싹틀 수 있는 제도적 변화를 유도한다. 변화에 소극적인 사람들도 자신을 둘러싼 세계가 변하고 있는 것을 외면하지 못한다. 지금껏 누리고 있는 작은 세상도 금방 빛이 바랠 수 있고 결국에는 소통되지 못하고 고립될 수 있다는 위기감을 갖는다. 변화된 세상에 함께 살려면 불확실한 상황에 열려 있는 마음가짐이 필요하다. 넓은 세상에서 살려면 모르고 있는 것을 겸허히 받아들이고 결과를 겸손하게 내맡기는 태도가 중요하다. 물론 혼자서는 나약하다. 불확실한 세상을 살아가는 데 큰 힘이 되는 것이 나약한 사람들 사이의 나눔이다. 스스로가 누군가의 빛이 되고 안내가 되는 존재가 될 수 있다. 그렇게 누구든지 새로운 변화를 실천하는 선구자가 될 수 있다. 경계를 당당하게 넘어서는 것이 필요하다.

3. 단절의 의미

사람들마다 맺고 있는 관계는 다르겠지만 팬데믹 상황에서 대면의 접촉 빈도가 크게 약해졌다. 일상에서 연결되어 있다는 감각을 느끼기가 매우 어렵다. 자아와 타자와 세상의 현실감이 크게 떨어졌다. 그렇게 코로나 팬데믹이 가한 일상생활 세계의 충격은 단절이었다. 연결되지 못하면 자아와 세상에 대한 의미가 사라지는 것을 체험하면서 소통이 존재의 기반임을 깨닫게 했다. 단절 속에서 존재의 위기를 체험하였기에 더 강렬하게 만남을 갈구한다. 만남의 갈증을 해소하기 위해 비대면의 세상 만남이 가속화되었다. 그동안 디지털 세상의 장벽을 크게 느끼면서 오프라인 만남을 붙들고 있던 노인들도 연결된 존재가 되기 위해 디지털 세상을 클릭하고 있다. 선택이 아니라 살기 위한 결단이다. 쇼핑, 정보, 놀이, 친밀성, 정치적 담론 등 다양한 목적으로 비대면 세상과의 접속이 크게 확대되었다.

비대면의 만남뿐만 아니라 동물과 식물과의 교감이 중요시되었다. 요즘은 길거리를 지나가면 반려견이 산책하는 것을 이전보다 훨씬 빈번하게 보게 된다. 무심코 지나쳤던 이름 모를 풀 한 포기에도 눈길을 준다. 그러면서 자연을 너무 모른다는 것을 깨닫는다. 조금씩 자연과 친숙해지면서 자연을 알려고 하고 자연과 인간이 관계됨을 알아간다. 자연 속에 안겨 있으면 아침에 돋아나 푸르렀다가 저녁에 시드는 풀처럼, 반짝하고 영롱이다가 사라지는 이슬처럼 인생도 순간의 춤임을 인정하게 된다. 수많은 생명이 어우러져 사는 숲을 보면서 척박한 곳에 서식하기 위해 얼마나 부지런하게 살고 경쟁도 하지만 서로의 서식처가 되어 주는가를 느낀다. 자연과 친해지면서 욕심을 내려놓고 겸손하게 사는 것을 배우게 된다. 억겁의 시간을 통해 자연이나 인간세계가 생존한 것은 이기적인 생존 본능이나 스마트한 지적 능력 때문이라고 말하기도 하지만, 서로가 서로에게 서식처가 되어 주고 친밀하게 소통하는 움직임 때문이 아닌가 생각하게 된다.

이전 세상과의 단절을 체험하고 다른 세상에 연결되면서 관계의 본질적인 가치를 성찰하게 된 것도 행운이다. 스스로 지은 경계와 사회가 만든 경계들에서 서로가 거부하고 거부당하면서 살았는데, 당연시했던 경계가 타당하지 않을 수 있다고 생각하게 된다. 모든 존재는 연결 속에서만 살 수 있고 그래서 연결은 생존을 위해 누구나 누려야 하는 권리라고 확신하게 된다. 편견을 재생산하는 경계들을 내려놓을 책임이 누구에게나 있다.

4. 단절되는 사람들

개인이 느끼는 행복감은 개인적으로 갖고 있는 조건의 영향도 크겠지만 타인과의 상호 작용에서 체험하는 신뢰, 연대, 인정이 매우 중요하게 작용한다. 사소한 만남에서 하루가 빛나는 경우도 있고 우울한 경우도 있다. 가까운 가족, 이웃, 동료, 친구, 낯선 사람과 열린 마음으로 신뢰, 연대, 돌봄, 인정을 주고받느냐 그렇지 않느냐가 중요하다. 만일 낯선 타인에게까지 신뢰하는 태도를 가진다면 아마도 타인에 대해서도 열린 마음을 가졌을 것이다. 그런데 타인에게 열려 있는 마음으로 대하기가 쉽지 않다. 타인이 갖고 있는 인적 특성, 배경들을 탐색하고 주관적으로 정한 차별적인 위계 속에 위치시킨 다음 반길지 거부할지 대응한다. 타자를 구별 짓는 기준과 판단은 매우 자기 중심적이고 왜곡된다. 이런 왜곡된 스크린을 당하거나 무시당하였을 때 개의치 않기는 쉽지 않다. 왜곡된 경계 짓기의 영향을 제대로 알려면 집단적으로 반복되는 무시와 차별을 체험한 사람들의 입장이 되어 보아야 한다.

네트워크 연구에 따르면 인간과 자연 세상에서 관계 맺기는 불평등하게 위계화되어 있다고 한다(앨버트 라슬로 바라바시, 2002). 인터넷,

전염병, 기업, 금융, 인간 사회를 포함하여 개별 개체들은 연결되어 있는데 대다수의 개체가 관계 맺는 수는 적고, 소수의 개체가 많은 개체들과 관계를 맺고 있다고 한다. 인간 세상에서 많은 사람들과 관계를 맺는 소수가 그 사회의 핵심적인 영향력을 가지는 집단이다. 논리를 좀 더 확장해 볼 수 있다. 사회 내 주변인이 누구인가를 가르는 매우 중요한 기준도 관계 맺기가 얼마나 제한되는가일 수 있다. 팬데믹 상황에서 체험한 사회적 거리와 단절 정도는 모든 구성원에게 동일하지 않고 약자의 위치에 있는 집단에서 더 충격이 컸다. 사회조직 체계에서 힘을 갖지 못한 위치에 있는 이들은 고립되기 쉽다. 돈, 직업, 정보 지식이 중시되는 사회에서 돈 없고 직업 없고 기술 자본이 없는 개인은 연결되기 어렵다. 반대로 인적 자본을 가지면 관계도 많이 만들 수 있다. 관계가 다시 힘을 강화한다. 많은 청년들은 자기계발의 꿈을 잃어서는 안 된다는 사회의 시선을 강하게 느끼면서 다른 한편으로 꿈을 이룰 수 있는 기회가 매우 제한된 현실 사이에서 자존감과 희망을 잃지 않으려 고군분투하고 있다. 그러나 목표했던 바를 이루기도 어렵고, 대안의 삶을 적극적으로 찾는 경험도 많지 않다. 사회적 존재감을 확인하고자 찾았던 공원, 복지관, 여가공간, 광장을 폐쇄당하고 많은 노인들이 아무도 찾아오지 않는 혼자만의 공간에 갇혀 생활을 하였다. 알바, 파트타임, 다양한 불안정 일자리마저 잃고 경제적인 어려움이 커져 사회 관계도 끊고 취약한 주거공간에 갇혀 점점 희망을 잃어버리는 이도 많다. 선천적 장애나 후천적 장애를 심각하게 갖고 있어 불편하고 남들보다 느리고 성과가 적을 수 있지만 사회생활을 유지하는 경우는 행운이다. 보통의 몸을 가진 사람들 속에 섞이면 눈에 띄고 따돌림을 받을 수 있다는 두려움, 차별하고 두려워하는 시선을 피하여 사회와 단절되어 살아가는 장애인이 많다.

단절 위험이 큰 또 다른 집단은 여러 이유로 가족의 유대가 약한 사람들이다. 혼인하고 가족을 이루는 것이 보편적인 삶의 양식이었던 시대가 막을 내리고 있지만, 모두가 자유롭게 대안의 삶을 선택할 수 있는 것이 아니다. 노동시장의 위치에 따라 개인의 삶의 선택지가 다른데, 노동시장의 기회는 여성에게 더욱 제한된다. 소수의 여성을 제외하면 여전히 노동시장에서 안정된 일자리를 찾기가 매우 어렵고 그 결과 독립적인 생활을 영위하기 어렵다. 남녀 차별의 장벽을 넘기 위해서는 공부를 열심히 하고 좋은 성적을 받아야 한다는 훈육 문화에서 자란 때문인지 최선을 다하고 완전해야 한다고 스스로를 담금질하고 목표를 달성하지 못하는 자신을 자책하고 하찮은 존재처럼 인식하고 스스로 고립된다.

단절은 약자에 대한 혐오와 공포의 정서를 드러내고 강화한다. 이성애와 다른 성적 정체성, 성적 지향을 가진 이들은 사회의 강한 차별과 낙인 때문에 일상의 공간에서 개인의 지향이나 취향을 자유롭게 드러내지 못하고 은밀한 공간에서 사회적 시선을 피해 친밀성과 위로를 주고받는다. 그러나 사회적 시선에 노출되면 안식의 공간은 더 이상 존속하기 어려워지고, 안식처를 잃어버리는데 제대로 저항하지 못하고 뿔뿔이 흩어져 더 깊은 곳으로 은거지를 찾는다.

해외에서 이주하여 한국에서 거주하고 있는 인구가 250만여 명이 되고 있다. 한국 국적을 갖고도 대부분의 시간을 해외에서 산 이들도 있고, 일자리와 결혼을 위해 한국에 이주한 다양한 이주 배경을 가진 사람들이 많아지고 있다. 태어나고 성장한 환경과 이주 배경이 다양한 이들이 한국 사회에서 성원으로서 제대로 인정을 받기 위해서는 한국 사회의 중심 문화에 동화되어야 하는 압력을 느끼는 경우가 드물지 않다. 이전 경험과 한국 사회의 성원 문화를 실용적으로 잘 융합하여 한국적이면서 글로벌한 시민성을 만들 수도 있겠지만, 한국 사회 특유의 강한 동질성과 관계 맺기는 개인의 자유로운 사상과 지향을 차별하는 경우도 많다. 다양한 이주 경험, 정체성, 지향을 받아들이기에는 한국 사회의 성원 의식이 폐쇄적이다. 단일민족 신화, 부계 혈통 신념이 강하고 대한민국 국민이 성원의 기준이 되고 이주자들을 자의적으로 평가하고 차별하여 편향된 정보로 차별 인식을 정당화한다. 법과 사회적 인식, 생활에서 이주자들이 사회 성원으로 포용되지 못하고 부족한 노동력을 보충하는 예비군이거나, 인구구조의 불균형을 해소할 수 있는 외부 자원이거나, 가족의 위기를 막을 수 있는 돌봄 수행자로서 바라본다. 자유롭게 활동하고 어울리고 의사결정에 참여하는 것이 인정되지 못하고, 그들에게 허용된 것은 도구적인 역할 수행뿐이다.

가족 유대 밖, 이성애 밖의 연대를 지향하는 이들, 다양한 이주 배경을 가진 이들이 사회에서 고립되는 것은 우리 사회의 부계 혈통, 남성 중심의 관계 맺기의 영향이 크다. 부계 혈통주의의 잔재와 남성 중심의 관계 맺기는 세대 차이가 있지만, 온라인이나 오프라인이나 크게 다르지 않게 한국 남성들에게 우선적 지위를 부여하도록 작용한다. 부계 혈통주의, 남성 중심 관계 맺기가 정상적인 사회에서 혐오의 대상은 당연히 그 관계 맺기의 정당성을 위협하는 페미니즘, 다른 성적 정체성, 성적 지향을 가진 사람들과 외국인 이주민이다.

결국, 노인, 장애인, 경제적 지위가 불안한 사람들, 가족 밖의 여성, 성 소수자, 외국인이 차별되고 혐오의 대상이 되는 데는 두 차원의 상위 규범이 맞물려 우리 사회 구성원의 관계 맺기와 배제가 작용하기 때문이다. 그 하나는 발전이고 다른 하나는 부계 혈통의 관계 맺기에 익숙한 남성 중심주의다. 부계 혈통, 남성 중심, 자기계발(능력)주의라는 매우 이질적인 가치처럼 보이는 가치들이 결합되어 대면의 일상과 비대면 공간까지 관계와 배제의 원리가 된다.

낙인은 신체적인 병과 더불어 세상의 편견으로 내면이 위축된 병을 갖게 된다. 비정상적이고 악하고 해가 되는 죄인으로 사회적으로 낙인찍히는 순간, 개인은 죄의식뿐만 아니라 수모와 수치감으로 병들어 죽어가게 된다. 사람들은 아무렇지 않게 자신들이 만든 편견과 오만으로 단죄하고 차별하고 자신의 권위를 돋보이게 한다.

단절의 즉각적인 체험에서 알 수 있듯이 단절은 생명을 죽인다. 문제의 원인을 자각하지 못해 저항도 못하고 무력하게 한다. 그런데 역설적으로 단절된 이들이 굉장히 많다는 것이 잠재적 힘이다. 연대하고 저항하고 다르게 관계 맺는 것이 생존하는 길이다.

5. 발전주의 사회가 정의하는 노년

노년의 경험에 덧붙여진 부정석인 의미와 차별은 사회에서 어떤 구성원이 소수자 혹은 약자로 의미되고 차별되는 메커니즘과 유사하다. 어떤 사회에서는 소수자로 인식하는 사람들과 자칭 타칭 일반인 사이에 심각한 차별과 낙인이 작용하지 않는가 하면 어떤 사회에서는 소수자와 일반인이 뚜렷이 구분되고 소수자에 대한 복합적인 배제와 차별이 작용한다. 어떤 집단의 경험이 약자와 타자의 경험으로 규정되고 차별이 될 때, 반윤리적이고 혐오적인 것으로 인식된다. 개인마다의 차이와 다름에 대한 인식과 윤리적 태도에서 그 사회 구성원이 얼마나 차별적이고 폐쇄적인지 아니면 포용적인지를 가름할 수 있다. 다름과 장애나 기능적 쇠퇴를 개인의 치명적인 결함으로 보는가, 아니면 사회 환경과의 부적응으로 보는가에 따라 사회가 어떻게 대응해야 하는가에 대한 윤리적 방향이 달라진다.

노년의 사회적 단절은 사회적 존재로서 연결이 취약하고 부담이거나 위험한 존재로 정의되고 배제되는 현상이다. 노년의 경험이 부정되고 차별화되는 것은 사회가 기능 중심으로 작동하는 데 노년이 불편하고 거추장스럽기 때문이다. 생산성, 기능, 건강한 몸을 정상으로 여기는 사회에서 아픈 몸은 열등하고 요양원이나 요양병원으로 방치된다. 노인은 사회에서 처리 · 해결되어야 하는 문제 대상이고 돈이 드는 부담으로 인식된다. 쇠퇴는 발전과 생산 중심의 관점에서 차별적으로 의미화된다. 노년의 쇠퇴를 돌이킬 수 없는 개인의 결함으로 선고하고 사회적 역할에서 주변화시키는 것이 정당화된다. 생산성을 요구하는 사회시스템에서 신체적 쇠퇴는 사회시스템을 제대로 작동하지 못하게 하는 위험 신호로 읽힌다. 구성원이 기능을 갖추도록 규율하는 것이 필요하고 가장 효율적인 규율은 사회적 인정일 수 있다. 기능 중심의 사회 속에서 나이가 들어 가는 것은 사회에서 쓸모와 가치를 잃어버리는 상태가 된다는 것이고, 사회의 지속 가능성에 위험이 된다는 것으로, 늙음 · 죽음에 대한 공포와 혐오가 지배하게 된다. 그렇게 우리 모두는 사회 구성원으로 인정받기 위해 스스로 병들고 늙지 않을 것처럼 행동하고 노인들을 배제하지만 결국 스스로 버려지는 것을 피하기 어렵다. 많은 사람들의 아픔과 죽음을 공감하지 못하고 이해하지 못하다가 결국 스스로 외면 받고 방치된다. 물론 아프고 죽어가는 과정은 비참하게 불평등하다.

코로나 상황에서 어느 시기보다 질병, 아픔, 죽음을 도처에서 보게 되었다. 이런 체험이 한편으로 두려움을 일으킨다. 불특정한 경로로 자신도 질병에 걸릴 수 있다는 두려움에서 사회적 거리두기가 매우 빠르게 실천되었다. 아프면 안 된다고, 내가 걸리면 가족, 사회에 해가 된다고 생각한다. 질병, 전염병에 대한 두려움은 우리 사회가 아픔을 허용하지 않을 것이라는 것을, 질병은 나를 뒤처지게 만드는 것이라고 학습된 인식의 정서적 반응일 수 있다. 질병, 아픔, 죽음을 외면하고 보지 않을 것이라고 생각했는데 주변에서 가까이 의식되면서 위험한 문제로서 인식되었다. 그리고 놀랍도록 일관되게 아픔과 죽음을 허용하지도, 들여다보지도 않고, 제거해 버리고자 하였다. 이처럼 질병, 아픔, 죽음의 경험을 격리하는 것, 노년이 두려움의 대상이 되고 사회에서 배제되는 것은 우리 사회가 작동하는 일관된 방식이다. 안전지대에서 보이지 않게 하고 다시 낯선 것으로 만들고 두려움을 재생산한다. 우리 모두는 스스로 병들고 늙지 않을 것처럼 연기해야 한다. 건강한 몸을 표준으로 여기고, 자율적으로 자신의 삶을 기획하고 자신을 통제하고 몸을 마음껏 움직일 수 있는 젊고 건강한 몸을 표준으로 여긴다. 아프고 늙은 몸에 대한 관심은 주로 문제적 상황을 개선하는 것, 질환을 이겨내는 법과 관련된 것이다.

노년이 부담스러운 존재로서 인식되는 또 다른 현실적인 이유가 돌봄의 부담이다. 기능 중심의 사회의 편제에서 돌봄이 가치가 주변화된다. 지금까지의 가족 돌봄이 불평등한 가족관계에서 여성들의 일방적인 희생에 의해 유지되었다면, 현재에는 더 이상 여성들이 개인의 희생을 전제한 돌봄을 받아들이지 않게 되었다. 충효를 인륜의 근본으로 여긴 사회에서 남성은 하늘이고 여성의 절개와 희생을 너무나 당연하게 여겼다. 국가, 사회, 가정으로 연결된 가부장적인 관계는 세대, 젠더 간 소통과 친밀함을 제약하였고 현재에는 세대, 젠더 갈등을 심화하고 노년의 소외를 조장하고 있다.

6. 노년의 목소리, 누구나의 이야기

노년의 의미를 깊이 이해하기 위해서는 실제 노년의 삶을 경험하는 것이 매우 중요하다. 그래서 청춘이 노년을 이해하기는 어렵다. 직접 체험하는 것이 제한되기 때문에 나이가 젊을 때는 노인의 이야기를 들으면서 노년을 상상했다. 노년 문제에 대한 관심도 주로 노년이 놓인 외적인 조건에 초점을 두었다. 나이가 들면서 어느 면에서는 노년을 더 잘 이해하게 되었지만, 자기 중심의 편견과 오만이 마음을 닫아 진정한 의미를 깨닫지 못하게 한다. 나이가 든다고 자연스럽게 노년을 이해할 수 있는 것은 아니다.

고통, 번뇌, 방황, 기도, 굴곡진 경험은 삶을 깊이 이해하게 한다. 이런 삶의 경험에서 노년에 대한 질문과 관심이 노년이 놓인 외적인 조건에서 주관적인 경험으로 이동하게 되었다. 노년에 대한 질문을 타자에게 질문하는 것이 아니라 나에게 물어보게 된다. 나이 듦, 늙어 감, 죽어 감에 대해 제기했던 질문들이 어느덧 나에 관한 질문이고 나의 삶에 대한 태도와 관련된 질문이 되었다. 타자가 자아가 되었다. 나이 듦을 체험하면서 세상과의 관계 맺기가 재해석되는 지점들을 경험하고 있다.

인간의 욕구는 생리적인 것, 물질적인 것, 관계, 영적인 것을 포함하여 복합적이다. 어느 하나가 다른 것보다 우선시된다고 말하기는 어렵지만, 삶의 단계에 따라 실현되고 결핍되는 의미가 달라질 수 있다. 노년에 겪는 많은 어려움과 욕망들은 이전 생애와 다르지 않을 수도 있지만 이전에는 생각하지 못했을 덧없음을 체험하면서 인생을 마무리해야 한다. 내세울 것 하나도 없는 인생, 해 놓은 것, 가진 것이 없는 인생이라 넋두리가 절로 나오지만 남은 생을 보람 있게 마무리하기 위해서도 삶의 의미를 소중하게 품어야 한다고 다시 강박증을 가진다. 또 인생의 목표를 달성했다고 생각하는 순간 밀려오는 허무감, 공허감의 정체도 크게 다르지 않다. 주일 미사에 수녀님이 쓰신 고백이 눈에 들어왔다. 부모님을 일찍 여읜 뒤 어디에서도 편안한 집을 경험하지 못했다고 한다. 치매 어르신들이 저녁나절에 자주 하시는 말씀이 집에 가야 한다는 말인 것 같다. 그런데 가족들이 정작 집에 모시고 가면 또 집에 가야 한다고 재촉한다. 편하게 쉬지 못하게 붙들고 있는 집착을 내려놓지 못하기 때문이다. 편안하게 마음이 머무는 곳은 아프고 고독한 지금 여기가 될 수도 있다. 소유하기보다 내려놓음으로써 편견과 경계를 넘어 소통하면서 삶과 자유와 자연에 편안하게 안길 수 있다.

삶에 진정으로 의미가 있는 것과 그렇지 않은 것을 구분할 수 있는 지혜는 누구도 장담하지 못한다. 어떤 인생을 성공, 실패라고 구분하는 것은 다채로운 삶의 의미를 퇴색시킬 수 있다. 지혜롭게 살기 위해서 노년에 경험하는 것을 다시 정의할 필요가 있다. 그 과정에서 조금씩 '늙어 감'이 두려움과 거부감이 아니라 행복과 감사로 체험될 수 있다. 늙어 가면서 겪는 쇠퇴, 질병도 마음으로 아끼는 벗들과 함께하는 즐거움 속에서 인내할 수 있다. 자식이나 타인에게 전적으로 의존하지 않고 자신의 존엄을 지킬 수 있다. 노년기도 청춘만큼 소중한 삶의 기간으로 기억되고 즐길 수 있다. 청춘도 노인이 된 자신을 상상하고 자신의 이야기로 인식할 수 있다.

7. 아픔 공감

아픔을 두려워하고 회피하고 보지 않으려 했던 작동 체계에 균열이 일어난 것은 불행 중 다행이다. 모두가 아프고 나약한 존재라는 것을 체험하고 인식한 것이다. 보지 않으려 배제하였던 경험들이 의식화되고, 다시 신속하게 제거하여 일상을 회복하려 하지만, 팬데믹은 여전하고 사회적 거리는 장기화되고 사람들은 지쳐 간다. 그러면서 모두가 나약하고 돌봄을 주고받는 존재라는 것을 겸손하게 자각한다. 각자도생, 독립성, 자기계발의 이데올로기에 포섭된 삶에서 둔감했지만, 사실은 우리는 매우 의존적이고 서로 돌보지 않으면 살 수 없다는 것을 체험하였다. 아픔의 공감은 상실, 실패, 불완전, 한계를 너그럽게 끌어안게 한다. 세상에 대하여 나의 목소리를 말하고 저항하고 분노할 뿐만 아니라, 나와 관계가 없다고 생각하는 존재와 연결된다. 아픔의 체험과 공감은 관계성에 대한 감수성을 불러일으킨다. 완전한 삶을 추구해야 한다는 인식에서 우리 모두가 취약한 존재라는 인식으로의 전환은 돌봄을 시혜, 의존이 아니라 모두의 생존의 조건이자 권리와 책임으로 인식하게 한다. 그동안 고립되고 비가시화된 다양한 몸들—장애, 만성질환, 성 소수자 등—과 어울리게 되고, 누구든지 충실하게 자신을 향유할 수 있어야 한다는 도덕감정을 움직인다. 보고 있는 것만으로도 실존적인 불안감을 느껴 차단하려고 했던 존재들과 연대감을 가진다. 돌봄은 시혜, 의존이 아니라 자신들의 삶의 기본으로 이야기하고 해석할 수 있게 된다. 서로 연결되지 않으면 살 수 없음을, 타인의 고통과 나의 고통이 서로 영향을 주고받음을, 가족만으로 전유된다고 여겨진 연대, 친밀감은 가족 경계를 넘어서 형성될 수 있고, 가족도 다양할 수 있다는 것을 인식하게 한다. 돌봄은 나약하고 사회적으로 별로 가치가 없는 존재에 대한 선심쓰기가 아니라, 상실과 아픔을 공감하면서 겸손과 공유와 평화를 배우면서 풍요롭게 사는 다양하고 진실한 관계 수행이다.

8. 낮은 자리에서 새롭게 보이는 것

우리가 불편하게 여겼던 자들을 통해 세상을 다시 보아야 하는 것은 누구나 얼마든지 자신의 욕망에 충실하게 세상을 활보할 수 있어야 한다는 권리의식 때문만은 아니다. 실존적인 불안과 단절 속에서 체험한 삶의 의미에 대한 깊은 통찰 때문이다. 삶의 속도를 늦추고 욕심을 절제하고 작은 몸짓과 감정도 소중하게 여기고 바라보게 된다. 스스로를 몰아쳐 도달하려는 완전, 성공, 발전의 환상에서 벗어나게 한다.

호랑이는 가죽을 남기고 사람은 이름을 남긴다는 속담처럼 세속 사람들은 잊히는 것을 두려워한다. 무시당하고 잊히고 뒤처질까 봐 불안해한다. 누추하고 낮은 자리에 머무는 것이 슬프다. 2020년 2월에 제주도 추사 김정희 기념관을 방문한 적이 있다. 유배 시기에 쓴 글씨가 도의 경지에 이른 것 같다. 청년기에도 실증적 노력과 재능이 남다른 추사였겠지만 인생무상과 희로애락을 끌어안고 天, 地, 人의 이치를 겸손하게 탐구한 노년의 추사를 후손들은 더 사랑하는 것 같다. 소정의 권력 다툼에 애꿎게 유배 생활을 하면서 세상에서 잊히고 늙어가는 신세를 한탄하고 세상을 원망하였지만 험난한 길을 돌아 찾아온 지인의 우정에 감복하여 진심을 담아 그린 그림이 세한도라 한다. 명작은 고통과 비움에서 탄생한다. 벼루 10개가 닳아지고 천 자루의 붓이 다 닳을 때까지 써 내려 갔던 글씨에는 꾸밈이나 체면치레, 욕심이 빠진 맑은 영혼이 들어 있는 듯하다.

노년에 피하기 어렵고 수행할 가치가 충분히 큰 과제는 가난한 마음일 수 있다. 쇠퇴하고 세상의 무대에서 밀려나는 것이 두렵고 피하고 싶지만 그런 마음을 칼로 자르듯이 절제하고, 고통 속에서 작은 것이나 소소한 것들을 체험하는 데 감탄한다. 그것이 세속의 인정은 다를 수 있지만 많은 사람들이 들어가지 않는 아주 좁은 문 안에 숨겨진 커다란 보물을 찾는 길일 수 있다. 우리는 너무 열심히 산다. 척박한 오늘을 떠나고 싶고 불확실한 내일을 걱정하며 산다. 열심히 살기 때문에 허점이나 실수, 혹은 피해를 받아들이기가 쉽지 않다. 자신은 마음껏 누리지 못하면서 열심히 살았는데 방탕하게 산 타인을 귀하게 여기는 것은 부당하다고 생각한다. 타인과 함께할 여유를 갖지 못한다. 이렇게 타인을 비난하는 마음은 쉽게 고쳐지지 않는다. 치매로 살아가는 노인의 모습에서 살아오면서 굳어진 오만과 편견을 민낯으로 볼 때가 있다. 남을 무시하는 버릇, 험담하는 버릇, 차별하는 버릇, 시기하는 버릇, 탐하는 버릇 등 자기 통제가 떨어질 때 이런 모습들이 불쑥불쑥 튀어나온다. 성격이 유별나서가 아니라 우리 모두가 그럴 수 있다. 유튜브에서 홍성남, 한철호 신부님의 미사 강연을 들었는데 농담조로 건강을 유지하기 위해서는 하는 둥 마는 둥 해야 하고, 몸도 혹사해서는 안 된다고 하신다. 바쁘고 집착하면 건강이 나빠지기 쉽다. 건강을 유지하기 위해서는 생활에 비움과 절제가 필요하다. 부족함의 수용은 상실, 실패, 불완전, 한계를 끌어안게 한다. 부당한 세상에 대하여 나의 목소리로 말하고 저항하고 분노하는 것도 때때로 필요하지만 세상의 부당함은 복잡하게 얽혀 좀처럼 풀기 어렵고 또 다른 피해를 낳기 쉽다. 부족함에 관대하고 용서하는 것이 스스로 그리고 타인과 이롭게 사는 방법일 수 있다. 수업을 듣던 한 학생이 자신의 노년상에 대해서 쓴 글이 있다.

"계속해서 새로운 생각들을 받아들이는, 유연한 사고를 할 줄 아는 할머니가 되고 싶다. 지금 내가 알고 있는 것이 전부라고 여기거나 무조건 옳다고 여기는 태도는 절대 체화하고 싶지 않다. 특히 주변 어른들이 "너도 나이 먹으면 그렇게 된다.", "나이 먹으면 고집이 세진다."고 하는 말을 들으면서, 내가 바라는 건 그런 의미에서 '고집이 덜 센' 할머니가 되는 것이었다. 그리고 내가 원하는 대로 여유롭고 마음이 열려 있는 할머니가 되려면 무엇보다도 몸이 받쳐 줘야 한다는 것을 깨달았다."

9. 고난에 대한 태도와 대응

누구나 고난을 피하고 싶지만, 사실은 그렇지 못할 확률이 매우 높다. 열심히 살았는데, 책임을 다하고 남을 위하고자 했는데, 재산을 잃고, 소중한 이를 잃고, 배신도 당한다. 마음먹은 대로 되지 않을 때, 자유롭지 못할 때, 관계로부터 상처를 받을 때, 몸이 아플 때, 크게 손해를 보았을 때, 가진 것을 잃었을 때, 삶의 의미를 찾지 못할 때, 죽음을 피하지 못하는 것 등 고통은 인생의 고약한 동반자다. 고통은 힘들고 벗어나기 어렵지만 고통 없는 인생도 반갑지 않다. 고통을 겪어낸 결실을 기대할 수 있는 것은 인생을 더 진지하고 처절하게 노력하기 때문일 수 있다. 또한, 겸손하게 차별을 거둔 시선으로 세상을 보면서 공감하고 지혜로운 눈을 얻어 스스로의 삶이 변화될 수 있기 때문이다. 우리는 누리는 것이 많을수록 감사하게 여기지 않고 자만에 빠지거나 욕구가 넘쳐나 삶이 방탕해지기 쉽다. 그러나 어리석게도 자신의 생각과 행동이 바르다고 믿는다. 그러다 위기가 닥치면 조금 겸손해지고 인내하여 일이 조금씩 풀려 나가게 되고, 일이 잘되면 또 자만심에 빠져 욕심을 부려 일을 그르치게 되는 것을 경험한다. 그렇다고 죄의식을 크게 갖는 것은 좋지 않다. 부족한 게 죄가 아니다. 죄의식보다는 겸손의 미덕이 좋다. 낮은 자세가 좋다. 고통은 욕망과 오만으로 치달을 수 있는 파국으로부터 인간 양심을 구해 주는 파수꾼의 역할을 톡톡히 한다. 고난 속에서 사람들은 겸손하고 진실해져 더 나은 삶의 길을 찾을 수 있는 것 같다. 허점투성이지만 겸손한 이들은 편견 없이 세상을 보고, 올바른 길로 돌아올 수 있다.

그런 면에서도 노년은 충분히 살 만한 가치가 있다. 삶을 겸손하게 되돌아보고, 집착을 내려놓고 작은 것에 감사하고 여유를 갖는다.

사회의 인정에 연연하지 않는다. 고난 속에 그냥 수동적으로 머물거나 조급하게 벗어나려 하지 않고 다양한 존재들과 만나 웃음을 주고받고 참된 행복의 속삭임을 듣는다. 감사의 기도를 드린다.

10. 새로운 관계 맺기

이전 세계와 연결이 크게 약화된 것은 동질감이 떨어졌기 때문일 수 있고, 배제되는 장치가 작동하기 때문이며, 소통을 잘못하였기 때문이고, 적극적으로 관계를 찾고 유지하려고 노력하지 않았기 때문이다. 고립된 사람은 소통을 잘못하는 사람이다. 의사결정에 배제된 것이 익숙했고, 억압적인 환경에 속하기보다 빠져나가는 것이 익숙했다. 아마도 권위적인 관계에 길들여졌을 것이다. 권위적인 관계에서 고립과 소외가 체험된다.

요즘은 자치에 생각이 꽂힌다. 스스로 환경을 맞게 바꾸고 싶다는 생각이 든다. 혼자가 아니라 뜻을 같이하는 사람들과의 협업을 통하면 더 좋겠다. 자치와 소통의 갈증이 간절하다. 연결을 갈증하면서 이제껏 무심했던 타자들과 소통하는 방법을 익히고 있다. 비대면의 소통은 보다 수평적이고 다양한 만남을 활성화하고 민주화의 길로 연결될 수 있는 잠재력을 가진다. 대면 세계에서 오히려 묻혀 있던 부조리의 감정이 비대면의 세상에서 여과하지 않고 날것으로 올라온다. 누구나 비대면 소통이 가능하다면 낯선 사람들과의 연결감도 가질 수 있고 신뢰의 경계도 커질 수 있으며 관심 있는 주제들의 담론에 참여할 기회도 확장될 수 있다. 서로 인정하고 협력하는 소통이 넓어질 수 있다. 작은 세상에서 넓은 세상에 걸쳐 스스로 연결할 수 있다는 게 자유롭게 한다. 소소한 즐거움, 슬픔, 정의로움, 프로젝트를 주고받는 것이 살아 있게 하고 혐오와 배제에 맞서게 한다. 단절 속에서 도둑처럼 소통 체계가 변하고 있다.

11. 돌봄의 전환

돌봄은 개인의 주관적 안녕에 심대한 영향을 미치는 관계다. 돌봄 환경의 취약성은 공동체의 붕괴와 연관된다. 팬데믹 이전 2019년의 세상은 돌봄에 힘들어하고 있었다. 사회의 신뢰가 무너지고, 후원과 기부, 진정한 돌봄, 상호 호혜적 지원이 사라져 가고 있다. 돌봄이 크게 문제시되는 데는 부계 혈통주의 사회의 구조적 모순의 영향도 크다. 부계 혈통에 기반한 가족의 틀이 여전히 유효한 상황에서 돌봄은 여성의 역할로 강제된다. 시장, 발전주의가 고도화되지 않은 조건에서는 울부짖는 소리가 작은 가부장의 울타리를 넘기가 어렵지만, 시장, 발전주의는 소가족 단위의 가부장의 권위를 크게 약화시켰다.

요양사 선생들은 자기들의 시각에서 어르신들을 품평한다. 어찌 저리 욕을 잘하는지, 거짓말을 너무 잘한다든지, 냄새가 지독하다든지. 어르신들 행동에 대한 반응들이 모두 선의에 기반하다고 보기는 어렵다. 치매환자의 부조리한 말, 행동, 그리고 무의식에 배어나는 인성적 특성들에서 돌봄자가 스트레스를 받는 경우도 많다. 그러나 어느 시간이 되면 치매환자의 행동은 돌봄자에 의해 규율화되는 것 같다.

가끔씩 들렀던 치매센터에 어느새 기관 초창기에 입소한 어르신들이 많이 나가셨다.

김 요양보호사 : 죽으면 어디가요? 진○○ 어르신?

진○○ : 저승

김 요양보호사 : 아니 천국이라고 말했잖아요. 손은 왜 있는거죠?

김○○ : 왜 있는지 모르겠네.

이○○ : 일하라고.

진○○ : 농사를 지으라고.

김 요양보호사 : 선생님들에게 욕을 하면 되겠어요?

이○○ : 안되지.

김 요양보호사 : 근데 왜 욕을 하세요.

이○○ : 안했는데…

박○○ : 아이고 허리야. 나 좀 저기로 데려다 줘. 엄마.

김 요양보호사 : 엄마이면 반말하면 되겠어요? 식사하시고 나갑시다.

박○○ : 유순해진다.

어르신들이 노래는 곧잘 따라 하신다. 연상 대화를 기대하면서 가사를 음미하고 노래를 불렀다. 고향, 청춘, 이별의 정서가 흘러간다. 박○○ 어르신에게 독창을 권하니 목소리에 과하지 않으면서도 사람 마음을 끄는 애절함이 흘러나온다. 유정천리. 가련다 떠나련다. 어린 아들 손을 잡고. 감자 심고 수수 메는 두메산골 내 고향에. 못 살아도 나는 좋아. 외로워도 나는 좋아. 눈물 어린 보따리에 황혼빛이 드리우네.

저녁식사를 마치고 이○○, 박○○ 어르신과 시간을 같이했다. 박○○ 어르신의 온화한 태도 때문인지, 어르신이 노래를 잘하셔서 그런지 이○○ 어르신이 박○○ 어르신을 친절하게 대한다. 행주 개는 것도 상냥하게 가르쳐 준다. 아이고 잊어버렸구먼. 그게 아니고. 이렇게… 아이고 다 잊어버렸데. 그쪽에게 배웠는데… 박○○ 어르신이 주머니에서 캐러멜 세 개를 꺼내 까서 주신다. 먹어. 아이고 고마워요. 입에 넣었다. 하나를 더 까서 또 먹으라 하신다. 아니 저는 먹고 있어요. 드세요. 아니 먹으라고. 여러 번 사양을 주고받다가, 먹을까요? 물으니 토라져서 마음대로 해, 먹든지 말든지. 그래서 드세요 하니 기분 좋게 드신다.

아픈 몸에 대한 관심, 약함에 대한 공감은 돌봄을 시혜, 의존이 아니라 서로서로 생존의 조건이자 권리와 책임으로 인식하게 한다. 인간의 기본적인 삶의 조건으로서 돌봄을 환기하고 돌봄 관계, 권리와 책임에 대한 새로운 사유를 통해 다양한 몸이 행복할 수 있는 사회를 상상할 수 있다는 점에서 고령사회는 도전해 볼 만한 미래다. 지금은 쇠퇴하는 것을 부정적으로 보지만, 그것을 보다 자연스럽게 받아들일 수 있다면, 유한함과 약함을 인정하고 상호 돌보는 존재됨을 수행할 수 있다면 노년에 대한 불안은 훨씬 가벼워질 수 있다. 그리고 국가, 사회, 개인들이 노인을 부담과 혐오로 바라보고, 보이지 않는 존재로 여기는 시선을 거둔다는 것은 우리의 삶이 변화되는 것이다. 그 변화는 훨씬 더 의미 있는 삶이 될 수 있다.

고령화, 저출산/저출생, 국제 이동, 기후재난, 팬데믹 시대에 지혜롭게 생존하는 법은 불합리한 경계 짓기나 배제가 아니라, 상호 의존의 필연성을 인식하고 연대하는 것이다. 내가 오로지 독립된 개인으로만 존재한다고 믿을 때 생명과 지구에 닥칠 재난을 헤쳐나갈 수 없다. 각기 다른 개인들이 서로에게 의존하며 연대할 때 생존의 의미가 있고 지구를 미래 세대에게 물려줄 수 있다. 노인에 대한 타자화, 비정상화, 시혜적 시선을 거두고 서로 차이는 있지만 서로의 무언가에 호기심과 애정을 갖고 만나고 싶다.

2장

삶의 서사와 의미

1. 노인의 생활을 밀착하여 보고 이야기를 듣는 것이 왜 중요한가?

1) 문화적 탈골과 분리 현상

고령화와 노년은 부정적이고 문제적인 현상으로 비친다. 노동시장, 연금제도, 사회복지정책의 시각은 노년기를 사회적 부담으로, 부담스러운 복지혜택의 대상으로 파악하는 입장이 주를 이룬다. 생산, 기능, 효율이 중시되는 중심 문화에서 분리를 강요당하고, 과거지향적이어서 개인적 기억과 역사적 사건이 현재나 미래에 대한 전망보다 더 중요하게 여긴다고 인식된다. 한 사람 한 사람의 인생의 고유성은 노인에 대한 고정관념에 묻혀 버린다.

고령화와 노년에 대한 인식에 부정적인 편견이 많다는 점은 차별 현상이다. 노년에 대한 차별적 인식 속에서 나이가 들어 가는 개인은 긍정적인 자아상을 유지하기 어렵다. 노인의 높은 자살률은 복합적인 요인이 작용하지만, 긍정적인 존재 의미를 사회가 억압한 원인도 클 수 있다. 상당한 수의 노인이 자살을 생각해 본 적이 있고, 실제 많은 노인이 자살을 선택하는 데는 삶의 의미를 찾지 못하는 사회적 맥락이 존재한다.

노년에 대한 인식은 인간이 살아가는 조건과 연관되어 특수성과 보편성이 얽혀 있을 수 있다. 동서고금을 통해서 늙고 쇠퇴한 몸을 탄식하는 현인들이 많이 있었다(팻 테인 외, 2012; 謝元魯 · 王定璋, 2002). 과거에 비해 기대수명이 훨씬 증가한 현대 사회에서도 노년에 대한 부정적인 인식이 예외적이지 않다. 유럽과 미국 사회에서도 나이 든 시민에 대한 부정적인 인식의 영향을 논하고 있다(Palmore, 1999;

Abrams, Russell, Vauclair, and Swift, 2011). 또한, 정치, 경제, 문화적 특성에 따라 나이 들어 가는 과정의 긴장과 대응의 양상도 차이가 있다. 나이 들고 기능이 쇠퇴하는 몸에 대한 배려의 방식도 차이가 있다. 나이가 들어 보이는 분에게 좌석을 배려하는 것이 서구 사회에서는 실례로 인식된다고 한다. 가능하면 마지막까지 독립적인 존재로서 인정하는 것이 시민의 배려라고 인식되는 것 같다. 기능이 쇠퇴하는 상황에서도 독립적인 존재로서 존엄성을 잃지 않고 싶어 하는 마음을 지원해 주는 것이 사회 서비스의 기본 원리라고 인식된다. 한편 한국 문화에서는 아직까지 나이가 들고 기능이 쇠퇴한 노인을 잘 돌보는 것이 좋은 배려라고 인식되는 것 같다. 2018년 12월 한국노년학회에서 노인복지 현안에 대한 국제 콘퍼런스를 하였는데 핀란드, 일본, 미국의 사례 발표를 들을 수 있었다(서울노년학 국제학술심포지엄, 2018). 미국은 개인주의와 연방주의 정치, 문화 체제에서 주마다 다양하고 시민들의 자발성에 기초한 사회부조 프로그램들이 실시된다고 한다(Curl, 2018). 핀란드는 지방정부의 자율성과 책임이 중시되고 정부와 시민사회와의 협력적인 관계에서 의료와 사회적 서비스가 통합되어 있다고 한다. 핀란드에서는 시설 노인이 감소하고 있고 대부분의 노인이 집에서 생을 마무리할 수 있는 돌봄 환경이 구비되어 있다고 소개하였다(Kuosmanen, 2018). 개인의 자기 결정과 존엄성을 보호하는 시민권 의식이 노인 정책과 인식에도 기본이 되는 것 같다. 일본의 발표도 흥미로왔는데 저출산 고령화 현상은 경제, 문화, 정치에서의 중앙 집중적 권력 구조와 발전주의 체제에서 초래된 인구 불균형 현상이라고 지적하면서, 아베 정권에서 인구가 희소한 지역들을 경쟁력이 없다고 과감하게 통폐합한 조치를 시행하였는데 이는 지역 불균형 문제를 해소하기보다 오히려 더 강화시키고 있다고 주장한다(Yuske, 2018).

한국 사회에서는 1980년대부터 구휼, 시혜, 불우 노인의 이미지가 강화되었고, 노인의 빈곤과 무역할 현상이 사회적 문제로 주목되었다(Park, 2013). 노인복지정책은 수혜 중심, 효 이데올로기, 어르신의 수사 정치로 일관되어 노년의 복지 쟁점들이 사회권으로 해석되는 담론이 제약되었다. 기능과 효율이 강조되는 생활시스템의 영향이 커지고 노년이 차츰 퇴화된 신체로 인식되었다. 노화 상태가 질환과 관리의 대상으로 인식되어 의료, 서비스가 크게 확대되었다(천선영, 2002, 2012). 나이, 노화, 병, 임종의 많은 경험이 질환으로 정의된 시점은 노년의 삶이 지역사회로부터 분리된 시점과도 상당히 겹치는 것 같다. 새로운 노년의 이상향으로 성공적 노년의 기준들을 실천하고 제도화하려는 움직임들이 빠르게 진행된 시점도 비슷하다.

성공적 노화(successful ageing)나 활동적 노년(active ageing)의 개념은 1980년대 미국노화학계에서 제시되었는데, 유전자, 생물의학, 행위, 사회 요소에 의해 노년의 능력과 기능을 향상시킬 수 있다는 믿음과 실천을 강조하면서 점점 의료계와 일반 시민사회에 영향력이 커진 개념이다(Rowe and Kahn, 1999). 이 관점은 노화, 질병, 죽음을 자연적이고 피할 수 없으며 노년을 의존적이고 부정적으로 바라보는 입장에 거리를 두면서 독립적이고 주체적인 노년의 이미지를 고무하였다. 한국 사회에서는 1990년대 후반부터 노년에 대한 인식을 새롭게 하자는 목적에서 일부 노인집단, 학계, 복지 현장에서 성공적 노년 담론이 제기되어 이후 널리 확대되었다. 성공적 노년의 의미는 한국적 맥락에서 새롭게 정의된 부분도 있는데 건강 요인 이외에 자녀의 성공, 효와 가족 유대가 노년의 삶의 만족도에 중요하다는 인식이 그러하다(김동배, 2008; 김미혜 · 신경림, 2005; 김혜숙, 2013). 성공적 노화의 개념은 독립적인 노년의 가능성과 개인적 · 사회적 관리를 강조하지만, 역설적이게도 쇠퇴에 대한 부정적인 인식을 더욱 강화하여 노년에 부정적으로 영향을 미칠 수 있다. 건강한 노화를 강조하면서 노화를 질병으로 접근하고, 건강하지 못한 노년을 비정상적이고 부적응적인 몸으로 정의함으로써 생명과정에서 늙고, 병들고, 죽어 가는 과정을 단절시킨다. 사회적 참여, 활동, 역할지속의 노년을 강조하면서, 생산성과 기능의 기준으로 노년의 수행을 평가하는 언어를 확장하여 노년의 사회적 배제를 촉발하는 아이러니가 작용할 수 있다.

노년에 대한 부정적인 인식은 사회 시스템적으로 작용한다. 현대인은 쇠퇴와 기능 상실을 부정해야 하는 압력을 받으면서 산다. 가난하고 생산적이지 못하면 사회에서 분리된다. 가난과 쇠퇴를 표출해서는 안 되기에 생산, 능력, 젊음의 가면을 쓰면서 살아가게 된다. 노화는 부정되고 노인이 타자화된다. 그리고 죽음이 부정된다. 그 결과 나이 듦, 노화, 죽음의 의미를 모르게 되고, 늙고 죽어 가는 인간에 대한 가치는 없다고 인식한다. 노화, 질병, 죽음을 삭제한 인생관은 이렇게 구성된다. 쓸모 있게 살다가 남에게 폐를 입히지 않고 죽어야 한다. 그리고 나이 듦, 노화, 죽음의 의미가 부정되고 망각되면서 삶이 총체적으로 위험하게 되었다. 정진홍 교수는 현대 사회에서는 이성의 극단적인 힘에 의해 늙어 감, 고통, 죽음을 객관적인 사실로 인식할 뿐 주관적으로 만나거나 경험하지 못하여 인간의 감성과 초월성의 의지가 사라지고 있다고 해석한다(정진홍, 2008). 효율성으로 편제된 도시 환경, 스마트를 강조하는 생활 환경에서 우리는 늙고 병든다는 것을 잊고 산다. 아이들은 조부모를 돌보거나 죽어 가는 모습을 경험하지 못한 채 성장한다. 어릴 때부터 이성 개발을 위해 수학, 과학, 언어 교육에 치중하지만 소통하는 감성은 잃어 간다. 늙어 감, 고통, 죽음은 객관적 수치나 외부의 이미지로 부딪치는 대상이 되었다. 혼자서 준비할 수 있는 주제나 사건이 아님에도 불구하고 노년을 두려운 타자로서 처리하려고 한다. 그러다가 자신의 경험이 되었을 때 대응하는 힘을 상실하게 된다. 한국 사회에서 늙음, 쇠퇴, 죽음, 돌봄의 가치가 부정되고 그러면서 삶에 대응하는 힘이 사라져 버리기까지 오랜 시간이 걸리지 않았다(능행, 2010; 천선영, 2012).

2) 노년을 주관적으로 만나고 경험하기

노년을 부정하는 시스템이 작동하는 최상의 원리는 의외로 간단하다. 노인 당사자의 목소리, 관점, 실제 생활의 이야기를 차단하는 것이다. 노인에 대한 이미지나 관념이 지나치게 타자화되거나 대상화된 언어로 표현하는 것이 노년의 소외를 조장하는 것과도 연관된다. 노화, 질병, 죽음을 주관적인 체험에서 분리하고 부정하게 되면 삶의 의미가 총체적으로 흔들리는 아노미 현상을 겪게 된다. 노년 전반에 대한 약자적 인식이 커지고, 노화에 대한 신체 · 의료적 관점이 지배하고, 노화를 부정하는 성공적 노년 관점이 결합되어 노화, 질환, 죽음에 대한 인식에 있어 심각한 아노미적 혼란 현상이 나타난다.

결국 늙고 병들고 죽어 가는 경험을 주관적으로 만나고 의미화하는 것은 삶을 지탱하게 하고 삶을 통합하여 고통에 적극적으로 대응하는 존재로 전환되는 중요한 계기가 될 수 있다. 고도의 이성적 언어에 의해 차단되고 억압된 주관적인 경험을 이야기함으로써 세상을 다시 의미 짓고 초월하는 주체가 되는 것이다.

사회적 실재란 주관적인 의미 안에서 존재한다. 타자와 주체가 만나 지향하고 감각하고 판단하면서 존재가 형상화된다. 의미는 실재의 핵심이며 주관의 경험밖에 존재하지 않는다. '나'라는 가장 확실하다고 믿는 존재도 의미화를 통해 존재한다. 주체와 의미에 대한 질문은 매우 밀접히 연관된다. 경험하고, 또 그 의미를 성찰하면서 통합된 자의식을 갖고 존재함을 체험한다. 자아는 경험의 해석자(interpreter of experience)로서 존재한다(Kaufman, 1986; Ray, 2002). 의미는 또한 타인과의 상호작용 속에서 발생한다. 연결감이 상실되면 세상이 밖에 존재한다 해도 나에게는 무관하며 의미는 일어나지 않는다. 상호작용과 의미는 자아와 세상을 실재하게 하는 삶의 핵심이다. 먹고사는 것, 물질적 자원, 주택, 교육 등은 삶의 중요한 조건이고 욕구이다. 요즘은 정책에서도 개인의 삶의 가치와 삶의 질에 관심이 많다. 그러나 정책의 수혜 대상으로 접근하고 물질적 재원을 제공하는 것은 사람들의 삶의 충만함의 욕구를 채우지 못한다. 어떤 측면에서는 물질적 여유가 제공하는 자유보다 훨씬 더 큰 자유를 소소한 생활의 의미를 발견하는 삶에서 찾을 수 있다.

노인의 목소리를 듣고 노년 경험을 담론화하는 것은 삶을 부분이 아니라 총체적으로 알기 위해서다. 어떤 삶을 살았는지, 어떤 경험을 하였는지를 이해할 때 존재를 깊이 이해할 수 있다. 노인 연구를 할 때 어떤 주제도—예를 들어 차별, 빈곤, 죽음, 두려움 등 어떤 주제인 경우에도—노인의 삶의 관점에서 해석되고 재구성된다. 개개인들의 삶이 놓여 있는 복합적 상황들, 그 상황 속에서 사건과 사회의 다층적 연관을 볼 때 사회는 단단한 존재가 아니라 행위자를 통해서 경험되고 변화되는 것임을 깨닫게 된다. 이는 행위자를 억압하는 구조, 관계, 언어를 깨트리고 몸과 마음을 자유롭게 하는 중요한 접근이 될 수 있다. 헤게모니를 갖거나 갈등하고 있는 언어, 상징, 전통, 인식들이 어떻게 체험되는지를 보면서 현상의 본질에 가까이 가고 자유로울 수 있는 것이다.

정진홍 교수는 노년기야말로 모든 것이 끊어져 나가는 외롭고 철저히 개인화되는 시기라고 말한다. 끊어짐, 흔들림, 두려움, 위기감을 피하지 않고 만나는 것에서 존재의 커다란 변화가 시작된다. 피하려고 했던 것의 의미들에 집중하면서 노년 경험의 의미를 새롭게 발견하고, 치유와 상처의 코드를 찾고, 그동안 닫혀 있던 틈새를 열어 삶의 의미를 풍요롭게 재해석할 수 있다(정진홍, 2008). 노년, 쇠퇴, 죽음, 고통의 만남은 삶을 무의미하게 하는 게 아니라 한층 더 고양시킬 수 있다.

2. 노년의 공간

노년의 삶을 이해하기 위해 좀 더 가까이 관찰하기로 했다. 의미를 이해하기 위해서는 의미가 만들어지는 장으로 참여해서 관찰하고 배워야 한다. 가까이에서 머물고 관찰하고, 상호작용하면서, 익숙해지면서 의미를 알게 된다. 어떤 관계에 있고, 관계가 놓인 맥락이 무엇인가는 객관적으로 밖에서 봐서 아는 것이 아니라 직접 참여할 때 감수성이 커진다. 많은 노년이 즐기거나 이용하고 머무는 곳을 탐색하여 찾아간 곳들은 무료급식소, 공원, 클럽, 영화관, 요양원, 지역의 노인 돌봄센터다. 노인이 머무는 곳을 관찰하면서 면담 대상자도 찾기로 하였다.

1) 2007년 종로의 풍경

2007년 6개월간 주말에 종로 3가 일대를 다녔던 적이 있다. 당시에도 노년에 대한 다양한 시선들이 교차하고 있었다. 정부는 고령화 사회를 대비하기 위해 제1차 저출산 고령사회 기본계획(2006-2010)을 검토하고 고령자 고용촉진 기본계획(2007-2011)을 세우면서 생산적이고 활동적인 고령화 문화를 강조하였다. 문학예술계에서는 삶의 깊은 경험을 드러내고 공감하는 언어로 노년을 무대나 영상으로 담고 있었다.[01] 그럼에도 가난하고 외로운 노인의 자살, 소외에 관한 기사가 자주 보도되었다.[02] 서울이 한창 재개발되면서 가난한 사람들이 흩어지는 가운데 종로구 돈의동(피카디리), 중구 회현동, 용산구 동자동, 갈월동, 영등포역 근처에는 가난한 노인들이 많이 사는 쪽방촌이 있다고 알려졌다. 여러 공원에서 불우 노인을 위하여 종교, 사회 단체가 무료 급식을 제공하고, 이후 여러 거리와 복지관에서 홀로 사는 노인 점심 도시락 배달 사업을 이어가고 있었다. 한편 노인이 도심 한가운데 모여 즐기는 방식에 시민들이 인상을 찌푸리게 하는 부분도 적지 않았다. 이에 주요 공원의 성역화 사업이 전개되었고 파고다공원에 이어 종묘공원도 51억 원을 들여 원형을 복원한다고 서울시가 밝혔다.[03] 청계천 근처 세운상가가 사라지고 세계적인 유산과 멋있는 현대적 미가 조합된 공간이 새롭게 태어날 예정이었다. 무료급식이 이루어지고 어디서든 쉽게 접근할 수 있는 공간에 노인이 모이고, 노인이 모이는 공간을 중심으로 한 성역화 사업이 진행되는 풍경에 노년에 대한 동정과 부담의 시선이 교차하고 있었다.

종로구 일대는 노인 일번지라 일컬어질 만큼 노인이 즐기는 다양한 문화가 압축적으로 연출되는 공간이다. 종로3가역은 1호선과 3호선이 교차하여 교통이 편하기 때문에 노인들이 즐겨 오는 곳이라 한다. 역에서 내려 거리를 따라 걸으면서 남성 노인을 자주 본다. 노숙자, 여러 종류의 면세 담배를 싼값에 파는 보따리장수, 박카스 여인네가 드링크를 따서 남성 노인에게 주는 장면들도 볼 수 있다. 곳곳에 싼

01 연극 〈늙은 부부 이야기〉, 〈쪽빛황혼〉 등은 지속적으로 무대와 영화에서 보여지고 있다.

02 『한겨레신문』(2005.03.14.)에서 '빈곤의 섬'으로 청계천 종로, 삼일아파트 재개발 사건이 보고되었다.

03 "종묘공원, 51억 들여 원형 복원." 『연합뉴스』. 2007.06.08.

2007년 6월 5일 오전 서울 종로 탑골공원에는 노인들이 거의 없었다(사진 왼쪽). 반면 비슷한 시각 인근 종묘공원에는 바둑과 장기를 두는 노인들로 붐볐다. 2001년 성역화 작업 이후 출입통제가 심해지자 노인들은 탑골공원을 떠났다(연합뉴스, 2007.06.08. "종묘공원, 51억 들여 원형 복원"에서 인용).

음식점을 이용할 수 있고 무료로 점심을 때울 수 있는 장소도 이곳저곳에 있다. 볼 것도 많고, 쉽게 이야기를 건넬 수 있고, 주변에 둘러볼 수 있는 산과 공원이 있다.

종묘를 처음 방문하였을 때의 느낌은 충격이었다. 사적이고 은밀한 곳에서 행하는 것들이 민낯으로 공공장소에 노출된다. 갖가지 놀이, 음주, 매춘, 도박, 종교, 정치집회 활동이 공존한다. 서로서로는 나이와 성에 의해 동질성을 먼저 확인하는 것 같다. 주변을 산책하다가 우연히 방문하고, 자연스럽게 정치집회에 참여하고, 소문을 듣고 다른 지방에서 구경하러 온 분도 있다. 곳곳에서 춤판이 벌어지고, 장기를 두고 구경하고, 그림과 글씨 등 개인의 장기를 보여준다. 오고가는 중에 성매매 거래가 이루어지기도 한다. 공원을 관리하는 노인은 술 먹고, 고성방가에 욕설 · 폭력이 난무하고, 불량 노인들이 많다고 불만스러워했다. 구청에서 이런 장소를 제공해 준 것이 잘못이라고 말한다. 마침 종로구청에서 단속이 한창 들어올 때였다. 단속하더라도 다시 들어선다고 한다. 구청 공무원과 노인들이 실랑이를 벌이는 듯하다. 서울시의 국제화 개발, 도심 개발에 곧 사라지는 것을 아랑곳하지 않는 듯이 노인의 몸짓은 자유롭다. 얼마 뒤 서울시와 종로구청에서 의욕을 가지고 종묘 일대의 대대적인 단속에 들어갔다고 한다. 당시 3호선 지하철역에는 아래와 같은 공익광고판이 붙어 있었다.

“이런 모습 상상은 해보셨나요?”라는 제목에 지금의 경로석 칸에는 아이 둘이 게임을 하고 있고, 지금 일반석은 경로석이 되어 노인 다섯 분이 앉아 있는 모습이다. 아이보다 어른이 많은 나라가 상상이 아니라 현실이 되었다. 세계에서 고령화가 가장 빨리 진행되는 나라이기도 하다. 스산한 날씨 탓인지 아이들이 대한민국의 희망임을 전하는 광고를 우울하게 보았다.

2) 2019년 노인 일번지

2019년 종로 일대의 풍경이 많이 변하였을지 궁금해졌다. 탑골공원 안에는 사람들이 그렇게 많지 않았다. 노인분들도 많지 않았다. 탑골공원 골목길에서 무료급식소가 어디에 있냐고 물으니 이쪽저쪽 있다고 한다. 이쪽이라는 방향으로 걸어갔다. 어르신들이 모여 있지만, 줄을 서서 기다리는 광경은 아니었다. 거리가 한산한데 Y무료급식소라는 간판이 보였다. 목탁 소리가 나서 들어가 보니 스님과 몇 분이 기도를 드리고 있다. Y무료급식소는 20년 정도 되었고 매일 급식을 제공하고 있다. 급식 제공은 다 후원에 기초한다고 한다. 달력을 보니 날짜별로 무료급식 봉사를 담당하는 후원단체 이름이 적혀 있었다. 식탁 5개와 주방이 이어진 작은 공간이다. 이곳에서 250명이 식사를 하기 위해서는 10번 정도 자리가 바뀌어야 한다. 7시에서 10시 30분까지 표를 나누어 주고, 식사는 11시 30분부터 시작하여 1시 정도에 끝난다.

식사 시간이 되자 한두 분씩 자리에 들어온다. 대부분이 남성 노인이다. 이전에는 거의 다 남성 노인이었지만 지금은 여성 노인도 식사하러 오신다고 한다. 간간이 들어오는 여성분들은 모자를 깊이 쓰고 있어 얼굴을 확인하기가 어려웠다. 나이가 젊은 분들도 보인다. 아무렇지 않은 듯이 자연스럽게 인사를 나눈다. 지적장애를 가진 듯한 여성이 동행한 키 큰 여성과 같이 앉아 밥을 먹겠다고 한다. 자리가 생기는 대로 안내를 한다고 하여 떨어져 자리를 안내하였지만, 태도가 완강했고 결국 옆자리에 서로 앉아 식사하였다. 그렇게 봐서인지 급식을 하는 어르신들의 모습은 당당해 보이지 않았다. 식사 메뉴는 비빔밥이었다. 한 분의 밥그릇에 밥이 소복한 것을 보고 아무렇지 않게 옆에서 서빙하는 여성 봉사자께 "밥을 많이 드시네요." 하자 표시 내지 말라고 주의를 주신다. 하루 한 끼로 배를 채우는 분들도 있을 것이다.

무료급식은 전쟁 고아, 피난민, 거리에 굶주린 사람들의 배고픔을 달래 주는 자선단체의 활동으로 기원을 거슬러 올라갈 수 있다. 종교단체나 사회사업단체에서 자선 역할을 하는 것도 오랜 연원이 있는 것 같다. 2007년 파고다공원을 방문했을 때 공원 관리를 맡고 있던 어르신은 무료급식을 주지 말아야 한다고 말했었다. 무료급식을 함으로써 가난한 사람들이 모이고, 모이면서 온갖 퇴폐적인 행위들이 이루어지고 있다고 보았다. 일견 수긍이 가는 설명이다. 무료급식을 하지 않으면 사람들이 모이지 않을 수 있다. 그러나 무료급식이 필요한 분들이 있다. 집이 있다고 하더라도 집에 있기가 불편하여 나오는 분들도 많이 있다.

〈2019년 9월 탑골공원 무료급식 풍경〉

〈2021년 9월 코로나 상황 속에서의 탑골공원 무료급식 풍경〉

3) 청춘거리

인사동, 탑골공원, 낙원상가로 이어지는 지하철 출구 쪽에 붙어 있는 〈어르신 지도〉가 눈에 띄었다. 지도에는 종로 3가 부근 어르신들이 즐길 수 있는 장소와 함께 "어르신 친화 거리 락희거리에 오시면 어르신 우선 화장실, 상냥한 가게, 이심전심 매뉴얼, 큰 글자 메뉴판, 지팡이 거치대, 어르신 이정표, 심장 응급소를 경험하실 수 있습니다." 라는 안내문이 쓰여 있었다. 한쪽으로 낙원상가가 보이고 큰 간판을 붙인 오래된 음식점들이 이어져 있었다. 순댓국, 돼지국밥, 2천 원가량의 한끼 음식 안내 메뉴와 추억의 향수를 불러일으키는 오래된 영상의 전단지들이 곳곳에 붙어 있다. 거리의 풍경이 과거를 추억하게 만드는 매력을 풍긴다. 젊은이들과 관광객들 사이에서 어르신들도 자연스럽게 섞이고 있었다. 어르신 안에도 형편에 맞게 취향을 자연스럽게 즐길 수 있게 공간이 구분되었다.

파고다공원을 지나 낙원상가 쪽으로 가는 길에 여성 노숙자가 누

워 있었다. 낙원상가 쪽으로 음식점 골목을 돌아 공원 밖 골목길에 어르신들이 모여 장기를 두고 있었다. 이전에는 공원 안에서 여기저기 장기판이 벌어졌는데 이곳으로 다 모인 듯하다. 좀 더 가까이 장기를 두는 무리에 들어가 관심을 보였다. "장기 둘 줄 아슈?", "배우고 싶수?" 묻는다. 갈 데 없으니까, 집에 있으면 심심하니까, 이렇게 나와서 장기 두고 시간을 보낸다고 한다. 장기가 치매 예방으로도 딱이라고 한다. 장기판에 모인 분들의 옷차림은 다채롭다. 후줄근한 복장, 단정한 복장의 남성 노인네들이 서로 어우러져 열심히 장기판을 응시한다.

낙원상가 안쪽에 위치한 청춘영화관을 찾아갔다. 영화관 안에 계신 분들의 복장은 말끔하고 세련되었다. 칙칙한 이미지와 자신을 차별하는 듯하다. 이 공간의 핵심 문화 코드는 청춘인 것 같다. 이 공간이 어르신들에게 매력적인 것은 젊은 시절의 이미지들을 눈으로 확인할

수 있기 때문인 것 같다. 젊은 시절 즐겼던 영화를 보고, 옷차림도 젊게 차려 입고, 다시 젊은 시절로 돌아가는 시간 여행을 하는 듯하다. 실버영화관과 낭만극장으로 들어가는 엘리베이터 문은 청춘의 시간으로 들어가는 마력을 내뿜는다.

낙원상가에서 영화를 보는 분과 장기를 두는 분은 경제적 여유나 문화적 취향이 다른지 궁금해졌다. 영화관에서 봉사하는 분이 영화를 즐기는 분들은 이전에도 문화생활을 즐겼고, 생계 걱정을 하지 않아도 되는 분들이라고 이야기를 해 줬다. 영화관도 1만 원이면 하루 충분히 즐길 수 있는 곳이라고 한다. 점심 2천 원, 영화 2천 원, 찻값 2천 원 정도면 된다는 말에 옆에서 이야기를 듣고 있던 분이 혼자만 먹냐고 부드럽게 응수한다. 돈이 없어 영화관 표를 제대로 끊지 않고 들어가 보려는 분들을 보면 안타깝다고 한다. 봉사자와 이야기하는 우리 모습에 여유롭게 보이는 남자 노인이 영화에 관심이 많냐고 묻는다.

봉사자분에게 나이가 들어가면서 어떤 생각이 드냐고 물어보니 아쉽다고 한다. 6월이면 40년 근무했던 철도청 일을 그만둔다고 한다.

퇴직 이후에도 단기간 일할 수 있는 기회가 있으면 좋겠다고 한다. 은퇴 이후에도 자유로운 시간과 나름 의미 있는 활동을 유지하여 삶에 만족하는 분들도 많이 있다. 움직일 수 있는 한 자신을 필요로 하는 데는 어디든지 가서 일하고 싶다고 한다. 성실한 분인 것 같다.

낙원상가를 나와 시청 쪽으로 가는 길에 젊은이들로 짜인 동아리패가 사물놀이를 신나게 하고 있다. 오고가는 사람들이 길에서 이름과 그림을 멋있게 그려 주는 광경을 구경한다. 큰 길로 나오니 국가유공자 밴드 주최 독거노인을 위한 작은 음악회 현수막을 두른 무대 위에서 노신사가 노래를 부른다. 현수막은 구청의 인가를 받았음을 표시하는 듯하다. 몇 사람이 의자에 앉아 공연을 본다.

4) 노인 클럽

낙원상가 시니어극장에서 봉사하신 분이 추천한 노인 클럽 중 한 곳인 노인 클럽 A를 방문했다. 노인 클럽 A는 어르신들이 데이트하는 장소다. 어떤 분위긴지 궁금했다. 홀은 어두웠지만 넓었다. 공기는 쾌적한 편이다. 서빙하는 분이 자리를 안내하여 자리에 앉았다. 자리에 앉아 주변을 둘러보았다. 연주를 하는 무대가 보였다. 중절모와 넥타이로 남성 차림을 한 여성이 하모니카와 색소폰 연주를 한 뒤 노래를 이어 부른다. 손님들과 눈인사를 하는 걸 보아 전속 연주자인 것 같다.

어르신들은 한껏 멋을 부린 모습이다. 여성분은 곱게 화장하고 선글라스를 낀 분이 많았다. 남성분들은 멋쟁이처럼 팔찌, 반지를 끼고, 양복 정장을 입거나 말끔하게 캐주얼한 복장을 한 분들이 섞여 있다. 남녀 쌍쌍으로 앉아 있는 자리도 있고, 여성 한 분에 남성 여러 분이 있는 자리, 반대로 여성 여러 분에 남성 한 분이 앉아 있는 자리, 남녀 짝을 지어 여럿이 함께 앉은 자리, 남자 혼자, 여자 혼자 앉은 자리 등 다양하다. 어떤 테이블에서는 여성 두 분이 앉아 있는데 데이트 상대를 기다리고 있는 듯하다. 구석에서 이야기를 나누고 나가는 남성과 여성, 여성은 젊어 보이고 마치 집 근처 잠깐 일 보러 나온 듯 꾸미지 않은 모습이다. 남성 노인이 계산하고 여성은 따라나선다.

노래와 테이블마다의 이야기가 웅성거려 잘 들리지 않는데 함께 온 연구팀원이 귀를 쫑긋하고 들은 이야기를 전해 준다. 막 들어온 여성분이 웨이터에게 선호하는 남성을 말하고 자리에 앉더란다. 데이트 상대를 연결해 준 대가는 쏠쏠하다. 여기에서는 연애하고 싶은 의사를 대담하게 드러낸다. 낮시간에도 자리가 꽉 채워진다. 이곳을 찾는 분을 인터뷰하기는 어려울 것 같지만 이곳에서 일하는 분에게서 많은 이야기를 들을 수 있을 것 같았다. 어르신들은 긴장하고 수줍어하면서도 가깝게 앉아 호감을 나누면서 친해진다. 춤을 자제해 달라는 표지에도 불구하고 노랫가락에 맞추어 자리에 나와 춤을 춘다. 몸을 부둥켜안고 블루스를 추는 사람, 춤 솜씨가 상당한 사람, 막춤을 신나게 추는 사람, 혼자서 춤을 즐기는 사람 등 다양하다. 함께 온 연구팀원은 어르신들이 데이트하는 것을 부정적으로 보지 않는다고 한다. 힘없이 무력하게 보내기보다 활기가 있다. 친밀성으로 살아 있음을 확인한다. 이곳을 보면 노년에도 성애, 친밀한 교제를 원하는 것이 얼마나 자연스러운가를 부정하기 어렵다. 교제를 즐기고 있는 분들과는 다른 용무로 그 자리에 앉아 있는 게 실례가 되는 것 같고 옆 테이블에 앉은 분이 가끔씩 경계의 시선을 보냈다. 이곳에서 9년 동안 일하고 있는 지점장분과 인터뷰 약속을 하여서 이만하면 됐다는 마음으로 클럽을 나왔다.

지점장분이 어르신들을 위한 클럽이 서울에 세 군데 있다고 했다. 종로에 두 곳, 청량리에 한 곳이 있다고 한다. 온 김에 노인 클럽 B도 들르기로 했다. 공간은 노인 클럽 A보다 좁아 보였지만 좀 더 자연스러운 분위기다. 활기가 넘친다. 대화하고 데이트하는 분들이 섞여 있다. 주스를 주문하니 자리가 아쉬운데 못마땅하다는 기색을 비춘다. 쫓겨날 것 같아 서둘러 주위를 살펴보았다. 아직 낮인데 술과 여흥을 즐긴다. 우리 뒷자리에 앉은 한 노인이 술과 분위기에 한껏 기분이 좋은지 여자 웨이터에게 팁을 주며 여자를 소개해 달라고 한다. 한 테이블에는 서로 친구처럼 보이는 여성 네다섯 명이 모여 술과 대화를 나눈다. 수수한 차림이다. 다른 쪽에는 나이 들어 보이는 여성과 젊어 보이는 여성, 남성 노인이 함께 대화를 나눈다. 이 테이블에서 저 테이블로 자리를 옮겨가며 대화를 나누기도 한다. 진하게 화장을 하고 멋을 부린 여성이 눈에 띄었다. 클럽의 만남이 전제하듯 남성성과 여성성을 과장하듯이 꾸미고 표현하면서 친밀함을 교류하는 것 같다. 30분이 좀 지났을까 자리에서 일어나 프런트에 와 계산을 하면서 의심을 풀 요량으로 상호의 뜻을 물어보았다. 사장에게 물어보라면서 분위기에 맞지 않는 사람들이라고 알아봤다고 한마디 한다. 노년 연구를 한다고 말하고 인사를 하고 나왔다. 화장실 복도에 사장님의 보도 기사들을 붙여놓았다. 이 지역에서 좋은 일을 많이 한다는 내용이다. 마땅한 놀이 문화가 없는 노인들이 저렴한 비용으로 교제하고 활력을 찾는 장소라는

뜻인 것 같다.

얼마 뒤 노인 클럽 A를 다시 찾아 지점장과 이야기를 나눴다. 지점장도 어른들이 마땅히 갈 만한 곳이 없는데 여기서 좋은 일을 많이 한다고 말한다. 이성을 만나 대화하고 교제하는 것은 건전한 문화라고 생각한다. 업소에 오시는 분들은 한 달에 29일 오시는 분이라고 한다. 하루 용돈 2만 원으로 보낼 수 있는 곳이다. 근처에 있는 카바레가 끝나면 이곳이나 노인 클럽 B에 가서 시간을 보낸다. 어르신들이 부담 없이 이용할 수 있도록 가격을 내려 12시에서 2시 반까지 음료수를 3~4천 원, 식사는 5~6천 원으로 제공한다. 하루 2만 원 가격 대비 만족도가 클 수 있지만 많은 노인에게는 적지 않은 용돈인 것 같다.

지점장은 어르신을 대하면서 많은 감정을 느낀다고 한다. 처음에는 평생에 만날 숫자의 노인분들을 하루에 다 만나 충격을 받았다고 한다. 하루에 업소를 이용하는 노인이 6~700명 정도 되는데, 어르신들 때문에 웃고 싸우는 것에 당황하고 곱게 늙는 것에 대해 생각한다고 한다. 어떻게 이런 대우를 받으며 살까 생각하면 짠하다고 한다. 힘들게 막노동으로 번 돈을 기분으로 나누는 분들도 있다. 행색을 보면 어렵게 사는 분을 구분할 수 있다. 이 근방 쪽방촌에 사는 분 중에 오는 분도 있는데 자식들은 연락이 되지 않고 쓸쓸하고 외롭게 지내면서 남에게 한턱냄으로써 자기만족을 하는 것 같다고 한다. 두 분이 오셔서 돈가스 하나 시켜 나눠 드시는 분도 있고, 짠하고, 뿌듯하고, 화도 나고 여러 감정이 든다고 한다.

노인복지로 일자리도 중요하지만, 하루에 반나절 정도 즐기고 놀 수 있는 공간이 필요하다고 말한다. 혼자 몰래 오시는 분들이 많은데 여기에 오신 분들은 생기가 있다. 교제가 어르신들이 젊게 사는 방법이라 한다. 장년층들도 즐기는 인생을 강조하는데, 가난하고 힘없는 노인이라고 즐길 수 없는가. 그런데 즐거움을 느끼는 활동, 시간이 뭐가 있을까. 자식들과의 여행, 마음 맞는 친구들과의 여행, 등산도 있겠지만 그도 여의치 못한 분들은 어떤 즐거움을 누릴 수 있을까. 이런 분들에게 위안이 되는 장소일 수 있다. 즐기되 절제를 강조한다. 서로 다투지 말고, 복장도 단정하게, 예의를 갖춰 오라 권한다. 술이 많이 취해 오시는 분들에게는 자제를 부탁한다.

공원에서 자연적으로 모여 즐겼던 놀이들이 성역화 사업으로 이곳저곳으로 흩어져 어르신 안에도 여가 공간의 분화가 일어나는 것 같다. 그리고 상가, 주민, 노인들이 자발적으로 고령 친화 공간을 만들어 온 것 같다. 낙원상가 일대에는 송해 길이 만들어져 있다. 나이가 들어도 활동적인 삶을 사는 노년의 모범으로 인식되는 것 같다. 송해 씨가 종로에 살면서 어르신들을 위해 좋은 일도 많이 했다고 한다. 소위 이 지역의 터줏대감들이 뜻을 같이하여 송해 길을 만들었다고 한다. 피카디리 쪽에는 어르신들이 서빙을 하는 곳이 있다. 여기 직원도 60대다. 어르신들이 마음 놓고 즐길 수 있는 공간이다. 오래된 것에 대한 향수가 이 지역을 찾게 한다. 노인만 있던 거리에 젊은이들이 왕래한다. 이태원에 있던 게이촌이 이쪽으로 이동했다고 한다. 저녁 포장마차에는 전부 게이들이라고 한다. 성 소수자들이 서로 교감을 나누는 공간이기도 하다. 영화 〈죽여주는 여자〉에 나오는 바카스 아줌마, 다문화 출신 아이, 외국인 결혼여성, 외국인, 게이, 장애인이 함께 머물면서 다양한 문화를 창출하는 공간이다.

인터뷰를 마치고 피카디리 골목을 찾아갔다. 근처에 있는 피카디리 골목에는 바카스 아줌마들이 많이 있다고 한다. 여관과 호텔이 많고 이어서 쪽방촌이 보인다. 틈새가 없이 따닥따닥 붙어 있는 단칸방들에서 노년을 보내는 것은 어떤 의미일까. 다들 나갔는지 골목에 인기척이 없다. 몇 골목을 돌아 두리번거리는데 몇 분이 아는 척을 한다. 이곳에 사느냐고, 어디에서 왔냐고 호기심을 교환한다. 방에 대해 물으니 세면대, 화장실은 공동으로 쓰고, 가격은 20~30만 원대라 한다. 여성 주민이 이곳은 여성이 살기 어렵다고 한다. 다른 여성분은 이곳도 사람 사는 곳이라 한다. 사진을 찍는 것은 자유지만 사람 얼굴은 찍지 말라 한다. 잘 다려진 하얀 정장을 입은 남성분이 호의를 표한다. 이곳은 돈의동이고 건너편은 익선동인데 그곳에는 구경할 게 많다고 한다. 자기가 구청에 건의하였다고 한다. 피카디리 골목이 어디냐 물으니 안내해 주겠다고 앞장선다. 젊을 때 가수도 했다고 몇 마디를 하고, 여기가 사는 곳이라 인사를 하고 방 안으로 들어간다. 노인과 헤어져 익선동으로 건너가니 말 그대로 사람들이 바글바글하다. 〈미스터 선샤인〉 방송 이후 1920~30년대 신여성 복장이 유행이 되어 입고 돌아다니며 사진을 찍는다. 나이 든 이에게는 익숙하고 젊은이들에게는 새로운 과거의 흔적이 취향을 자극한다. 사람이 너무 많아 앉아서 먹을 데가 없어 골목길을 지나 큰 거리로 나왔다.

5) 동묘 시장

1호선 동대문역 다음 역인 동묘역 3번 출구로 나왔다. 역의 출입구가 좁았다. 어르신들이 그렇게 많지 않았다. 입구 계단으로 올라가니 오래된 거리가 시야에 들어온다. 찻길 맞은편에는 롯데캐슬 신규 아파트가 있다. 거리를 두고 오래된 곳과 새로운 곳이 공존한다.

동묘 시장으로 들어오니 이런 것을 왜 펼쳐 놓고 있는지 잡다한 물품들이 펼쳐져 있다. 모든 것이 다 있는 만물 시장인 것 같다. 어르신들도 오래 갖고 있었을 것 같은 것들을 가지고 나와 펼쳐 놓는다. 매대를 지불하지는 않는 것 같다. 옷 가게, 모임, 국숫집, 골동품, 중고품, 헌책방, 과자, 먹거리 등 다 허름하다. 팔고 사려는 목적으로 모인 시장이 아니라 지루하기도 하지만 천천히 머물고 세심히 구경하는 재미가 있다. 천 원, 이천 원 하는 옷들을 산더미처럼 쌓아 두면 그 속에서 자신에게 맞는 옷을 찾는 기쁨으로 젊은이들도 많이 찾는다고 한다. 낡고 오래된 물건이 취향에 맞춰 다시 활용되는데 노년의 가치도 새로운 취향과 만나 다시 생기를 가질 수도 있지 않을까.

점심은 옛날 국밥집이라는 상호를 건 허름한 집에 들어가 먹었다. 주인에게 뭐가 맛있냐고 물으니 마음 좋게 요즘 반계탕을 많이 시킨다고 한다. 그래서 반계탕 두 그릇을 시켰다. 한 그릇에 6천 원이다. 삼계탕은 9천 원이다. 옆에 앉아 있는 남성 노인 네 분은 물냉면을 시켜 드신다. 자리에 앉을 때 노인분들이 비빔냉면을 시키는데 서빙하는 여성 노인분이 물냉면이 더 맛있다고 추천한다. 물냉면을 드시면서 한 노인이 좀 더 매운맛을 원했다. 계산을 받는 분은 남성 노인이다. 부부 가족이 운영하는 것 같다. 장사한 세월을 보여주듯 낡고 허름한 식당에서 음식을 팔고 먹는다.

식사를 하고 시장 안을 계속 구경하였다. 옷가지들이 쌓여 있는 곳에서 득템을 해 보자 달려들었다. 재밌었다. 다시 길을 걷는다. 공구

들, CD, 그림, 골동품, 정리되지 않은 더미 속에서 마치 보물들이 숨어 있듯이 사람들은 정성스럽게 마음에 드는 것을 찾는다. 그저 스쳐 지나갈, 볼품없다고 여길 만한 물건들이 이곳에서 다시 사람들의 눈길을 모은다. 옷들이 많이 있는 한 점포에 들어가 다시 옷가지들을 뒤적거렸다. 위 겉옷과 치마를 5천 원에 샀다.

6) 태극기 집회

천천히 광화문 쪽으로 걸었다. 날이 많이 무더웠다. 물을 사서 들고 천천히 거리를 걸었다. 거리에 함성 소리가 울려 퍼진다. 소리가 나는 곳으로 가 보니 교원평가를 반대하는 전교조 집회가 열리고 있었다. 태극기 집회가 덕수궁 근처에서 있었다. 마련된 자리에 앉아 방송을 듣는다. 박근혜 전 대통령 탄핵이 법적 타당성 없이 선지 선동으로 이루어졌다는 내용이다. "대한민국은 지금 몹시 아픕니다."라는 문구는 어딘가 낯익다. 나라답지 못함에 집단적 슬픔과 고통에 사로잡혀 있다고 말한다. 국정 농단의 대상만 바뀌었다. 반사회주의, 반공, 발전주의, 반동성애, 반난민, 현 정부가 지향하는 것의 반대로 보수, 우익이 정의되는 것 같다. 미 트럼프 대통령의 연설 녹화가 울려 나간다. 사회주의가 표방하는 평등, 인권, 통합의 실상은 독재, 인권 탄압임을 강조한다. 언론의 힘이 막강하다. 유튜브와 방송이 계속 찍어내고 나른다.

옆에 앉은 부부와 이야기를 나누었는데, 이 부부는 주말마다 나온다고 한다. 자신은 뿌리 깊이 우파라고 한다. 현 정권이 싫다고 한다. 과거만을 이야기하고 지금 당장의 경제가 얼마나 어려운지를 외면한다. 북한에는 퍼주기만을 한다. 텔레비전을 보면 속이 터진다고 한다. 다 친정부적인 방송이고 진실을 보도하지 않는다며 자신은 유튜브만

본다고 한다. 누구누구는 배운 것도 없고 못났는데 스타가 되는 것이 보기 싫다. 동네 어떤 노인네는 자식들이 잘 사는 데도 정부로부터 70만 원 지원을 받는데 자신은 일 원 한푼 받지 않는다고 한다. 우파에도 종이 많다고 말한다. 자신은 대한애국당을 지지하지 않는다고 한다. 신의 한 수 방송을 즐겨 본다고 한다. 인터뷰 요청은 받아주지 않았다. 신원이 밝혀질까 우려되고 자식들이 좋지 않게 여길까 걱정된다고 한다. 집회는 6시에 있는 자유한국당 집회를 위해 정리되는 것 같았다. 광화문에는 민주당을 지지하는 집회가 이미 무대를 펴고 있다. 양쪽의 연설들이 공중에서 만나 소음이 되어 아수라장이 된다. 당권 경쟁이 치열하다.

7) 보라매공원과 관악 쉼터

학교 근처 보라매공원과 관악 쉼터에도 노인분들이 많이 찾는다는 정보를 접하고 방문하였다. 보라매공원 내 노년의 문화가 잘 안착되어 있는 인상을 가졌다. 퇴폐적인 부분을 통제한 영향인지, 모임의

규모가 작기 때문인지, 노인들의 자발적인 규율이 작용하는 것인지 모르겠지만 다양한 문화 중의 하나로 노년의 문화가 인정되고 자리 잡아 간다는 인상을 받았다. 노년의 문화 내부에도 상당히 다양한 결들이 있다는 의미이기도 하다. 서서히 노년의 문화를 시민사회가 인정해 가고 있는 변화로 읽힌다. 노인이 모인 곳도 노인만이 아닌 다양한 세대가 찾고 즐길 수 있는 공간이 되는 것은 오래됨의 가치를 발견하고 있기 때문일 수도 있다. 고령 친화 환경이란 노인의 욕구를 반영한 관점에서뿐만 아니라, 노년의 자발적인 관심 속에서 형성되는 장소, 문화를 다른 세대도 관심을 갖고 참여할 수 있게 새롭게 조명하는 것도 포함될 수 있다.

게이트볼장 왼쪽에 어린이 놀이터, 뒤쪽에 축구장이 있어 노인들의 공간으로만 분리되어 있지 않다. 게이트볼장을 오가는 어린이, 가족, 젊은 남녀의 모습을 모두 볼 수 있는 공간 구성이었다. 남녀 노인

모두 게이트볼을 즐기고 있었는데, 게이트볼의 규칙을 몰라 어떤 식으로 경기가 진행되는지 이해하지 못했다. 게이트볼장에 있는 정자에 앉아 자연스럽게 나누는 대화를 들어보거나, 게이트볼을 하는 모습을 지켜봤다. 그러다 '장마당'이라는 단어를 쓰거나 북한식 억양을 쓰는 노인분들의 그룹과 중간중간 중국어를 사용하는 노인분들의 그룹도 볼 수 있었다. 조선족 동포 어르신들인 듯하다. 한 남성 노인은 돌아다니면서 그곳을 방문한 다른 노인들의 이름을 적기도 했다. 아마 다음 모임을 위해서 혹은 어딘가에 같이 가기 위해서 적는 것 같았다. 이분들의 상호작용 방식이 궁금해졌다.

호숫가 주변으로 발걸음을 옮겼다. 호숫가 주변 벤치를 따라서 남녀노소가 어울려 앉아 있다. 한 남성 노인이 핸드폰으로 트로트 음악을 틀고 춤을 추고 있었는데, 앉아 계신 또 다른 남성 노인이 손에 든 페트병으로 그 음악에 장단을 맞추며 벤치를 두드리고 있다. 두 분은 서로 모르는 사이 같았는데, 마치 오랜 친구처럼 음악을 공유하고 있었다.

장기 두는 곳은 위쪽 편에 있었다. 2018년 종로구청이 서울 종로구 탑골공원 인근에서 벌어지는 '장기'에 대한 단속에 나서면서 노인들과 갈등을 빚고 있다는 기사를 접한 적이 있다.[04] 구청은 도로 환경 등을 이유로 장기판을 강제 수거하기까지 했고, 노인들은 자신들의 놀이문화를 뺏어 간다며 불만을 표시한다는 기사였다. 보라매공원도 탑골공원과 같은 갈등을 겪었지만, 2016년부터 공원 팔각정 근처에 장기를 두는 공간을 제공했다. 장기를 둘 수 있는 테이블과 의자를 제공하고, 비닐 천막을 설치하였다. 노인들 스스로 공간을 청소하고, 자연스럽게 동호회가 형성되었다 한다. 동호회 모집 글, 대국 날짜 등이 적혀

04 "도시미관 저해 vs 복지 따로 있나… 위기의 공원 장기판." 『뉴스핌』. 2018.11.21.

있었고, 장기 대국에 참여하는 노인이 적힌 칠판이 있었는데 노인의 이름 옆에는 아마추어 등 장기 두는 실력의 레벨까지도 적혀 있었다.

노인분들과 직접 대화를 나눠보고 싶어 얼마 후 다시 보라매공원을 방문하였는데 어르신들이 많이 보이지 않았다. 어르신들이 모여 있던 게이트볼장을 둘러보았다. 막연히 구경하다가 주변에 앉아 있는 분이 있어 말을 걸었다. 머쓱하게 인사를 하니 상대방의 관심을 게이트볼에 관한 관심으로 추측했던 것 같다. 게이트볼에 대한 이야기만 하였다. 관심이 있으면 배우라고 적극적으로 추천하여 그러겠다고 하고 연락처를 얻어 왔다.

보라매공원 근처에도 노인을 위한 무료급식소가 운영되고 있었다. 일주일에 3일(화요일, 목요일, 토요일) 오전 11시부터 오후 1시까지 노인분들에게 무료로 음식을 제공하는데 평균 250명 정도의 노인분들이 방문하는 곳이라고 한다. 이곳을 이용하고 있는 분들을 만나기 위해 급식 봉사를 요청하여 다시 방문하였다. 급식이 10시부터인데 1시

간 30분 전부터 줄을 서서 기다리고 있었다. 식사는 두 번에 나누어 준비되었다. 오신 노인분들은 대부분 집이 보라매공원 근처, 봉천동, 신림동 등에 있다고 한다. 집에서 할 일도 없고 배식해 주는 시간도 정해져 있어서 미리 와서 자리를 잡고 앉아 있으면서 같이 온 사람들이랑 이야기를 나눈다고 한다. 여성 노인 한 분은 집에 남편이 거동이 불편해서 얼른 여기서 밥을 먹고 집에 가서 남편 밥을 챙겨주려고 오래 전부터 다니고 있다고 하였다.

관악산 쉼터는 서울대 정문에서 관악산 등산로 입구 쪽에 위치하였지만 그런 장소가 있는지 주의를 기울이지 않으면 눈에 잘 띄지 않게 등산로와 찻길 옆 귀퉁이의 조그만 공간에 있었다. 천막을 치고 노인분들이 장기를 두거나, 신문을 읽거나, 자판기 커피를 마시면서 벤치에 앉아 이야기하며 소일하는 곳이다.

학교에서 나와 관악산 쉼터에 이르렀을 때 장기를 두고 있는 남성 노인분들을 볼 수 있었고, 대화를 나눠보고 싶어 혼자 벤치에 앉아 계신 노인분께 다가갔다. 오랜만에 시도하는 말 트기라 자연스럽지 못했

다. 어르신께 여기 자주 오시느냐고 여쭤봤는데 약간 경계하는 듯한 표정을 지었고 어떤 분은 귀가 잘 안 들린다고 대답을 꺼렸다. 조금 뒤 장기를 두다가 담배를 피우러 나온 노인 한 분에게 다가가 대화를 시도하자, 관심을 갖고 이런저런 대화를 나누었고 이후 정식 인터뷰를 요청드렸다.

남성 노인은 관악산 쉼터의 마당발 같은 분인데, 장기 천막에서 나오거나 벤치에 앉아 있는 노인 한 분 한 분의 신상을 다 알고 있었다. "필리핀에서 피살당한 한국인이 저이의 아들이야.", "저이는 공무원을 그만두고 연금으로 250만 원씩 받아도 이곳에 매일 나와.", "저이는 건물도 있고 잘 살지만, 몸도 안 좋고 여기 취미 생활로 나와." 등등을 전해준다. 본인 신상도 이야기하였는데 기초 생활 보장 수급자인데 몸이 안 좋아 치료비가 걱정되고 일하기도 힘든 상황을 이야기했다. 이곳에서 친해진 다른 노인들도 자신이 기초 생활 보장 수급자라는 것은 모른다고 이 주변 누구에게도 말하지 말아 달라고 부탁도 하였다. "젊을 때 앞만 보고 달려왔는데, 나이가 드니 어떻게 노는 줄도 모르고 어디에 가야 하는지도 모르는 사람들도 많다."라고 말하였다. 정식으로 인터뷰 요청을 하면서 명함을 건네자 이런 노인들의 상황을 들어주는 것 자체에 감사하다며 인사하였다. 여기 오는 노인분들은 장기를 두고 혹은 산에서 내려와서 지하 1층에 막걸리를 마시러 간다고 하여 지하 1층의 식당가로 가 보았다. 지하 1층으로 가는 길이 계단이 아닌 경사가 완만한 내리막길로 되어 있어, 노인분들이 오르고 내리기에 어렵지 않겠다는 생각이 들었다. 식당가 앞을 서성이자 식당을 운영하는 여성 한 분이 우리를 구청 단속 직원으로 의심하였다. 구청 직원이 아니라고 두어 번 말한 뒤 파전과 막걸리를 시켰다. 가격이 그다지 저렴하지 않았다. 파전과 막걸리가 1만 원 이상이었고, 메뉴 대부분이 5천 원 이상이었다. 식당이라면 밥 먹는 사람들을 어색하게 바라볼 필요가 없는데, 주인도 노인분들도 힐끔힐끔 우리를 쳐다보는 것 같았다.

8) 요양원

중증 만성질환과 일상생활의 기능장애를 겪고 있는 노인에 대한 돌봄은 주로 가족과 의료시설 중심으로 이루어졌다. 한편, 가족부양의 부담이 커지고, 병상 노인의 증가에 따른 의료비 지출이 심해지는 상황에서 2008년 장기요양노인을 대상으로 돌봄 시설과 재가복지서비스를 지원하는 장기요양보험제도가 시작되었다. 중증 만성질환을 갖고 일상생활에 제약이 있는 노인에 대한 의료적 접근, 신체 지원, 정서적 지원, 일상생활의 지원에 가족, 의료 체계, 사회복지시설, 사회보장제도, 영리 · 비영리 조직과 지역사회가 관여하게 되었고 가족, 의료, 돌봄 기관, 요양 노인의 관계도 복잡하게 형상화된다.

노인 요양기관은 제도상 요양병원, 요양원, 재택 노인을 대상으로 한 재가서비스, 방문서비스가 구분되는데 상주하면서 신체적 돌봄을 받고 있는 요양원을 방문하였다. 방문한 곳은 노인 요양원 A이다. 서울시에서 가장 환경이 좋은 곳으로 알려진 곳이다. 주변에 녹음이 우거지고 공기도 맑다. 산책로 길을 옆에 끼고 내려가니 센터가 보였다. 요양원 건물은 두 개가 이어져 있는데 규모가 큰 요양원이었다.

요양원은 5층 건물에 침실을 포함한 다양한 시설이 들어가 있다. 종교재단에서 정부로부터 위탁받아 운영하는 기관이다. 로비에 마련된 여러 테이블에 가족과 환자가 앉아 있었다. 남자 환자분에게 아내인 듯한 분이 여러 음식을 주고 있다. 나이 든 아들의 음식을 조용히 받아먹는 어르신은 별말씀이 없으시다. 가족과 대화하는 어르신은 자신은 잘못도 없는데 왜 이곳에 있는지, 언제 집에 가냐고 묻는다. 익숙한 멘트다.

시설 총 관리 책임을 맡은 분이 시설에 대해 안내를 해 주었다. 20년간 복지관에서 일을 하다 국장으로 승격되어 이곳 일을 하게 되었다고 한다. 이곳은 어르신들에게는 천국이고 요양사에게는 지옥이라고 알려진 곳이라고 한다. 허수도 있지만 기록된 대기자가 1,000명이 되고, 3년 정도 대기를 한다고 한다. 환자와 가족은 시·구립 운영의 요양원을 민간 요양원보다 선호한다고 한다. 돌봄 사업을 운영하는 입장에서 인원 수만 어느 정도 확보되고 욕심을 갖지 않으면 운영을 지속할 수 있다고 한다. 그러나 욕심을 갖게 되면 서비스의 질이 나빠지게 된다. 인건비와 식대를 삭감할 수밖에 없고 그리되면 돌봄 요양사와 환자 모두에게 피해를 입히게 된다. 한편 비영리법인의 경우 돈의 절대 액수가 부족하기보다는 운영의 재량권이 제약되는 부분이 크다고 말한다.

가족들의 면회가 많은데 어르신들이 생활하는 4층에서 면회장소인 로비까지 이동시키는 일이 여간 수고가 아니다. 10시에서 2시 사이 1차 면회가 있고, 2시에서 4시 사이 2차 면회가 있는데 수시로 가족들이 오고간다고 한다. 어떤 분은 큰아들, 둘째 아들 매일 같이 번갈아 와서 어르신을 돌본다고 한다. 어떤 딸은 엄마가 너무 사랑스럽다고 빨고 주무르고 뽀뽀한다고 한다. 극성 가족을 보면서 그렇게 부모를 극진하게 생각하면 왜 직접 모시지 않나 물어보고 싶을 때도 있다고 한다. 남의 시선을 의식한 과장된 체면치레와 자신은 못하지만 남은 응당 잘 돌봐야 한다는 가족의 심리가 얄미울 때도 있다.

이곳은 침상이 200개가 된다. 요양사는 87명이고 전체 직원이 140명 정도 된다. 어르신들은 지역구민이 80프로이다. 재정은 등급별 수가로 90프로 충당하고 있다. 환자 부담은 20프로 정도 된다. 3등급의 경우 30만 원 정도가 되고 식비가 한끼에 3천 원으로, 한 달이면

30만 원을 더해서 60만 원 정도를 본인이 부담한다. 2인실의 경우 하루 13,000원이 추가되어 100만 원 정도 든다. 장기요양보험제도 초기에는 1, 2등급만이 시설에 올 수 있어서 이용하는 분에 제한이 많았는데 현재는 5등급까지 서비스 이용 자격을 확대하였다. 200명 환자를 6개 마을로 나누어, 한 마을은 40명, 5개 마을은 32명씩으로 정하여 마을마다 간호사를 배치하여 관리하고 있다. 2009~2011년 일본에서 방문한 대형 요양시설도 시설의 이미지를 지우고 집과 같은 생활공간의 분위기를 살리기 위해 마을 단위로 생활 반경을 구분하였었다. 층마다 마을 규모로 묶어서 층별 간호사와 사회복지사가 상담 · 관리하고, 요양사들이 3교대로 돌보고 있다. 간호사가 마을을 관리하고 보호자나 직원과 상담하며 투약관리를 한다. 요양보호사도 주임을 두어 소통을 독려하고 있다고 한다. 사회복지사는 법제상 100명마다 1명을 두고 있는데 여기서는 마을 단위로 한 명씩 두고 있다. 간호조무사 6명이 의료진단에 따라 실질적인 처치를 한다.

요양원 운영의 어려움 중의 하나는 인력 확보라고 한다. 제도상으로 정한 인력은 환자 2.5명에 요양사 1명을 두게 되어 있지만 3교대, 주말, 공휴일 등을 고려하면 1대 1 정도의 인력이 필요하다. 요양보호사는 50대 초·중반이 많다. 61세가 정년이고 일을 하다 정년을 맞는 경우에는 3년을 촉탁직으로 연장하고 있다. 노동강도가 세서 61세 이상이 요양사 일을 하기에는 체력에 한계가 있다고 한다.

외부에서 요양원에 대해 부정적인 시선을 갖는 데 불만을 가진다. 최근 한겨레 기자가 요양원에 대해 매우 부정적인 입장을 일갈했었다.[05] 신체적 속박, 언어폭력, 방치, 개성이 존중되지 못하는 환경, 가

05 "숨 멈춰야 해방되는 곳…기자가 뛰어든 요양원은 '감옥'이었다." 『한겨레』. 2019. 05.14.

해 위험, 약물 투여 등을 지적하면서 요양원에 부정적인 시선을 갖는다. 이에 요양서비스는 헌신적인 마음이 없으면 할 수 있는 일이 아니라고 약속함을 표시한다. 대부분의 어르신이 처음 입소할 때 불안해하고 거칠게 대응한다. 신체적으로뿐만 아니라 정신적으로 불안한 분들이 많아 심리적 상담과 상황에 따라 의사의 진단을 받아 약을 복용하는 것도 요구된다. 시간이 지나면 환경에 적응하는 분도 많이 계시지만 시설에서 감당이 안 되면 퇴소를 요구하는데 가족들은 어디로 가야 하냐며 갈 곳이 없다고 원치 않는다.

최대한 가족들의 요구를 반영하려 하지만 시설에 너무 많은 책임을 떠넘기는 것 같은 생각도 든다. 시설에서는 다양한 프로그램이 진행되고 있다. 무료하시지 않도록 나름 노력한다. 신체적 · 의료적 돌봄 이외에도 영적인 돌봄도 중요하게 인식한다. 목요일 미사가 있고 한 달에 한 번씩 스님, 수녀님이 방문하여 어르신들과 이야기를 나눈다. 자원봉사자를 이용한 말벗 동무 프로그램도 계획 중이라고 한다. 최근 어르신이 돌아가셨는데 딸의 기대가 너무 컸다. 병원으로 옮겨 연명의료를 하다가 힘들게 돌아가셨다. 요양원에도 호스피스를 위한 특별 침실이 준비되어 있고 가족 상시 방문이 가능하다. 가족은 한 가닥의 희망, 잘 돌봐드리겠다는 마음에서 내린 결정이지만 과연 잘한 것인가 의문이 들었다 한다.

9) 데이케어센터

데이케어센터는 집에 거주하는 장기요양노인의 주·야간 보호를 지원하는 기관이다. 초등학교 부근에 위치한 종교기관이 주관하는 데이케어센터를 방문하였다. 1층이 사무실이고 2~3층을 어르신이 사용하고 있다. 오전 8시에서 저녁 10시까지 이용할 수 있다. 이용하는 분은 장기 요양등급이 1~5등급이고 인지 6등급도 이용 가능하다. 3~5등급은 움직임이 가능한 만큼 주의를 기울여야 하는데, 특히 낙상 위험에 주의해야 한다. 화장실에서 낙상사고가 일어날 수 있고, 이동하면서도 사고가 날 수 있다.

일과는 오전에 어르신을 집에서 모시고 와서 신체에 이상이 없는지 건강 상태는 어떤지 육안으로 확인한다. 이상이 있으면 보호자에게 즉시 알린다. 다음으로 차를 드리고 점심에는 식사를 보조하고 화장실이나 기저귀를 봐 주고, 필요하면 샤워를 시킨다. 마사지를 간단히 하고 어르신들이 요구하는 것에 대응한다. 아침 식사는 집에서 하고 점심, 저녁 식사는 시설에서 하고 간식을 먹는다. 간단한 오락, 운동 프로그램이 오전과 오후에 있다. 이곳이 개설한 지는 6년 정도 되었는데 3년 동안 이용하신 분이 가장 오래 이용한 분이다. 오시다가 오지 않게 된 분들은 가족이 이사하거나 상태가 악화되어 다른 곳으로 가거나 사망한 경우 등 다양하다.

주간 시설은 가족 보호가 전제되어야 하기 때문에 요양원보다 선호도가 낮다고 한다. 가족으로선 서비스를 받을 수 있다면 매일 돌보지 않고 맡길 수 있는 요양원 시설을 선호한다는 것이다. 그러나 요양원 시설 이용에는 등급 기준이 있어 4~5등급 노인이 요양 시설을 이용하기는 어렵다. 시설관리자분도 데이케어센터는 수요에 비해 공급이 많은 상황일 수도 있다고 말한다. 가족 보호자가 아침을 준비해야 하고, 저녁 맞이도 해야 하므로 주간 시설을 이용하는 것이 번거로울 수 있다. 서울시는 데이케어센터를 활성화한다고 하지만 이미 포화상태인 것 같다. 신고제에서 허가제로 바꿔야 한다는 이야기도 나오고 있다. 개인 시설의 경우에는 백 명 정도 수용하려면 임대료가 1천만원 정도 들어 운영에 어려움이 크고 서비스의 질도 떨어질 수 있다. 강남은 임대료가 비싸 개인 시설이 별로 없다. 강북구와 도봉구에는 우후죽순으로 생겼다. 주택 밀집지역은 대상이 많을 것으로 생각하여 생긴 경우도 많다. 돌봄 서비스를 수익사업으로 하다 보면 임대료, 인건비, 수가 등의 제약 때문에 아무래도 서비스의 질이 떨어질 수 있다. 법인은 임대료가 없고 인력비 지원도 되어 어느 정도 여유가 있는 편이다. 그러나 이용료를 국가에 신청하다 보니, 여러 검사, 평가 기준을 통과해야 하는 부담이 따라온다. 국가로부터 어느 정도 보조금을 받지만 보조금을 활용할 수 있는 범위가 제한되어 유연성이 떨어진다. 또한, 아무래도 경쟁에서 민영기관에 밀리기 때문에 영리 쪽으로 전환되는 경향을 막기 어렵다. 주변에도 주간 보호소가 5~6개가 생겨 경쟁을 할 수밖에 없다. 방문요양사업은 거의 민간사업이고, 주·야간 시설, 요양원은 영리, 비영리가 경쟁하고 있는데 경계가 사실 모호하다고 한다.

무엇보다 종사자들의 처우가 열악하고 그에 따라 인력 확보가 어렵다. 1대 1로 돌보는 것이 좋은데 인력이 부족하다. 요양보호사 한 명당 어르신 일곱 분을 모신다. 요양 시설은 요양보호사 세 명당 한 분을 모신다. 주 40시간인데 휴가를 1년에 26일 두어야 한다. 수입은 수가에 기초하는데 이용한 만큼 청구하게 되어 고정되지 않는 것도 운영에 어려움이다. 어르신은 21명을 모실 수 있는데 결원이 자주 생긴다. 시설을 유지하기 위해 필요한 인건비는 고정적인데 수입은 이용하는 환자 수에 따라 지원이 달라져 안정적이지 않다. 봉사하는 보람은 있을 수 있지만 경제적 보상이 적다. 요양보호사 자격을 따려면 240시간 교육에 시험을 봐야 하고 실습도 해야 한다. 나름 전문적 지식을 가진 분들이다. 요양보호사 일을 하는 분 중에는 사회복지사, 간호전문자격증을 가진 분들도 있는데 역량이 있음에도 처우가 낮다. 계약직이기 때문에 1년 만료, 2년이면 해지된다. 이용하는 노인이나 가족들로부터 인정을 받는 일도 아닌 것 같다. 본인 부담이 15%인데 하루 12시간 이용하고 월요일에서 토요일까지 27일을 이용하면서 본인 부담이 20여 만 원 정도 된다. 중학생이 학원을 다닐 경우 일주일에 두 번, 하루 세 시간 다닌다면 40~50만 원이 든다. 결코, 어르신 돌봄의 본인 부담료가 많다고 볼 수 없는데 보호자나 어르신이 자신의 지불에 대해 생색을 내고 요양보호사를 파출부, 식모 다루듯 하찮게 여기는 분위기가 있다고 이야기한다.

요양보호사의 처우가 개선되기 위해선 보험료가 올라가고, 본인 부담도 올라가야 한다. 영리로 하면서 선택지는 높아질 수 있지만 비용 통제가 어렵게 된다. 등급을 받지 못한 분, 요양원에 들어가지 못한 많은 분들이 요양병원을 이용하게 되는데 비용 부담이 커진다. 제도의 개선점으로 인증 체계가 개선되고 종사자의 처우가 개선되어 어르신의 서비스의 질이 개선되어야 한다고 말하였다. 재원이 안정화되어 돌봄을 편하게 해 드릴 수 있고, 평가나 서류 작업은 간소화되면 좋겠다고 말하였다.

10) 독거노인 고독사 예방지원센터

2012년 무렵 취약계층 독거노인의 고독사 문제가 주목되었고 자살 방지, 고독사 예방 등을 위한 조치로 전국에 6개 기관이 생겼다고 한다. 방문한 기관은 2013년에 설립되었다. 1,800여 명 어르신을 관리하고 이 중 집중적으로 370명을 관리하고 있다고 한다. 1,800여 명은 무엇이고, 370여 명의 숫자는 무엇을 가리키는지 궁금했다. 작년에는 더위가 43일 연속되어 위험 노인들의 안전 확인에 매우 바빴다고 한다. 구체적인 일은 고독사 위험이 큰 어르신들을 확인하고 안전을 예방하는 것을 목적으로 하는 사업이다. 기존의 복지관, 구청, 동사무소 등에서 지원하는 서비스에도 포함되지만 다루는 업무가 많아 소홀했던 복지 사각 지역이나 지역에서 소외된 어르신들의 안전 확인, 돌봄 서비스 연계를 지원하는 기능을 맡고 있다. 조직 규모는 센터장을 포함하여 복지사가 4명, 재가관리사가 2명, 67명의 생활관리사로 구성되어 있다. 조직 인력의 대다수가 생활관리사임을 미루어 볼 때 생활관리사의 역할을 전달하고 관리하는 조직이다. 지역구에 16개 동이 있는데 각 동에 살고 있는 고독사 위험이 큰 독거노인이 1,800명 정도가 되고, 생활관리사들이 이분들을 방문 · 상담하고, 안전을 확인하는 역할을 하고 있다. 생활관리사 1명이 약 30명 정도의 어르신을 맡고 있다.

설립 이후 지원이 중단된 상태다. 독립적인 지원 기관으로 지속 가능한가는 회의적인 것 같다. 재원은 국고 50, 지방정부(시, 구) 각각 25로 지원된다. 1,800명, 370명의 숫자의 의미를 물었다. 지역구 전체 인구가 49만 명 정도이고 그중 65세 이상 인구는 7만 9천 명 정도 된다. 65세 이상 인구 비율이 16% 정도로 서울 평균에 비해 노인인구 비율이 높은 지역이다. 이 지역이 노인인구가 많은데 상대적으로 상가 비중이 작고, 집값이 싸고, 산동네가 많이 있어 영세 노인들이 오랫동안 많이 거주했다고 한다. 최근에 주변 지역이 개발되면서 새로 이주한 인구도 꽤 된다. 지역이 그다지 재원이 많지 않아 국가나 시의 정책에 적극적으로 협력하기 때문에 다양한 새로운 복지사업들이 전개되기도 한다. 어르신 돌봄 이외에도 영유아 돌봄 협동조합이 유명하다고 한다. 어르신들 중에서 혼자 사는 노인이 19,000명 정도 된다. 노인의 40% 정도가 혼자 사는 노인인 셈이다. 그런데 독거노인 중에서도 특히 위험하다고 여겨지는 분, 외부로부터의 지원과 관심이 필요한 분이 1,800명이라는 것이다. 어떤 측면에서 특히 위험한지 물어보았다. 외로운 분이라고 답하였다.

1,800명 중에서 혼자 사시고, 90세 이상, 남자 어르신, 대인관계

가 제한되고, 우울감이 있는 어르신 370여 명에게 하루 활동과 환경을 체크하는 앱과 센서를 장치하여 활동의 변화를 상시적으로 관찰하고 있다. 시간별 움직임, 조명 · 습도, 이산화탄소 등을 측정하는 장치로 어르신들의 활동과 재해 위험을 체크하는 데 효율적이다. 이 밖에도 텔레비전, 현관문, 냉장고, 형광등에도 센서를 부착하여 움직임을 체크할 수 있는데 남자 어르신은 부엌을 잘 이용하지 않고, 텔레비전도 고정된 채널만 보고, 어둠 속에서 생활하는 데 익숙해서 제대로 활동성을 반영하지 못한다는 평이다. 어르신들의 안전 확인에 사물인터넷이 활용되는 것이 흥미로왔다. 사물인터넷과 인간 서비스가 결합된 재가복지도 미래의 부분이 될 것 같다. 노년학회에서도 4차 산업과 다양한 기술 돌봄 환경이 논의되고 있다. 지능정보사회의 상품, 서비스를 기획, 디자인하고 수요자의 욕구를 파악하여 적절한 서비스를 만드는 일에 공학자, 마케터, 디자이너뿐만 아니라 노년학 연구자와 노인집단이 적극적으로 참여해야 한다는 논의도 제기되었다(박영란 · 심우정 · 강수연 · 박은주, 2019).

통합지원센터에서는 어르신 생일 축하도 하고 있는데 복지관에서는 달별로 행사를 하지만, 여기에서는 음력, 양력을 확인하여 정확한 날짜에 생일 케이크와 함께 축하를 보낸다고 한다. 어르신들이 매우 감동하는 서비스 중의 하나다. 케이크 비용만 하더라도 2만 원 정도라 재정적으로 부담이 된다. 다행히 지역의 소상인 중 빵 공장이 있어 그곳과 협약하여 1만 원에 케이크를 구매하고 있다. 이외에도 지역사회의 상인과 의료진의 후원을 받고 있다.

67명의 생활관리사는 별도의 자격증이 있는 것은 아니다. 요양보호사, 사회복지사와 같은 자격증이 있는 것을 우대하지만 필수조건은 아니다. 봉사하는 마음이 있는 분이 선호된다. 요양보호사보다 낮은 급여 조건에서 생활관리사에게 요구할 수 있는 서비스는 위험 노인의 안전을 전화, 방문으로 확인하는 정도다. 생활관리사가 대부분이 여성인데 요주의 노인은 남성 노인이고, 신체 · 정서적으로 불안정한 상태에 있는 경우도 많으며, 성추행을 당하거나, 뜻밖의 죽음을 목격하는 등 생활관리사가 위험에 노출될 수도 있다. 어르신과 상호작용 방식도 다양하다. 어떤 분은 "살아 있어."라 답하고 끊고, 미리 전화하는 분도 있고, 전화한다고 민원을 넣는 경우도 있다.

기관 관계자는 독거노인들이 가장 절실하게 필요한 것이 안전한 주거와 서로의 안전을 확인해 줄 수 있는 믿을 수 있는 주거 환경이라고 덧붙였다. 지역에 어르신들의 거주시설이 있는데 어르신들 주택에 주민들의 거부반응은 없었는가 물으니 어르신들이 자발적으로 청소하고, 주차장을 저렴하게 대여하는 등으로 주민과 화합하고 있다고 한다. 지역에 LH가 주관하는 임대가구가 400가구 있는데 가구들이 흩어져 있어 서로 돌봐 줄 수 있는 환경은 아니라고 한다. 고독사 위험이 큰 노인의 경우 서로가 돌봐 주는 공동체 환경이 중요할 수 있다. 살고 있는 지역 내에 전문적인 돌봄 시설이 있어야 하는데 소규모 영리성 돌봄 기관보다 지자체 수준에서의 믿을 수 있는 돌봄 시설이 필요하다고 말한다. 사회복지법인도 지나치게 난립하고 문어발식으로 확장하는 경향도 있어 규모를 줄이고 초점을 두는 자정의 노력을 하고 있는 중이라고 한다.

3. 인생, 노년의 경험과 서사

노년, 돌봄, 죽음에 대한 경험과 인식을 주제로 면담을 실시하였다. 대상자는 여러 곳을 다니면서 소개를 받았거나 우연히 만난 분들이었다. 면담의 주제는 나이 듦, 돌봄 경험, 죽음에 대한 인식과 경험이었다. 쉽게 답할 수 있는 주제들이 아니기 때문에 인생 경험과 평소 경험하고 생각한 것을 편안하게 이야기할 수 있도록 간단한 면담 질문을 구성하였고 면담 전에 먼저 읽고 생각을 정리할 수 있는 시간을 가질 것을 권하였다.

연구 주제가 있고 기본 질문이 준비되었지만, 면담 상황에서 이루어진 대화, 정서의 상호작용은 사례마다 차이가 있었다. 학교 앞 카페, 일하시는 곳, 요양원 가족면회실, 집, 독서실 등 다양한 장소에서 어르신들을 만났다. 시작부터 서로에 대한 탐색과 경계, 정중한 상호 반응이 일어났다. 그만큼 첫인상도 강하게 남는다. 사전에 고생을 엄청 많이 하셨다고 들었는데 전혀 고생하지 않았을 것 같이 고우신 여성 노인분, 연구자가 오히려 경계를 갖는데 먼저 편안하게 이야기를 건네주시는 남성 노인분이 있었다. 타인에게 무심한 것 같고 무뚝뚝해 보이기도 하지만, 의외로 호의를 보이는 분도 있었다. 인터뷰 내용에 대해서 자신은 말하는 게 서툴러서 인터뷰를 잘 할 수 있을지 걱정이 된다고 말씀한 분도 있고, 자신은 65세밖에 안 되는데 질문은 80대 이상이 더 잘 할 수 있는 내용이라 말하여 젊을 때 생각할수록 좋은 질문이라고 대응한 적도 있다. 가족보호자 중에는 정책을 위해서인지 논문을 쓰기 위해서인지 연구 목적을 자세히 물어보기도 하였다.

노인들이 자신의 경험을 솔직하게 이야기하는 것이 쉬운 일은 아니다. 자신의 경험을 말로 표현하는 것이 생각만큼 쉽지 않은 어르신들을 지금까지 꽤 많이 만났다. 과잉 사회화된 영향인지, 체면 의식인지, 자신을 표현하는 것이 익숙하지 않아서인지, 연구자의 소통 능력의 제한 때문인지, 면담의 내용이 어려운 주제라서 그런지, 그 모두인지, 깊은 이야기를 듣지 못하는 것 같아 난감했던 경우가 자주 있었다. 문해력이 상대적으로 약했던 여성 노인은 오히려 솔직하게 자신의 서러운 감정들, 사연들을 이야기하는데 남성 노인은 솔직하지 않다는 인상도 받았다. 아무리 부연 설명을 해도 모른다고 답하거나 관심이 없는데 계속된 질문에 짜증을 내는 때도 있었다. 아주 제한적으로 표현한 자신에 대한 서사를 통해 개인 삶의 경험과 태도를 해석하는 것은 매우 어려운 일이다. 정진웅 교수는 노년이 자신의 경험을 충분히 해석하지 못하는 것 같은 인상은 경험을 언어로 표현하는 데 많은 장애가 작용하기 때문이라고 지적한다(정진웅, 2006). 어르신들과 면담할 때 부딪쳤던 낭패감을 어느 정도 설명해 주었다. 개인적 차이는 있겠지만 살아오면서 자신의 생각과 감정을 표현하는 것이 서툴고, 또 그런 기회도 많지 않았던 것이 주요 요인일 수 있겠다.

양질의 면담은 인터뷰 참여자가 자신에 대해 자연스럽게 이야기할 수 있게 하는 것이라고 강조된다(김귀옥, 2014; 윤택림, 2005; 조흥식 · 정선욱 · 김진숙 · 권지성, 2015; 유기웅 · 정조원 · 김영석 · 김한별, 2012; Denzin and Lincoln, 2000). 처음 만난 분들이 솔직하게 자신에 대해 이야기하는 데 면담자의 정서적 공감과 민주적 소통 능력도 매우 중요하다고 강조된다. 일방적으로 답을 요구하지 않고, 심리적으로 불편하지 않게 분위기를 만드는 것이 중요하다. 기본 지침을 새기면서 처음에는 가볍게 이야기를 주고받으면서 서서히 자신의 이야기로 흘러가도록 주의를 기울였다.

이번 인터뷰에서도 들을 수 있는 이야기의 깊이가 다양했다. 대체로 경계를 갖고 말주변이 없다고, 주제가 너무 어렵고 생각을 안 해봤다고 말씀하면서도 당신 삶에 대해 진솔하게 이야기해 주어 고마웠다. 대부분 면담 주제를 어렵다고 말했는데 많이 생각해 보고 재미있었다는 분도 있었다. 생일날 자신에 대해 이야기를 하는 것이 특별한 의미를 갖는 듯했다. 인터뷰 주제에 비추어 자신의 삶을 돌아보면서 자신이 잘 살았다고 생각했다고 한다. 주제가 어려워 인터뷰 전에 생각할 수 있는 시간을 드리기 위해 질문지를 먼저 보내드렸다. 인터뷰를 준비하면서 자신의 삶을 되돌아보고 자신 삶을 해석하면서 존재감을 느끼는 것 같다.

연구자는 면담과정 동안 어르신들의 이야기가 어떤 의미인지 이 분이 어떤 분인가를 알기 위해 촉각을 곤두세우면서 이야기를 들었다. 특별히 중요하게 여기지 않거나 중요하게 여기지 않고 싶어 지나가듯 흘린 말에 어떤 복선을 갖고 있는 것은 아닌가 궁금하여 추가적인 질문을 하기도 하고, 그냥 지나갈 때도 있었다. 혼자 삭이는 고통이 느껴져 안쓰러운 마음에 대화에 적극 개입하기도 했다. 어떤 분은 이야기의 주제가 지금의 고통과 과거의 향수에 꽂혀 좀처럼 헤어 나오지 못하고 주제의 방향성을 잃고 있는 것은 아닌가 조급해져 연구자가 화제를 돌린 적도 있다. 이야기 중에 정적도 있었다. 시간이 더디게 흘러가는 것 같았다. 좀 더 인내심을 갖고 편안하게 기다렸어야 하지 않았나 아쉬움도 든다.

면접 상황에서는 다양한 이야기가 있었고 여러 감정들이 작용하였는데, 며칠만 지나면 기억이 나지 않고, 당시의 정서가 사라지는 느낌이 들었다. 면담의 내용과 정서를 생동감 있게 기억하기 위해, 진실성을 보장하기 위해 늦지 않게 연구노트를 작성했다. 면담하러 갔던 날의 분위기, 어르신의 첫인상, 이야기 내용, 태도, 이에 대한 연구자의 해석들을 포함하여 생생하고 솔직하게 서술했다. 면담이 마무리될 즈음 연구노트를 반복해서 읽으면서 면담 상황과 면담 내용, 참여자를 떠올리면서 사례를 익숙하게 했다. 서사의 중요한 개념들을 뽑아내고 분류하면서 의미들을 정리해 갔다. 정리한 의미들을 가지고 연구진들과 정기적인 토론시간을 가지면서 서로의 생각을 공유하고 의미들을 다시 정리해 나갔다.

서사의 의미는 완성되는 것이 아니라 계속 변화되는 해석과정인 듯하다. 의미 있는 해석을 위해서는 생생하고 다층적인 의미를 담론화하는 해석이 잘 결합되는 것이 중요한 것 같다. 우선 서사된 삶을 보다 더 깊이 이해하고 공감하며 생생하게 재현하는 것이 중요하다. 어떤 삶을 살았는지, 어떤 경험을 하였는지를 이해할 때 존재를 깊이 이해할 수 있다. 이야기하는 사건들이 일어난 과정, 행위자들이 적극적으로 수행하는 실천, 행위자가 부여하는 의미, 이런 행동과 인식의 맥락으로서 다양한 관계들, 그리고 행동의 결과가 어떤 것인지 세심하게 이해한다. 구체적인 사건들이 무엇이고, 어떻게 행동하고 왜 그렇게 행동하였는지를 세심하게 추적한다. 살아오면서 맺은 관계, 그로 인한 아쉬움, 상처는 어떻게 해석되는지 오래된 정서나 반복되는 해석 방식을 주목한다. 개별적인 사건들과 연관된 큰 사회구조적 맥락의 의미를 해석한다. 과거의 삶의 경험과 더불어 현재의 소소한 일과, 느끼는 감정, 존재 의식을 세세하게 재현한다.

인터뷰 주제는 같지만 저마다 풀어내는 이야기에는 서로 다른 인생의 주제들이 있다. 자신의 인성에 대해, 신경 쓰이게 하는 주변 일에 대해, 자신과 세상에 대해 지향하는 방식이 이야기 주제에 나타난다. 연구자는 서사에 어떤 주제들이 있는지 주목한다. 어떤 행위와 사건이 이야기되는지, 의미가 형성되는 문법, 패턴, 의도 들을 통해 이야기의 주제와 틀, 과정을 세세하게 추적한다.

이렇게 개별 주체의 입장이 되어 삶의 사건을 관찰하고, 정동, 행동, 관계의 의미를 해석하는 동시에 주체의 자기표현, 해석 방식을 종합하여 삶의 주제들을 다시 정리한다. 스스로 이야기한 삶, 삶에 대한 태도, 서사 방식을 통해 삶을 종합적으로 이해한다. 서사의 주제, 삶, 존재 의식을 연관시켜 해석하고, 사례 사례마다 삶의 경험마다 주제가 비유되는 방식에 주목한다.

해석은 거기서 끝나는 것이 아니다. 개별 삶의 서술과 의미에서 누구나의 삶의 의미를 비출 수 있는 해석으로 이행해야 한다. 개별 삶의 경험과 표상을 세세하게 기술하는 것도 어렵지만 개인마다의 서사의 의미를 시대, 사회 혹은 실존의 관점에서 해석하고 담론화하는 작업의 한계를 많이 느꼈다. 어르신들의 인생 경험을 해석하기에는 인식의 깊이가 일천함을 느낀다. 연구자가 서사를 해석하는 개념과 문법의 틀은 공감, 과학적 객관, 성찰, 직관, 비움, 현상학적 환원이 복잡하게 작용하여 만들어지는 것 같다. 한 분 한 분의 인생 이야기에서 배우는 삶의 교훈들도 많았다. 늙는다는 것, 아프고 돌봄이 필요한 존재가 되는 것, 죽음을 맞는 것의 의미가 다양한 삶의 경험 속에서 영글어지는 것을 상상할 수 있었다. 오랜 시절 깊게 누적된 상처와 습관화된 합리화가 현재의 부적응에도 작용하는 것을 풀어 가면서 주체의 갈등을 성찰할 수 있었다. 고난의 인생임에도 원망하지 않고 남의 시선에 연연치 않고 욕심을 내지 않고 즐겁고 자유롭게 사는 태도를 보면서 무엇이 옳고 그르다는 사회의 잣대와 편견이 초라하게 느껴지기도 했다. 다른 한편 어떤 삶의 이야기에 접한 뒤 남는 모호함, 안타깝고 아련하고 잔잔하게 스며들어 오는 삶의 목소리를 어떻게 해석해야 하는지, 질문을 새롭게 정의해야 하는 상황이 어려운 경우도 많았다. 자신과 많이 다른 인생관의 이야기에 공감이 되지 않는 경우도 있었다. 무엇이 옳은 가치인지 사람들의 생각이 다르고 혼돈스러울 때, 스스로도 확신이 들지 않을 때 규범적으로 접근하기보다 현상으로 접근하려고 하였지만, 다시 윤리적 질문이 되어 돌아오기도 했다.

연구자의 생각으로 정리된 한 분 한 분의 생애의 의미는 당사자가 부여하는 의미와 다를 수 있다. 그 다름이 연구자의 고유한 젠더, 계층적 지위, 가치관의 굴절에 따를 수도 있다. 같은 주제에 대해 공동 연구자들이 해석하는 정도도 미묘하지만 중요한 차이가 있기도 하다. 저마다의 서사 속에서 누구나 공감할 수 있는 삶의 의미를 발견하고 망각되어 꼭꼭 싸매져 있는 상처를 풀어 드러내고 치유하는 해석의 힘은 각자가 끼고 있는 모순의 렌즈를 숨기기보다 드러낼 때 발휘될 수 있다. 서사자, 연구자의 경험과 해석의 복잡하고 모호함을 임의로 해체하는 게 아니라 성찰과 합리화, 오랜 세월 깊게 쌓인 갈등이 뒤섞인 다원적이고 다층적인 의미를 드러내는 데서 어떤 진실성에 가깝게 이를 수 있다. 실제 어르신들은 자신의 내면의 갈등을 솔직하게 이야기하는 동안 태도도 친밀해지고 겸손해지며, 얼굴에 평화가 느껴졌다. 의도하지 않았지만 면담은 어르신들에게 치유의 힘도 있었던 것 같다. 그렇게 누구의 이야기가 나와 많은 삶과 관계되고 주체의 내적인 갈등과 성찰의 여정을 안내하는 신호, 가이드, 비유로 탄생하기를 기대한다.

연구의 윤리적 진실성을 담보하기 위해, 연구 시작 전 서울대학교 IRB의 승인(승인번호 IRB No. 1906/002-008)을 받았다. 이 연구를 위해 최종적으로 선정된 노인, 가족 그리고 노인 돌봄 종사자들은 총 20명으로, 심층면담은 2019년 7월부터 12월까지 실시하였다. 심층면담은 반구조적, 개방형 형태로, 인터뷰 참여자 한 명당 총 1~2회로 진행하였고, 면담 1회 진행 소요시간은 약 1시간~1시간 30분이었다. 면담은 노년, 돌봄, 죽음에 대한 인터뷰 참여자들의 경험과 인식을 자유롭게 진술하는 방식으로 이루어졌다. 심층면담 내용은 인터뷰 참여자들의 동의하에 녹취하였으며, 녹취록 작성 이후 인터뷰 참여자들을 식별할 수 있는 정보는 모두 삭제하여 익명화하였다.[06]

06 3~5장까지 연구 참여자들의 이름은 익명 혹은 가명을 사용했다.

■ 노인

노인 A

노인 A는 1956년생으로, 현재 혼자 살고 있다. 1980년대 고향 경북 영덕에서 서울로 올라와 방범대원, 사우디 해외 파견근무, 개인회사, 마을버스 운전직 등 다양한 일들을 하였다. 젊은 시절 부인과의 불화로 이혼한 이후 혼자 살면서 외로움을 자주 느껴 술을 많이 마셨고, 이로 인해 건강이 악화되어 최근에는 생계를 유지하게 했던 일용직 노동까지 그만둔 상태다. 현재 이명, 어지럼증, 고혈압 등 다양한 만성질환의 악화를 경험하고 있다. 기초생활수급자로 국가로부터 70만 원 정도를 받고 살고 있지만, 핸드폰비, 월세, 의료비, 식비 등을 내고 나면 남는 돈이 없어 사회생활에 제약을 받고 있다. 의료비와 생활비를 넉넉히 충당하기 위해서는 일을 해야 하는 처지이지만, 아픈 몸으로 일할 수 있는 마땅한 일자리는 없고, 신체적 통증으로 인한 잦은 응급상황은 노인으로 하여금 불안과 자살 생각을 갖게 한다. 죽기 전 소망은 경제적 능력을 갖추어 이혼 후 연락이 끊어진 딸을 다시 만나는 것이다.

노인 B

65세로 황해도 지주의 아들로 1·4 후퇴 때 피난을 나온 아버지의 성격을 많이 닮아 사람들에게 아쉬운 말을 하지 못하고 스스로 고지식하다고 생각한다. 80년대 룸살롱에서 반주를 하며 비교적 자유로운 인생을 살았다. 룸살롱에서 1시간에 4~5만 원의 돈을 받으며 밤늦게까지 일을 했고, 일이 끝난 이후에도 친구들과 어울려 다니면서 집에 들어가지 않는 등 가정에 충실하지 않았다. 결국, 아내와 이혼하고 40대부터 지금까지 혼자 살고 있다. 이혼 이후 술을 많이 마셔서 신장과 혈압이 좋지 않은 상태이다. 생활비는 국가보조와 형님이 보조해 주는 것으로 충당하고 있는데, 한 달 주요 지출은 식비 30만 원과 월세 20만 원 그리고 약값이 든다. 현재 콩팥이 30%밖에 없어 신장 노폐물을 제거하는 약과 혈압약을 복용하고 있으며, 식단조절을 철저히 하고 있다. 현재 결혼한 아들이 하나 있는데, 7살 손녀와 가끔 그를 만나러 온다. 하지만 신장이 나빠지면서 식이조절을 철저히 해야 하기 때문에 최근에는 아들과 친구가 만나자고 해도 외식을 할 수 없어 바쁘다는 핑계를 대며 만남을 거절하고 있다. 병들어서 죽음을 맞이하면 자식에게 부담을 준다는 생각 때문에, 식이조절과 게이트볼 활동을 통해 건강을 철저히 관리하고 있다. 주된 일과는 아침에 집을 나와 게이트볼장, 장애인 협회 일을 하다가, 피곤한 몸으로 집에 들어가서 티비를 보다가 일찍 잠자리에 든다.

노인 C

1941년생으로, 시골에서 둘째로 태어나 큰아들만큼 사랑받지 못했고, 가난한 유소년 시절을 보냈지만, 남의집살이를 하면서 고등학교를 마쳤고 군대생활을 했다. 군생활 23년 뒤에는 민간회사에서 16년간 근무하다가 은퇴했다. 은퇴 이후 여유 있는 노년의 삶을 희망했지만, 치매인 아내를 돌보느라 삶의 여유가 없다. 치매인 아내를 돌본 지 11년이 되어 가는데, 53년간 같이 산 아내를 돌보기 위해서 요양보호사 자격증 취득을 위한 공부를 하고 있다. 아내를 오랫동안 돌보면서 정신적, 육체적 등 다양한 어려움을 겪었다. 최근 요양보호사 실습을 하고 있는 기관의 원장이 부인을 요양원에 모실 것을 권유했지만, 요양원에 대한 부정적 인식으로 자신이 부인을 돌볼 수 있는 상황까지는 집에서 돌볼 생각이다. 다행히 군인연금으로 부인의 간병비와 병원비 그리고 생활비를 충당하는 데 있어 경제적으로 어려운 상황은 아니다. 하루 일과는 오후 5시부터 아침 10시까지 아내를 직접 챙겨주고, 10시 이후부터는 간병인의 도움을 받는다. 정부가 지원하는 요양보호사 시간은 매주 5일, 하루 4시간이라서, 나머지 시간은 오랜 친분이 있는 지인에게 월 150~160만 원 정도의 비용을 지불하면서 아내 돌봄을 맡기고 있다. 자녀들과의 관계는 원만한 편이지만, 자식에게 아내 돌봄의 큰 짐을 넘겨서는 안 된다는 생각에서 주말에만 돌봄 지원을 부탁한다. 주중과 주말 여유시간에는 서예를 배우러 가거나 친구들과 등산을 가는 등 취미활동을 한다.

노인 D

1943년생으로, 오랫동안 교편생활을 하고, 유치원을 경영하다가 은퇴 후 웰다잉 강사로 활동하고 있다. 생애사에서 6·25를 잊지 못하는 중요한 사건으로 기억한다. 일본에서 공부를 하고 황해도에서 농촌 계몽활동을 하다가, 전라도에 내려가 사목활동을 하던 목사 아버지가 그녀가 8살 때 공산당에게 죽임을 당하는 것을 눈으로 보았기 때문이다. 어려운 어린 시절을 보냈지만 쌍둥이 오빠 둘, 다른 오빠 하나, 언니, 자신 모두 교육을 강조하는 어머니 아래서 대학을 나왔고, 열심히 성실히 살아오면서 자신이 이룬 것에 대한 상당한 자부심을 가지고 있었다. 남편과의 관계에서 1남 2녀를 두었는데, 아들은 대학교수이고, 딸은 결혼하여 사위가 국영기업에 다니고 있고, 한 딸은 2급 지체장애인이라고 했다. 남편과 본인 둘 다 연금을 받고 있으며, 3층짜리 건물을 보유하여 경제적으로는 어려움이 없지만, 성인인 장애인 딸에게 맞는 돌봄 시설의 부재로 어려움을 겪고 있다. 장애인 딸을 돌보면서 20년 동안 내적인 갈등과 방황이 커서, 딸과 함께 죽을 생각도 여러 번 했으나, 딸을 돌보면서 자신을 낮추고 남을 돌보는 삶의 가치를 깨달을 수 있었다고 한다. 나이 들어 늙어 감을 부정적으로 보지 않고, 죽음을 다른 삶으로서의 연속이라고 생각하지만. 자신이 죽은 이후 장애인 딸의 돌봄 문제가 걱정이다. 현재 다른 자녀들이 장애인 딸을 잘 돌봐 주고 있지만, 장애인 딸에 대한 돌봄 부담을 다른 자식들에게 남겨 주고 싶지는 않다.

노인 E

1929년생으로, 전남 목포에서 태어났다. 현재 경기도에 있는 한 아파트에서 홀로 생활하고 있고, 생활비는 의사인 큰아들이 보조하고 있다. 84세에 인공관절 수술을 하였고, 기립성 저혈압 진단을 받았으며, 89세에는 백내장 수술을 하였다. 최근에는 인지기능 저하로 인해 치매약을 먹고 있고, 다양한 수술 및 만성질환에 따른 약을 복용하고 있다. 노쇠와 만성질환의 악화로 건강이 좋지 않음에도 불구하고 90이 넘은 나이에 자녀와 손녀 돌보는 뒷바라지를 열심히 하였다. 아버지는 경성의대를 나왔고, 부모님의 높은 교육열로 9남매들은 모두 고등교육을 받았다. 형제자매들 중 아버지를 이어 의사가 된 사람도 있고, 본인 또한 교수인 남편과 2남 2녀 중 2명의 의사 자녀를 두어 명문가 집안이라는 자부심을 강하게 드러냈다. 하지만 남편, 자식들과는 친밀한 관계를 유지하지 못하였다. 오래전 사별한 남편은 자신을 하대하고 온갖 차별과 폭력을 휘둘렀고, 자식과 가정을 돌보지 않아 본인이 수예점 등을 운영하면서 힘들게 자녀들을 키운 것에 대해 원망의 마음이 가득하다. 또한 평양 숭의전문학교를 나와 의사가 된 언니를 편애하는 어머니의 차별로 원하는 진로를 택하지 못하고 원치 않는 결혼생활을 할 수밖에 없게 된 것에 대해 어머니에 대한 원망도 컸다. 최근 막내딸의 갑작스러운 죽음을 경험했지만, 딸의 죽음에 대해서도 사위 등 딸을 둘러싼 여러 사람에게 원망의 화살을 돌렸다.

노인 F

1948년생으로 온양이 고향이다. 6~7살까지는 할아버지가 살림을 잘 꾸리셔서 부유하게 살았는데, 6·25 때 할아버지가 돌아가시고, 아버지도 행방불명되어, 재산을 탐낸 작은아버지가 본인의 어머니를 동네 사람들로부터 집단 따돌림을 받게 하면서, 결국 고향을 떠났다. 초등학교도 졸업하지 못하고 생계유지를 위해 어려서부터 나무를 하고, 구두닦이, 시장 리어카 지기, 공장에서 스웨터 짜는 일 등 다양한 일을 하면서 고생을 많이 하였다. 이후 차량의 시트 만드는 회사에 취직하였고, 중매로 결혼하여 남매 둘을 낳고 살았다. 2006년 정년퇴직하면서, 3층짜리 단독주택을 마련하고 노후대책을 해 놓았지만, 5년 전 대장암 수술로 인해 2년 반을 무직상태로 있어 결국 집을 팔게 되었다. 현재 작은 빌라에 살면서 국민연금과 경비 일을 하면서 받은 월급으로 생활을 하고 있고, 부인도 김밥집에서 시간제로 일하면서 생활비를 보태고 있다. 딸과 아들로부터의 용돈도 거절하고, 건강할 때까지 일을 하는 것이 중요하다고 생각하고 있다. 경비를 그만두면 당장에 생활비가 걱정이 되기에, 부인이 살뜰하게 생활해 주길 기대하지만, 그렇지 못한 상황이라고 한다. 노후자금을 생각하는 것은 요양이 필요한 상황 때문이라고 했는데, 걱정한다고 해결될 일이 아니라서 미리 걱정하지 않고 사는 데까지 성실하게 살고자 한다.

노인 G

1943년생으로 경기도 한 아파트에서 부인과 함께 살고 있다. 현재 경비 일을 하고 있으며 1남 1녀를 두고 있다. 6·25 전쟁통에 부모를 잃어버리고, 충청도에 있는 한 고아원에서 지내다가 여러 고아원을 옮겨 다녔다. 초등학교 5학년 때 대학을 보내준다고 약속한 양부모를 따라 고아원에서 나갔지만, 공부를 시켜 주지 않아 가출을 해서 돈을 벌었다. 이후 몇 번 집으로 다시 돌아갔지만 양부모는 자신을 자식으로 대하지 않고 머슴이나 종 부리듯 하였고, 결혼 이후 자신이 돈 모은 것을 보고 도둑질했다고 모함을 하여 빈손으로 쫓아냈다. 자신에게 깊은 상처를 준 양부모에 대해서 서운한 마음이 많았다. 집을 나와 군부대, 목재회사와 주류회사 등에서 취직하여 일하였는데, 직장에서는 체격이 작아 소외되고, 학벌이 없어 진급이 늦어지고 서러움이 많았다. 어려운 삶의 악조건 속에서도 열심히 일해서 미8군 사령관 표창도 받고, 대기업에서 일하고, 부동산 투자를 통해 현재 집 2채를 가질 수 있었다. 하지만 그는 뿌리 깊은 고독감으로 자신의 인생을 복 없는 삶이라고 말한다. 과거 부인이 돈을 잘못 융통하는 바람에 살던 집에서 쫓겨나 경제적 어려움을 경험하면서 술로 인생을 보내고 폐인이 되어 자살 생각까지 한 적이 있다. 현재도 부인에 대해 원망과 불신의 마음이 있다. 또한, 자신이 경제적으로 어려울 때 도움을 주지 않은 장인과 부인의 친정가족에 대한 원망, 섭섭한 마음이 있다. 55세 정년퇴직을 한 이후부터 시작한 경비 일은 아파트에 자동시스템이 도입되면서 해고당하기도 하고 다른 아파트로 이직을 해야 했지만 건강하기 위해서라도 일을 계속하고 싶다는 생각이다.

노인 H

1948년생으로, 아버지는 전라남도 고흥 출신으로 이북에 가서 보국단 활동을 하셨다. 아버지는 평안도에 계실 때 어머니를 만나 결혼하여 살다가 전쟁을 겪으면서 고향으로 내려왔다. 형제자매는 2명의 남동생과 1명의 여동생이 있었는데, 현재 작은 동생만 살아 있다. 어린 시절 가난으로 인해 학교를 다니지 못하고 일만 하고 살아온 것에 대해 부모님을 원망하는 마음이 있다. 선을 봐서 결혼한 남편은 고흥 사람으로 서울에서 중국집을 크게 하였는데, 노름을 하는 바람에 가게와 집을 모두 날려 버렸다. 남편이 사망한 지는 18년 정도 되었지만, 전 재산을 다 날려 버리고 평생 고생만 시킨 남편에 대해서는 정보다 원망의 마음이 크다. 현재 경기도 한 지역에서 큰딸 명의로 된 집에서 홀로 생활한다. 두 딸과는 자주 왕래하면서 지내고 있고, 자식들의 집에 수시로 드나들면서 반찬 및 청소를 돕고 있다. 당뇨, 천식, 부정맥 등으로 건강상태는 좋지 않지만, 10년째 미나리 다듬는 일을 하고 있다. 마지막까지 딸에게 부담이 되지 않기 위해 새벽 4시 40분에 일터 버스를 타고 저녁 6시까지 일을 해서 월 100~170만 원을 번다.

■ 돌봄 종사자

돌봄 종사자 백영호

1996년도부터 사회복지 일을 하였다. 현재는 서울에 있는 한 지역 통합돌봄지원센터장으로 일하고 있다. 센터장으로서 그는 통합돌봄지원센터에서 고독사 위험이 큰 어르신들의 안전을 확인하고 예방하는 사업을 진행하며, 현재 1,800명의 어르신들을 관리하고 있다. 독거노인사업을 진행하면서 독거노인의 긴급돌봄 체계에 문제가 있다고 생각했고, 효율적인 돌봄을 위해서는 건강보험 체계와 장기요양 체계의 통합이 필요하다고 보았다. 또한 다양한 대상자들의 특징에 맞는 연계적인 복지서비스 제공이 필요하고 관련기관 간의 연계가 중요하다고 생각한다. 행복한 노년의 조건은 건강이라고 생각했고, 현재 자신의 부모님을 모시고 살고 있지만, 부모님이 요양등급을 받으시면 요양원에 모실 생각이다.

돌봄 종사자 정지혜

현재 통합돌봄지원센터에서 중간관리사로 일하며, 사회복지사다. 중간관리사로 일하기 전에는 주로 독거 어르신 돌봄을 관리했고, 현재는 독거 어르신들이 생활하시면서 겪는 어려움에 대해 어떻게 대응하실지 가이드라인을 드리고 생활관리사를 관리한다. 노인 돌봄이 통합적으로 이루어지기 위해서는 지역에 있는 다양한 복지 기관들이 관리 영역을 획일적으로 나누지 말고, 서로 정보를 공유하면서 관리하는 것이 필요하다고 본다. 건강한 노년생활을 위해서는 마음의 여유, 경제적 여유, 사회적인 관계, 시간적인 여유가 중요하다고 생각한다. 가족 구성원에 대한 돌봄 경험은 본인의 할머니가 요양병원에서 돌봄을 받다가 돌아가셨는데, 할머니의 치매 초기까지 엄마가 집에서 돌보시는 것을 보면서 신체적 돌봄과 병원비에 대한 부담으로 가족 돌봄은 지속 가능하지 않다고 생각한다. 자신의 부모님에 대한 돌봄에 대해서도 요양시설을 이용할 것이라고 했고, 노인에 대한 돌봄 책임은 1차적으로 노인 자신, 2차적으로 가족, 국가에게 있다고 생각한다.

돌봄 종사자 윤미경

20년간 복지관에서 일을 하다가, 국장으로 승진하여 서울의 한 구립 요양원에서 사무국장으로 일하고 있다. 일하고 있는 요양원에 입소하려면 평균 3년을 대기해야 하고, 입소한 노인들은 장기요양등급 3~5등급을 받았다. 요양원의 사무국장으로 일하면서 법에서 요구하고 있는 인력과 실제로 돌봄을 제공할 수 있는 인력의 차이로 인해 어렵다고 한다. 법에서 규정하고 있는 돌봄 인력과 노인 비율은 2.5대 1이지만, 제대로 걸을 수 있는 노인분은 10%밖에 안 되기 때문에, 휠체어를 태우고 이동하는 등 원활한 돌봄을 위해 실제 인력이 훨씬 많이 필요하다. 가족 돌봄에 대해서는 여러 가지 어려움이 존재하기 때문에 앞으로 지속 가능하지 않다고 생각한다. 특히, 노인 돌봄에 있어서는 노인 자체 냄새와 대소변 관리 등을 이유로 다른 가족(어린 자녀와 사춘기 자녀)들의 이해가 필요하고 가족 간에 합의되지 않으면 불화가 일어나기 때문에 어려움이 있다. 하지만 자신과 20년간 함께 산 시어미니의 돌봄에 대해서는 자신의 일을 그만두더라도 본인이 돌볼 책임이 있다고 생각한다.

돌봄 종사자 이상훈

서울의 한 데이케어센터장으로 일하고 있다. 그가 일하고 있는 데이케어센터는 3층 단독 건물로 설립된 지 6년 정도 되었다. 기관 이용 시간은 오전 8시부터 저녁 10시까지이며, 기관을 이용하시는 어르신들은 요양등급 3~5등급을 받으신 분들이다. 요양보호사는 1명당 7명의 노인을 케어하고 있는데, 3~5등급 어르신들은 거동이 가능한 어르신들이기 때문에 낙상의 위험이 많아 돌봄의 어려움이 있다고 한다. 센터장으로서의 어려움은 요양보호사의 처우가 좋지 않아 인력을 구하기가 어렵고, 같은 지역 내 여러 개의 데이케어센터가 존재해서, 시설 간의 경쟁 등으로 인해 운영상의 어려움이 있다. 돌봄 종사자로 일하면서 느끼는 가족 돌봄에 대한 생각은 현재까지는 지속가능하지만, 가족 구성원들 간의 갈등 등으로 결국은 시설 돌봄으로 변경될 것이라 생각한다. 본인의 부모님 돌봄에 대해서도 시설로 보내드리는게 맞다고 생각하고, 누님께 부모님에 대한 돌봄을 미뤄야 되겠다고 생각한다.

돌봄 종사자 임순자

재가 요양보호사로 일한 지 5년차 되었으며, 현재 9년째 편마비로 계시는 70대 노인을 보조하고 있다. 재가 요양보호사로 하루에 3시간 일하고 있으며, 시급 만 원을 받고 있다. 24일 근무하면 75만 원 정도 받는다. 요양보호사 일을 시작한 계기는 시어머니의 치매가 급속도로 악화되면서 집에서 모시며부터였다. 시어머니는 치매 진단 2년 반 만에 돌아가셨는데, 큰아들인 남편이 어머니를 모셔야 된다고 강하게 주장하여 모시게 되었다. 어머니는 원래 활동적인 분이셨는데, 치매가 오니 무릎이 아파 움직이지 못하시다가 다리가 굳어져서 결국 와상환자가 되었다. 집에서 어머니를 모실 때는 돌봄 부담으로 인해 많은 내적 갈등을 겪었다. 돌아가시기 전 6개월 정도는 욕창이 심해져서 더 이상 모시기 어려운 상황이 되어 요양병원에 모셨다. 하지만 요양병원 이용을 위해서 한 달에 180~220만 원 정도 지출해야 하는 비용은 경제적으로 많은 부담을 주었다. 시어머니의 돌봄 경험을 통하여, 향후 자신이 의존상태가 되어 돌봄이 필요한 상황에서는 자식들에게 돌봄을 기대하지 않고 배우자 돌봄을 희망한다.

돌봄 종사자 염지은

현재 서울의 한 노인종합복지관에서 일하고 있다. 노인일자리지원사업과 지역복지활성화사업으로 진행 중인 경로당 연계 프로그램을 지원하고 있다. 기관이 임대 아파트 안에 위치하고 있기 때문에, 독거 어르신들이 시설을 이용하고 있다. 일하고 있는 복지관에는 2만 명의 어르신들이 등록되어 있으며, 하루 평균 3~4,000명이 시설을 이용한다. 복지관을 이용하시는 어르신들의 특성은 일단 건강하여 복지관으로 이동 가능하신 분들이며, 경제적인 이용 제한은 없다. 우리나라 돌봄정책에서 부족한 것으로 서비스 사각지대에 있는 사람들에게 서비스를 제공하는 시스템의 부재와 인력에 대한 역할 규정의 어려움을 지적한다. 노년기 행복의 조건은 신체적 그리고 정신적 건강이라고 보았다. 어르신 돌봄의 경험을 통해, 돌봄에서 가장 중요한 것은 인간답게 노인이 존엄한 생활을 유지하도록 돕는 것이라고 생각했고, 자신의 부모님에 대해서는 임종까지 자신이 부모님의 돌봄을 책임질 것이라고 한다.

돌봄 종사자 신유진

20대로 서울의 한 대단지 아파트 옆 동사무소에서 공무원으로 일하고 있다. 원래 일반 기업에 취업을 희망했지만, 일이 잘 풀리지 않아 공무원 시험을 준비했고, 어렵게 합격하였다. 현재 하고 있는 일은 급여가 안정되고 복지 관련 사무일을 하기 때문에 보람도 느낀다. 가족은 부모님, 오빠, 언니가 있으며, 현재 결혼한 언니네서 함께 산다. 미혼인 그녀는 좋은 사람이 있으면 결혼하여 아이를 키우고 싶지만, 경력단절에 대한 부담이 크다. 결혼 전에 예비 배우자와 아이 돌봄, 부모님 부양, 가사에 대해 공평하게 나누어 서로 기여하는 것을 합의해야 한다고 생각한다. 자신의 부모님이 돌봄이 필요한 상황이 되면 자식들이 금전적, 신체적으로 돌봐드려야 한다고 생각하지만, 돌봄으로 인해 자신의 일을 포기해야 하는 상황에 대해서는 부담감도 느낀다. 동사무소에 주거급여를 상담하러 온 어르신들의 사례를 통하여 노인과 자녀의 관계는 독립적이면서도 정서적 연대를 유지하는 게 좋다고 생각한다.

돌봄 종사자 민지영

국악을 전공하였지만, 3년 전 지인의 소개로 요양원에서 사무업무를 맡고 있다가, 최근 시설관리자로 일하고 있다. 해당 요양원에는 현재 16명의 노인이 계시고 직원은 6명으로 구성되어 있다. 시설을 이용하시는 대부분의 어르신들은 요양등급 3~4급에 해당한다. 시설 이용을 위한 본인 부담은 식비, 간식비 등을 포함하며 75만 원 정도 든다. 요양원은 4인실, 3인실, 2인실, 1인실로 구성되어 있으며, 요양보호사가 2.5대 1로 어르신들을 돌보고 있다. 요양원에 계신 노인들의 가족들은 대부분 초창기에는 자주 오시는데 안정이 되면 방문이 뜸해진다고 한다. 그녀는 가족 돌봄보다는 요양원에서의 돌봄을 선호한다. 노인을 잘 돌보기 위해서는 위생, 섭식, 영양관리, 심리적 대응 등에 관한 전문지식이 필요하기 때문이다. 책임이나 정서적 친밀성으로 돌봄의 질이 담보되는 것이 아니기 때문에 노인은 가족에게 돌봄을 기대하기보다는 전문기관을 이용할 수 있는 준비를 해야 한다고 강조한다. 친정아버지를 돌보시면서 돌봄 상황에서 다양한 어려움을 겪고 계신 친정어머니를 오랫동안 지켜보면서, 그녀는 가족 돌봄의 한계를 경험했고, 자신은 향후 자녀들에게 돌봄을 부탁하지 않을 것이라고 한다. 노년을 위해서는 젊을 때 미리 자신의 노년을 준비하는 것이 중요하다고 인식하고 있지만, 당장 자식들에 대한 뒷바라지로 구체적인 자신의 노후 대비를 고민할 여유가 없다.

돌봄 종사자 오순희

1957년생으로 남편과는 이혼했으며, 아들이 둘 있다. 현재 서울의 한 치매센터에서 요양보호사로 일하고 있다. 요양보호사로 일하기 이전에는 미싱일을 했는데, 지인이 요양보호사 일을 권하여 자격증을 따고, 치매센터에서 일한 지 5년 정도 되었다. 60세가 정년인데, 이번에 2년 연장 재계약을 했다. 정년까지는 호봉이 올라가지만, 정년 이후는 호봉 없이 월급이 산정된다. 팀으로 나누어 하루 8시간 근무한다. 치매 어르신들의 신체적 수발뿐 아니라 불안정한 심리적 대응도 중요하기 때문에, 자신의 건강 유지를 위해 꾸준히 운동을 한다. 치매센터에서 돌봄 종사자로 일하면서 느끼는 어려움은 어르신 돌봄보다 요양보호사 사이의 관계라고 한다. 특히, 요양보호사끼리 이 정도면 됐다는 암묵의 돌봄의 기준이 있는데, 이를 넘으면 통제가 들어온다. 그녀는 어르신들이 감정에 적절하게 반응하는 것 또한 요양보호사가 수행해야 하는 서비스로 인식한다. 요양시설에서의 임종 돌봄에 대해서는 현실적인 어려움이 있다고 생각한다. 요양시설은 공간이 크지 않고 방, 거실, 식당을 자유롭게 드나드는 구조이기에 다른 노인의 죽음을 직접 목격하는 것이 충격이 될 수 있고, 다른 노인의 가족들과 불필요한 갈등도 생길 수 있기 때문이다. 아들에 대해 편애가 심했던 어머니와 관계가 좋지 않았음에도 불구하고, 마음의 준비를 하지 못한 상황에서 갑작스럽게 닥친 어머니의 죽음에 가슴이 크게 아팠다. 자신의 자식에게는 향후 자신에 대한 돌봄 부담을 주고 싶지 않다.

돌봄 종사자 박영숙

1958년생으로, 복지관에서 자원봉사를 하다가 생활관리사라는 일을 소개받아 2007년부터 서울의 한 통합돌봄지원센터에서 생활관리사로 일하고 있다. 생활관리사의 주요 업무내용은 독거노인들의 신변 확인과 복지 정보 전달, 말벗하기 등이다. 낮에는 노인의 안부를 확인하고 저녁에는 서류작업을 해야 하기 때문에, 퇴근 이후에도 일을 많이 해서 일의 부담이 있다. 특히, 폭염이나 한파 기간에는 독거 어르신들의 안전에 주의를 기울여야 하는데, 노인의 거동을 기록하고 구청에 보고하는 일을 한다. 당일 통화가 되지 않는 노인에 대해서는 익일 방문하고, 그래도 연락이 안 되면 119의 지원을 받아 집에 계신지 파악한다. 생활관리사 일을 하면서 예기치 않은 사고를 목격하는 경우도 종종 있다. 가장 충격적인 사건은 노인이 갑작스럽게 응급상황에 처하여 아무런 대처를 하지 못하여 맞게 된 고독사를 발견했을 경우이다. 노인의 고독사를 경험하면서 트라우마가 생겼지만, 이에 대한 심리적 상담 등을 적절히 받지 못했다고 한다. 노인 집을 개별 방문하면서 느끼는 어려움은 남자 어르신 중 생활관리사를 정중하게 대하지 않고 몸을 만지는 등 가볍게 대하는 경우가 있어, 문을 열거나 입구에 앉기도 한다. 이러한 업무상의 어려움에도 불구하고 어르신들과 만나고 이야기하면서 배우는 것이 많다고 한다. 자신의 시어머니에 대한 돌봄은 경제적 부담이 커서 처음에는 집에서 모시려고 했지만, 직장 생활과 남편 등 같이 사는 가족 구성원들의 돌봄 부담으로 현재 요양원에 모시고 있다. 치매 4등급을 받아 입소한 시어머니의 요양원 비용으로 매달 70만 원 정도 지불해야 하기 때문에 경제적 부담이 있지만, 집에서 모시는 것보다는 낫다는 생각이다.

■ 가족

노인의 가족 김현아

친정어머니가 몇 년 동안 건강이 안 좋으셔서 사시는 곳에서 요양병원을 다니셨는데, 서울의 한 요양원이 좋다는 이야기를 들어 예약대기해 두었다가 자리가 생겨 모셨다. 친정어머니는 85세로 치매증세, 고혈압, 관절, 척추 등의 지병을 갖고 계시고, 요양원에 입소한 지는 2년 정도 되었다. 어머니는 병이 많지만, 남편이 내과 의사여서 어머니의 질환을 잘 처방해 주었고, 어머니도 나름대로 약을 꾸준히 복용하는 등 건강관리를 잘 하셔서 지금까지 건강상태를 잘 유지하고 계신다고 생각한다. 어머니의 돌봄에 관한 의사결정은 딸인 자신이 결정하고 조율했는데, 어머니의 노후를 위해 자신이 평소 많이 챙겨드렸다고 생각한다. 어머니가 요양원에 잘 적응하도록 하기 위해서 어머니에게 요양원이 절대 나쁜 곳이 아니라고 교육을 많이 시켰다. 요양원 비용은 80만 원 정도 드는데, 어머니가 평소 모아 두신 돈으로 지불하도록 처리했다. 그녀는 늙어 감에 대한 부정적인 이미지가 요양원 안의 모습을 보면서 강하게 들었다고 한다. 자신이 더 이상 혼자 힘으로 움직이지 못하게 된다면, 삶의 의미를 찾기는 어려울 것이기 때문에 안락사하고 싶다고 생각한다. 향후 돌봄에 대해서는 자식들에게 기대하지 않고, 젊어서 나를 위해서 살자고 다짐한다.

3장

늙고 쇠퇴하는 것을 깨달으며 산다는 것

1. 우리는 왜 늙고 쇠퇴하는 것을 두려워하는가?

어느 시대나 어느 문화를 막론하고 노쇠는 신체적 차원과 사회적 차원의 의미가 중첩되어 있다. 한때는 익숙한 그러나 잊혀 가는 노쇠의 의미를 한 번 같이 상상해 보자. '老'라는 말은 기능적 쇠퇴 상태도 의미하고, 사회적 기능이나 역할의 변화를 상징하였다. 유학자들은 노인을 기능적 쇠퇴에 따라 사회적 역할에서 면하고, 사회와 가정으로부터 부양을 받는 것으로 인식하였다. 〈예기〉 편에는, 60세가 노년이 시작되는 경계로서, 아무것도 하지 않으며 아랫사람의 일을 지시하고, 70세가 되면 정식으로 노가 되어 자기 경험을 아래 세대에 전수하고 존경과 봉양을 받으며, 80세에는 사회적 노동에서 벗어나 편하게 지낸다고 쓰고 있다(謝元魯 · 王定璋, 2002). 조선왕조는 각종 역의 대상인 정(丁)을 15세에서 60세 미만으로 정하고, 노(老)는 60세 이상으로 구분하여 부역에서 면제하였다. 당시의 식량, 영양, 위생, 의료 조건에서 실제 고령의 인구는 희소하여 사회적 대우를 받은 노인은 적었을 수 있지만, 그럼에도 유교원리에 기반한 통치를 지향했던 조선왕조는 노인에 대한 부양과 경로, 효 풍속을 널리 장려하였다. 이념적으로 백성은 60세를 넘으면 병역에서 면제되지만, 호구정책의 현실에서는 어린 아이와 노인에게도 역을 매기는 것이 고질적인 민폐로 인식되기도 하였다.

노화는 재생산 기능이 끝나는 시기로 정의되기도 하였는데 2500년 전 작성된 중국 『황제내경』에서는 노화는 나이가 들어 자식을 낳지 못하는 과정으로 정의하였다고 한다(안세영, 2013). 여자는 14세부터 자식을 낳을 수 있고, 35세부터는 기력이 쇠퇴하고, 장부는 16세부터 아이를 낳을 수 있고, 40세부터 쇠퇴한다고 보았다. 노쇠함은 개인에 따라 다를 수 있는데 자연과 인간도 도를 알고, 음양의 법에 따라 절제된 생활과 편안한 마음을 가지면 천수를 누리고, 음주를 과하게 하고 색을 지나치게 밝혀 기운이 허하고 마음을 다스리지 못하면 오래 살지 못한다고 인식하였다.

한편 급속한 사회 변화에서 전통적인 노년의 사회 역할이나 효 실행에 대한 태도는 크게 약화되었다. 현재에는 건강하고 활동적인 노년을 이상적인 표준으로 인식하고 제도화하는 움직임들이 진행되고 있다. 성공적 노화(successful aging)에 대한 관심은 1980년대 미국 사회에서 유전자, 생물의학, 행위, 사회 요소에 의해 노년의 능력과 기능을 향상시킬 수 있다는 인식과 실천을 강조하면서 주목되었다(Baltes and Baltes, 1990). 이 관점은 미국뿐 아니라 여러 사회에 파급되어 노화, 질병, 죽음의 인식에 있어 자연적이고 수용적인 입장, 노년의 쇠퇴를 당연하게 인식하는 입장에 거리를 두면서, 건강하고 주체적인 노년의 이미지를 고무하였다.

국내에서는 임상적 효과가 충분하게 검증되지 못하였다는 일부 의학계의 주장에도 불구하고 2000년대부터 항노화 의료와 클리닉 시장이 전망 좋은 실버산업으로서 정부와 중상류 계층의 지지 속에서 뻗어 나갔다. 성형하는 게 자연스럽게 여겨지고, 건강과 활력을 위해 각종 의약 조치를 하는 것이 당연하게 인식되고 있다. 강남에는 신데렐라 주사, 얼굴이 하얘지는 주사 등이 고가에도 인기를 타며 팔리고 있다고 한다. 성형수술 광고가 지하철에 가득하고 인생의 흔적을 읽을 수 없는 얼굴, 나이를 읽을 수 없는 얼굴들이 미인 또는 모델이 되고 있다. 얼굴 주름이 쫙 펴져 피부가 빵빵하고 검은 잡티 없이 피부가 하얗고 머리카락이 검고 고급스러운 화장을 한 얼굴들이 낯익은 풍경이 되고 있다. 어느덧 노쇠는 자기관리와 능력의 결핍으로 발생하는 질병이라 생각되고 있다. 성형수술과 항노화는 당당한 취향과 욕구, 문화가 되었고 사회적 예의가 되었으며, 의료의 범위는 생명 구제에 국한된 것이 아니라 보다 나은 삶의 질을 보장하는 토탈케어 관리로 확대되고 있다.

그런데 지하철, 공원, 거리, 주변에서 만난 많은 시민들의 얼굴은 이런 모습이 아니다. 햇볕에 그을려서 그런지, 고된 노동의 피로를 잊기 위해 술과 담배를 달고 다녀서 그런지, 얼굴이 까맣게 그을렸다. 인생의 고달픔을 숨기기 어려운 어두운 표정들, 남루한 옷차림의 모습이 코로나 직전까지는 거리의 곳곳에 무리를 이루고 있었다. 계층화는 몸을 통해서도 드러나는 것 같다.

욕망하는 주체는 무언가를 이루고 소유할 뿐 아니라 젊고 생산적이고 더욱더 완전한 능력을 수행하는 몸을 갈망한다. 그럴수록 늙음, 노화, 노쇠, 노년에 대한 부정적인 인식이 강해지고, 늙음, 노화, 노쇠, 노년은 취약자의 범주로 정의된다. 나이가 들어 가고 늙고 쇠퇴하는 것이 두려움의 대상이 되면서 인생의 중요한 한 부분이 송두리째 부정된다.

2. 기능의 통치 : 힘의 강박과 쇠퇴에 대한 두려움

1) 모호한 노년의 경계 짓기

노년이 언제인지, 언제부터로 인식하는 것이 적절한지, 노년은 무엇인지에 대한 다양한 견해가 존재한다. 나이가 들어가는 의미, 그에 따른 신체적인 변화, 외적 관계의 변화에 부여하는 의미는 개인의 생애 경험과 거시 사회 · 문화적 환경 속에서 구성된다. 사회의 집합적인 문화와 제도들이 독립적인 삶의 태도를 중시하는지, 다양하고 평등한 가치를 존중하는지, 가족과 세대 간의 부양을 강조하는지, 개인의 업적과 능력을 중시하는지에 따라 나이에 따른 신체적 변화나 사회적 관계와 역할의 변화에 부여하는 의미와 정동은 상당히 다를 수 있다.

노년, 노쇠, 노화에 대한 부정적인 인식과 정서는 노년, 노쇠, 노화를 부정적인 경험으로 정의하는 경계 짓기로부터 시작한다. 노년, 노쇠, 노화의 정의는 국가의 사회공학 관점과 의료, 전문가 집단에 의해 상당히 자의적으로 정의된 부분이 크며, 외부로부터의 경계 짓기와 노년의 주관적 경험 사이에 괴리가 크다. 국가의 사회공학적 관점에서 노년은 인구구조, 사회보장제도, 고용시스템의 관리와 긴밀히 연관되어 정의된다. 그 기원이 명확하지는 않지만, 사회의 경제활동인구와 부양인구의 구성을 구분하는 기준으로 65세가 노년의 기준선으로 선택된다. 65세의 기준은 사회적으로 의존적이고 부양을 받아야 하는 시기로 인식된다. 고령화가 빨리 진행될수록 국가의 부를 생산하는 경제활동인구는 줄어드는 반면 사회가 부양해야 하는 의존적인 인구는 늘어난다고 인식한다. 그러나 이 기준은 노년의 일반적인 신체적 체험에서도, 다양한 사회조직의 실천에서도 부합하지 않는다. 여전히 노동현장에서는 65세보다 훨씬 이전에 명예퇴직이나 정년을 맞는 경우가 일반적이다. 2013년에 고용상 연령차별금지법이 개정되어 2016년에는 300인 이상 기업, 2017년에는 300인 이하 기업에서 정년이 만 60세로 늘어나는 것을 법으로 정하였지만, 여전히 기업별, 직급별 퇴직연령이 차이가 많이 난다.[01] 또한 고령화가 빠르게 진행되면서 국민연금 납부자는 줄고 수급자는 크게 늘어나 연금고갈이 우려되고 있다.

---

01 "정년 늘어났는데… 아빠는 더 빨리 회사 그만뒀다－정년 연장의 역설."『조선일보』. 2016.12.30.; "정년 맞은 근로자 고용 의무화 … 사실상 65세로 정년연장 추진."『동아일보』. 2019.09.19.

이에 국민연금 수급연령을 2012년까지는 60세, 2013년 이후는 4년마다 1세씩 연장하여 65세로 점진적으로 상향 조정하고 있다.[02] 그리고 연금 수급연령이 늘어나고 경제활동인구도 줄어드는 것을 고려하여 2022년 이후에는 65세 정년을 준비하고 있다. 그러나 법제적인 정년 연장의 변화와는 반대로 조기퇴직이 일반적이고 조기퇴직 이후 법정 퇴직 시기보다 더 늦게까지 경제활동을 지속하고 있는 것이 현실이다. 노동의 현실에서 정년제도가 작동하지 못하고, 공적 소득보장이 제한된 조건에서 늦게까지 노동을 지속해야만 노후생활이 가능하기 때문이다(한국노인인력개발원, 2018; 보건복지부, 2017). 제도상에서 규정하는 생산기능을 그만두고 부양을 받는 시기로서의 노년의 경계는 자의적이고 현실과 맞지 않는다.

한국 사회에서도 항노화 산업과 기술이 급속하게 확대되고 있다(신민선, 2018). 더불어 신체적 건강, 젊음에 대한 찬미와 성공적 노년에 대한 열중과 관심이 바람직하고 당연한 문화가 되었고 노년, 노쇠, 노화에 대한 두려움은 커지고 있다. 의료적인 관점은 좀 더 정확하게 늙음, 노화, 쇠퇴를 정의하는 것처럼 보인다. 연령으로 늙음을 구분할 때 설명되지 않거나 같은 나이에서도 다양한 신체 조건을 고려한다. 나이는 노화의 중요한 조건이 되지만 나이 자체보다는 노화의 신체적, 생리적 조건이 더 정확하게 기준이 되어야 한다는 입장이다. 이런 맥락에서 노화 기전들의 변화, 호르몬, 근육, 영양, 신체활동 능력 등을 객관적으로 종합하고 측정하여 신체나이, 생체나이를 측정할 수 있다고 강조한다.[03] 신체, 생체 조건으로 노화나 노쇠 정도가 객관적으로

02 보건복지부(http://www.mohw.go.kr/react/index.jsp). 국민연금정책. 국민연금급여 사이트

03 관련논문(배철영, 2004); 생체 연령은 신체적, 생화학적, 정신적, 그리고 인체 측정학적 변수들을 종합하여 측정한 지표인데, 2003년 대한임상노화방지학회와 라쥬네

측정되고 정의되면 비정상적이고 병리적인 노화과정을 예방하고 관리할 수 있고 노화 수준에 따른 적절한 의료관리서비스를 제공할 수 있다고 인식한다.

이처럼 사회공학과 의료적인 관점에서 노년, 노화, 노쇠를 정의하는 기준은 신체, 생체적 기능의 쇠퇴와 사회적 역할의 감소, 은퇴, 의존이다. 그러나 명백하고 객관적 · 보편적인 기준이 되는 것 같지만 사실은 신체적 쇠퇴, 사회 역할의 은퇴, 피부양, 의존의 경계는 매우 모호하고 자의적이다. 그런데 이런 자의적이고 부정적인 규정이 노년에 대한 주관적 인식에도 상당한 영향을 미치고 있다.

"자신의 노후 시기를 몇 세 부터라고 생각합니까?"라는 질문에 나이 든 사람과 젊은 사람의 판단이 많이 다른 것으로 연구되고 있다. 젊은이의 입장에서는 그 기준이 더 인색하고, 나이 든 사람들의 입장에서는 더 관대하다(한정란 · 이금룡 · 원영희, 2006). 나이 든 사람들 사이에도 주관적으로 인지하는 나이 듦의 판단은 차이가 있다. 여성이 남성보다, 도시보다 농촌에 사는 경우, 교육 수준이 낮을수록, 소득이 낮을 때, 건강하지 못할 때, 자기 통제력이 떨어질 때 노인이 되는 시기를 더 이르게 평가하고 삶의 만족도도 떨어진다는 연구가 있다(김정석 · 김송은, 2012; 이금룡, 2006, 2008; Montepare and Lachman, 1989). 다양한 맥락이 연관되겠지만, 쇠퇴를 체험하고 느낄 때 노인 됨을 인식하고 노인 됨을 인식할 때 행복감이 떨어진다고 이해된다. 노인이

스 노화방지 메디컬센터 연구팀이 생체연령(BIO-AGE)을 국내 최초로 개발하여 학술적으로 인정받고, 새로운 수익상품으로 발전할 것으로 주목되었다. 관련신문보도("노화정도 측정 도구가 나왔다."『대한의협신문』. 2003.04.20.; "생체나이 측정, 새로운 수익모델 활용."『대한의협신문』. 2005.12.07.; "생체나이 측정 프로그램 'bio-age' 보급 확산."『대한의협신문』. 2006.07.21.; "생체나이 측정 시스템 'bio-age' 중국진출 추진."『대한의협신문』. 2006.09.28.; "생체나이 시스템 학술적 공인, SCI 등재 국제학술지에 논문 게재."『대한의협신문』. 2008.10.30.)

되는 시기를 빠르게 인식하고 스스로 노인 됨을 받아들이는 것 자체가 부정적인 심리는 아닐 수 있다. 그러나 사회가 노인 됨을 부정적으로 인식한다면, 노인 됨의 주관적 정체성은 편견이 강요한 무력함일 수 있다. 노인이 된 자신에 만족도가 낮은 이유일 수 있다.

나이가 들어 가면서 몸의 상태가 변하고 자신에 대한 인식이 변한다. 그렇지만 나이 자체를 통해서 정체성이 만들어지거나 나이가 정체성을 결정한다는 관점은 심각한 편견을 조장할 수 있다. 나이란 지금까지 생존한 경험을 나타내는 추상적인 개념에 불과할 수 있다. 그 안에는 생산, 재생산, 사회적 역할, 관계와 같은 다양한 경험과 의미가 채워진다. 오늘날 나이가 상징하는 커다란 의미는 쇠퇴다. 어느 시점이 되면 나이는 신체적인 쇠퇴와 사회적 역할의 감소로 의미된다. 그 현상은 동시적으로 경험할 수도 있고 앞뒤 순서가 다를 수도 있지만, 노년을 신체적 기능과 사회적 역할의 쇠퇴로 바라보는 관점이 강하다. 2014년 서이종 외 연구팀이 조사한 결과에 따르면 나이 드는 것이 좋지 않다고 생각하는 이유로서, 무용하고 쓸모없다는 인식이 주된 요인이 된다. 노화에 대한 스트레스는 주변에서 무용하게 인식되는 데에 대한 우려 때문이라고 한다. 무용하다고 인식되면 어울려서 일하기가 어렵고 일자리를 구하기 어렵다(서이종 · 박경숙 · 안경진 · 정령 · 구미진, 2014).

이처럼 신체의 쇠퇴, 사회적 역할의 쇠퇴로서 나이 듦을 바라보는 것은 우리의 삶이 힘과 기능 확대를 중심으로 평가되고 구별되기 때문일 수 있다. 기능이 매우 빠르게 발전하고 대체될수록 노쇠에 예민하게 된다. 노동하는 몸의 경제적, 기능적 가치가 크다. 일에 헌신하고 노동 이후에도 보상을 받을 때는 신체적 쇠퇴의 우려가 그렇게 크지 않을 수 있다. 일은 기능을 의미할 뿐 아니라, 소속감과 유대를 확인하고, 정체성 통합에 기여할 수 있다. 그러나 대체 가능한 기계적 노동,

생계를 위한 불안한 노동이 늘어나고 있다. 또한, 사회적 지위 획득과 유지를 위해 노동 경쟁이 치열하다. 생산성이 떨어지게 되면 그전의 공과 여부와는 관계없이 낙오된다. 이처럼 발전을 중시하는 사회, 노동의 성과와 기능이 강조되는 사회에서 노쇠에 대한 두려움이 커질 수 있다. 뭔가 밀려 나고 있는 느낌, 아직 할 수 있는데 자리를 빼앗기는 것 같은 느낌, 열심히 했는데도 쇠퇴한 몸 말고는 남지 않았다는 게 두렵다.

우리 모두는 자기보존 욕구가 강하다. 살려고 하고, 살아 있는 동안 많은 것을 이루려고 한다. 몸을 통해 외부와 관계를 지속하고 욕망한다. 그러나 욕망은 유한성, 우연성, 불안과 혼돈을 겪는다. 기대하는 대로 관계나 목적이 이루어지지 않고, 외부 세계가 움직이는 것이 아니다. 나이가 들어 간다는 것은 욕망을 지속하기가 어렵다는 것을 깨닫는 과정이기도 하다. 그런데 힘과 기능과 생산성이 중시될수록 그리고 자신에게 지속될 것이라 믿었던 힘, 기능, 생산성이 약화될수록 나이가 들어 감에 따라 기능과 그와 연관된 역할, 외부와의 관계가 중단된다는 두려움이 증폭된다.

나이 듦이 오로지 쇠퇴로서 인식될 때 나이 듦, 노년, 죽음에 대한 두려움의 정념이 가득해진다. 노화의 불안과 고통을 극복하는 것으로 인식되는 방법 또한 더욱 노년을 부정하는 쪽으로 움직인다. 신체적, 정신적으로 건강하게 나이 드는 사람들은 노화와 쇠퇴를 자신의 삶에서 최대한 배제하는 데 성공한 사람들이라고 믿는다. 실제 나이보다 젊게 사는 것이 성공적인 노화 및 노화에 적응하는 데 필요하며 심리적 건강에도 훨씬 좋고 자신에 대한 긍정적인 평가에도 도움이 된다고 인식한다. 그런데 주관적으로 젊다고 인식하고 살수록 삶의 만족도가 높지만 노년에 대한 두려움이 더욱 크다는 것은 완전한 삶, 지속적인 활동, 성공적 노화, 항노화가 문화가 되는 미래 사회의 빠져나갈 수 없는 어두움을 나타내는 것 같다. 과학기술의 발전에 따라 인간의 잠재력을 극대화하고 재구성할 수 있다는 미래 사회에 대한 낙관도 시간을 무의미하거나 부정하게 하는 데 일조하고 있다(Mykytyn, 2010). 이처럼 힘과 기능이 지속되어야 하는 욕망은 몸과 욕망의 유한성을 부정하지만 그럴수록 노년의 두려움은 커진다.

2) 쇠퇴한 몸과 건강한 몸의 구분 짓기

바야흐로 인간 이성과 사회의 완전성에 대한 계몽주의적 가치가 개인 수준에서 생명과 수행의 완전성의 기치로 대체되고 있다(Cetina, 2005). 성공적 노년이 강조하는 건강, 자기계발, 그리고 경제적 안정은 많은 한국인이 중요시하는 인생의 과업이자 프로젝트다. 발전에 대한 이상은 이제 몸이 수행의 완전성에 대한 이상으로 진화되고 있다. 사람들은 고도로 경쟁적이고 높은 수행 능력이 요구되는 사회에서 완전한 수행 능력을 가지는 몸을 욕망한다. 그러나 그 프로젝트를 위해 삶은 경쟁과 과로에 지쳐 살고 있다. 완전한 수행 능력에 대한 사회적 요구와 욕망은 노년의 삶도 젊음과 기능의 표준에 맞추어 통제하려 한다. 보다 더 오래 기능을 수행하고 젊은 외모를 유지해야 한다. 인생 이모작, 삼모작, 노후 설계를 위한 재교육, 창업 노력들이 지금은 자연스럽게 여겨진다. 은퇴, 질병, 쇠약, 무능은 사회병리인데, 쇠약하고 소외된 노인 이미지는 노년의 실상이 아니며, 노년에도 젊음과 능력을 유지하고 있으며, 사회에 적극적으로 참여하는 기회를 막아서도 안 되며, 노년의 권리와 욕구가 권리로서 인정되어야 한다는 목소리도 커지고 있다.

점점 건강한 몸과 그렇지 않은 몸이 구분되고 차별화되어 일상생활에서 눈으로 확인하고 감시하고 있다. 직업 세계는 성과를 서로가 확인한다. 능력과 직접적인 관계가 없는 것 같은 데도, 젊은 외모로 가꾸지 않으면 능력이 떨어지는 것으로 평가된다. 동료로부터 뒤떨어진다는 인상을 줄까 봐 긴장을 하면서 보이는 외모를 신경 쓰고 변하는 몸의 신호를 피하기에 급급하다. 건강을 잃으면 모든 것이 한순간에 무너진다는 위기의식을 가지고 산다. 오래 살더라도 오래 병치레를 하면 당사자는 물론 가족과 사회도 힘들다고 인식한다. 가족 돌봄이 약화되고 사회적 돌봄도 신뢰하기 어려우며 믿고 의지할 타인이 부재하다고 긴장하면서 죽는 순간까지 건강하게 사는 것을 삶의 중요한 과업으로 인식하는 것이다. 이런 과정에서 노화의 흔적들과 쇠퇴가 점점 부정되고 배제된다.

노쇠가 질병이고 삶의 질을 해치는 문제이자 관리의 대상으로 인식되면서 경제적 자원은 나이 듦에 대한 자긍심을 차별화시킨다. 건강이 나빠지고, 경제적으로 어려워지고, 사회적으로 쓸모가 없어진다는 인식은 경제적 여유가 있는 노인보다 그렇지 않은 노인에서 더 강한데, 경제적 조건에 따라 쇠퇴와 상실 상황에 더 노출될 수 있기 때문이다. 가난한 노인, 늙은 노인, 병약한 노인은 자신의 처지와 삶에 대해 부정적인 감정을 갖게 된다. 그렇게 경제적 자원의 결핍과 사회적 관계의 축소나 갈등 속에서 위축된 자아상을 갖는다(윤연정, 2016). 한편 경제적으로 여유 있고, 사회적 활동을 지속하면서 자신의 삶에 긍정적인 사람들은 더욱더 젊음과 기능을 유지하기 위하여 생활습관 개선과 관리에 신경을 쓴다.

노년 몸의 차이는 오랜 시간을 통해 누적되어 바꾸기 힘든 생활습관의 차이가 집약된 것이다. 일상의 활동과 관계, 수많은 정서 작용과 인식이 다시 생리과정에 작용한다. 그에 따라 나이가 들어가면서 겪게 되는 신체적 쇠퇴, 그와 연관된 심리적 위축 현상은 점점 계층적으로 차이가 난다. 노화 인식에 대한 조사 결과에 따르면 나이가 들어가면서 신체적, 기능적 쇠퇴감을 인지하는 정도는 하층 노인에서 상대적으로 더 높게 나타났다(서이종 외, 2014). 지적 능력 하락, 질환 증가, 성적 능력 상실, 변화 적응력 쇠퇴, 효율성 하락, 사회적 무용함을 인지하는 정도에서 경제적으로 하층 노인의 응답률이 더 높게 나타났다. 그리고 하층 노인이 중상층 노인에 비해 미용, 성기능 감퇴, 기억력 감퇴에 관리할 필요가 없다고 응답하는 비율이 높았다. 점점 젊음과 기능 유지의 가치가 노년 내부로 확대되면서, 지금까지 일반적인 노년 문화로 여겨졌던 관념들이 점점 빈곤 문화, 소수 문화로서 전화되고 있는 것을 보여준다. 생활습관은 개인이 놓여 있는 환경에 적응하면서 고착되었으므로 생활습관을 고칠 수 있는 환경적인 조건도 성이나 계층에 따라 차이가 크다. 하층일수록 위해한 생활습관을 고치기 어렵고, 그만큼 의료적 수술, 약에 의존하는 성향이 강화될 수 있다. 만성질환이나 치료에 따른 고통보다 경제적인 어려움을 지적하고 있는 부분도 주의할 부분이다.

급속하게 전개되는 고령화에 대한 사회적인 우려가 커지고 건강한 노년에 관한 관심이 커지면서 승승장구 확대되고 있는 산업 중의 하나가 항노화, 노화 예방과 관련된 의료, 생명공학 산업이다. 항노화 의료, 생명공학에 대한 기대와 의심은 2000년대 이후 미국 과학계의 커다란 논쟁 주제였다(Mykytyn, 2010). 최근 국내 항노화 산업 시장의 성장세는 2007년 이후 10%씩 성장하여 국내 성장률을 현저하게 상회하고 있다.[04] 노화 예방에 좋다는 화장품, 성형, 호르몬 레저, 건강기능식품 등 다양한 처치들이 중산층의 인기 소비재로 부상하고 있다. 젊은 외모를 가급적 오래 유지하고 건강하게 나이 드는 것이 소비재를 찾는 주된 이유가 된다. 학계에서는 노화 예방의료의 안전성과 효과성

04 "젊게 더 젊게, 안티에이징 열풍… 신성장동력 부상." 『노년시대신문』. 2013.03.15.

에 대해 회의적인 입장을 가졌지만, 병원은 매우 적극적으로 수익상품으로 개발하고 있다. 최근에는 정기적으로 건강 상태와 질환 여부를 체크하는 일반 건강검진 이외에 개인의 노쇠 여부를 조사하는 안티에이징 검진이 인기를 끌고 있다. 대한의협신문에서는 병원장을 위한 마케팅 레슨을 연재하였는데 주된 내용은 보다 건강하고 젊게 살고자 하는 사람들의 욕구와 가치가 항노화 기술 개발을 이끌고, 소비자의 욕구를 이해하고 혁신이 이루어질 때 산업 경쟁에서 이길 수 있다는 것이다.

"병원도 기업과 다를 바 없다. 병원 간의 경쟁이 치열해져 가는 상황에서 소비자의 관점을 놓친다는 것은 경쟁에서 뒤처지는 것을 의미한다. 소비자의 건강에 대한 생각의 변화를 보자. 전 세계적인 Wellness Trend는 질병에 대한 치료, 예방을 넘어 삶의 질에 대한 보살핌을 요구하고 있다. 이 같은 상황에 대한 통찰은 건강관리에 휴식, 미의 개념을 더한 새로운 개념의 서비스를 탄생케 했다. 바로 스위스의 La Prairie로 세계의 부호와 유명인사들이 찾는 명소로 그 명성이 높다. 또한 최근 바이오 안티 에이징을 내세우며 서비스를 시작한 차병원 그룹의 차움도 같은 맥락에서 그 등장을 설명할 수 있으며 병원의 행동반경 확장의 가능성을 보여주고 있다. 병원 간 혹은 기업 간의 경쟁도 결국 소비자 마음 속에서 일어나는 현상이다. 소비자를 이해하고 변화할 때 비로소 그들 마음 속의 경쟁에서 이길 수 있다."[05]

노화는 이제 '자연스러운' 과정이 아니라 질병으로 인식된다. 의료인들은 노화와 관련하여 다양한 정의와 개념들을 생산한다. 노화방지, 항노화, 재생의학, 재생치료 분야가 구분되고 성형, 생식, 안과, 운동, 인지, 청력, 치과 등 전문 분야에서 노화를 질병으로 다루고 있다. 항

05 "강규철의 병원장을 위한 마케팅 레슨." 『대한의협신문』. 2010.07.23.

노화, 노화방지 기술을 확신하는 의료인들은 노화를 질환으로 파악하면서 나이를 먹음에 따라 수반되는 질환들에서 벗어나 젊은 사람의 생체반응이나 구조와 비슷한 상태로 회귀할 수 있다고 논한다(김성운, 2004; 배철영, 2004). 생체나이 척도를 확장하고 노화방지 클리닉의 운영과 노화방지 치료법의 상업화를 적극 지지하였다. 현대 의학이 대부분 인정하는 5대 노화관리 치료법은 건강위험인자 제거, 만성질환 관리, 중간 강도의 운동요법, 영양소 균형을 고려한 절식, 스트레스 피하기로 환자들이 꾸준히 실천하도록 정기적으로 상담해서 도와주고 개인의 특성에 맞는 다양한 노화관리 치료법을 제공하는 토털케어를 통해서 가능하다고 강조한다(배철영, 2011).

그러나 항노화, 노화방지 의학의 효과와 방법은 학계 내에서 논란이 지속되고 있다(이영수, 2004). 노화는 시간 흐름에 따른 변화로 외부자극에 대한 반응이 저하되고 항상성을 유지할 수 있는 능력이 감퇴되어 외부 스트레스에 취약해지고 질병에 대한 감수성이 증가하여 만성질환에 이환될 가능성이 높아지는 변화과정으로서 노화가 조절이 가능한 과정이란 가설들과 증거가 발표되지만, 노화에 대한 단일 이론은 없다고 강조한다(김광일, 2007). 또한, 노화는 비가역적이므로 질병이 아니며 항노화 요인으로 강조하는 각종 호르몬의 역할은 양가적이고 대체 요법의 근거가 부족하다고 논한다(유형준, 2007; 이은주 2007). 정의, 효과, 방법의 불확정성에도 불구하고 항노화의 가능한 조치로 과장되고 있다. 노화를 예방하고 관리하기 위해 신체, 생화학, 정신, 인체를 측정하여 생체나이 검사를 제안하기도 하고, 수술을 견디고 회복할 수 있는 신체조건으로서 노쇠의 인덱스도 개발되었다. 정의가 명확하지 않고, 노화방지, 항노화 노화방지 방법들의 실제 효과가 논란이 되고 있지만 신체활동 관리와 식습관 조정, 약물복용, 호르몬 투여, 수술, 마사지에 이르기까지 다양한 방법들이 주목되고 있다. 노년의학은 치료 의미를 넘어 기능재활, 운동, 대체 기술, 미용까지 포함하는 영역으로 확대되고 있다. 처음에는 항노화 의료에 대해 의심을 하였던 의료계에서도 항노화 가능성을 과학적으로 접근하는 논의들이 활발해졌고 노화 관련 학회들이 여러 군데 제도화되었다.[06] 노쇠, 이환, 병의 진행 상태가 개인적 요인과 개입, 관리의 대상이 되면서 구체적인 쇠약증후가 있는 시기, 질병이 있는 시기, 전이 양태 등의 정보도 넘쳐난다. 일상생활과 몸에 의료적 영향이 강화되어 의학적인 관리 대상이 되고 있다(조병희, 2006). 노년의 생리적 과정들이 의학적 치료와 관리의 대상이 되면서 노화과정을 규정하고 대응하는 데 전문의사들의 권위가 커진다. 연명의료나 완화 돌봄에 대한 의학적 개념화와 개입이 확대되면서 임종기 의료화 이슈가 불거진 현상과 연관된다(박경숙 · 서이종 · 안경진, 2015).

또한, 정보지식기술 시대 새로운 바이오마커의 이용에 따라 생활습관을 조기에 확인하고 개입할 수 있다는 기대를 하고 있다. IT시스템과 생체계측시스템을 이용하여, 언제 어디서나 개인의 건강을 증진시키기 위한 인프라와 요소기술 개발, 서비스 구축에 관한 연구가 활발히 진행 중이다(김정채 · 유선국, 2013). 생체공학기술의 발전은 이미 진행된 질환을 발견하고 치유하는 전통적인 의료 중심적인 치료가 아니라, 실시간으로 생활환경과 행동을 적극적으로 조정하는 접근으로 확대될 수 있다는 기대를 내놓고 있다. 점점 치료 가능성의 한계가 넓어지게 되고 좀 더 건강하게 오래 살 수 있는 방법이 실현된다는 기대가 높아지고 있다.

06 노인의학 관련 학회로 대한노인병학회, 대한노화관리의학회, 한국노화학회, 노인정신의학회, 노화방지연합회 등이 있다. 대한노인의학회, 대한임상노인의학회 웹페이지 검색 결과 대한임상노인의학회는 1992년 대한노인병연구회로 시작되어 1999년 대한임상노인의학회로 공식 창설되었고 대한노인의학회는 2004년 공식 창설되었다.

이렇게 노화방지와 관련된 의료, 생체공학의 영향이 2000년대 이후 급속하게 학계, 연구, 시장에서 확대되고 있는 데에는 정부의 신성장정책의 영향도 존재한다(문현상, 1997; 정우진, 1996; 문혜선 · 이준, 2013; 김택식 · 이병관 · 정태영 · 백승민 · 이승재 · 정혜실 · 김우선 · 문명국, 2014).[07] 고령화가 급속히 전개되면서 쏟아지는 노인 빈곤, 노년 돌봄, 강제되는 은퇴와 사회적 고립을 해결할 적극적인 사회적 대책을 강구하기보다 IT, BIO 기술 발전으로 고령사회의 미래상을 디자인하고 성장을 촉진하는 방편으로 실버산업과 고령친화산업, 항노화산업을 지원하고 있는 것 같다. 생명에 대한 IT, 의료, 생체공학적 관점이 확대된 결과는 인간 능력을 무한으로 확대하고 이제까지의 인간의 역사를 부정하는 새로운 인간종의 시대를 연다고 기대한다. 과장된 예언일 수 있지만 노년의 문화를 크게 변화시키는 관점이 되고 있다.

느리고 쇠퇴한 노인을 위한 공간은 급속히 없어지고 있다. 쌩쌩 달리는 도로, 점점 자동화되고 있는 무인판매기, 판독하기 어려운 승차망, 순간 초고속 스피드로 달려들어 접속해야 하는 예약, 느리고 둔한 감각으로는 따라가기 힘든 환경 속에서, 노인은 돌봄을 받지 않으면 살아가지 못하는 존재가 되고 있다. 老病死를 부정하는 환경으로 급속하게 재편되면서 노인이 살아갈 터전은 사라지고 있다. 점점 위험해지고 기계화되고, 경쟁적인 환경에 적응하지 못하는 무능한 약자가 된다.

07 고령화 산업 육성은 1990년대 후반부터 논의되었는데, 창조경제와 미래유력산업으로 항노화, 노인의학, 항노화 산업 육성이 강조된 것은 2010년대 이후로 여겨진다. 2013년 7월 17일 보건산업진흥원은 조직을 개편하여 〈창조경제, 신성장동력-항노화산업단〉을 신설하고, 신산업에 대한 정책 · 전략개발 및 사업화 지원 기능을 강화하기로 했다.

3. 노년의 타자화 : 낯섦, 두려움, 혐오의 정체

시간이 흐르면서, 사람은 자연스럽게 '나이'라는 숫자를 얻는다. 100세 시대를 맞이하고 있지만, 불행히도 우리는 늙어서 어떻게 살아야 하는지를 제대로 배워 본 적이 없다. "엄마도 엄마가 처음이다."라는 말처럼, "노인도 노인이 처음"인 것이다. 우리는 오래 살아가게 되었지만, 오래 사는 삶에 대한 공감력은 떨어진다. 핵가족 생활이나 혼자 살아가는 것이 일반적이고, 교류하는 공간이 연령에 따라 구분되면서 노년의 경험을 직접 들을 수 있는 기회도 그다지 많지 않다. 그러면서 노년이라는 범주에 들어가지 않은 사람들에 의해 노인은 타자로서 인식된다. 노년에 대한 시선은 나이, 외모, 그리고 간헐적으로 스치듯 부딪쳤던 경험, 더 일반적으로는 사회가 만든 언어들과 이미지들로 만들어진다. 그 어느 것도 노년의 삶의 경험이나 목소리를 담아내지 못한다. 노년의 경험에 무지하고 왜곡된 이미지로 노년을 보면서 우리 모두는 어느 순간 노년이라는 범주로 들어가게 된다.

한 해 달력이 떨어져 나갈 때마다 한 살씩 먹는다. 그 먹은 나이만큼 살았다는, 생존했다는 의미다. 생존한 시간 속에 체화된 경험들이 다채로울 텐데, 한 살 한 살이 모여서 일정 기간이 되면 노인이라는 범주에 나이 듦, 생존함이 의미하는 바를 통째로 묶어 버린다. 그 범주 안에 들어갈 때와 그렇지 않을 때를 구분하는 나이 듦의 명백한 사회적 의미는 '단절'이다. 이제껏 삶과 존재를 구성하였던 수많은 사건, 관계, 의미들은 부질없다. 아직 그 범주에 속하지 않으면 노인이 아니다. 우리 모두가 늙으면서도 말이다.

나이를 기준으로 노년을 구분하고 일상의 관계에서 단절하는 것은 무의식적으로 오래 사는 것에 대한 두려움을 갖고 있는 것이 아닐까. 소수가 오래 살 때는 소망이고 축복할 일이었지만 다수가 오래 사는 것, 그리고 오래 살아가기까지 채워졌던 욕망들의 육체에 염증을 느끼고 있기 때문이 아닐까. 노인을 싫어하는 것은 고집스러운 행동, 사그라지고 있는 몸과 그림자처럼 드리워진 죽음을 두려워해서뿐만이 아니라 욕망의 시대를 살고 있는 우리 자신에 대한 혐오일 수 있고, 그 살아오는 동안 범했을 탐욕의 흔적을 본능적으로 알아차렸기 때문이 아닐까 하는 생각도 든다. 오래 산 존재를 통제하고 싶은 욕망이 무의식적 충동이라면 그것을 합리화하는 기준으로 육체의 쇠퇴, 기능의 상실, 의존 등의 표시를 붙이는 것이 아닐까 하는 생각이 든다. 만일 그렇다면 나이가 들어도 건강하게 독립적으로 살아간다고 해서 오래 산 존재에 대한 부정적인 시선은 쉽게 거둬지지 않을 것이다. 사실 이제 젊음은 항노화 기술과 돈 덕분에 일부 계층은 향유할 수 있게 되었다.

청년의 외모와 노년의 외모는 대조된다. 그러나 지금은 나이가 들어도 젊은 외모, 건강한 신체를 가진 사람들도 많다. 나이에 따라 신체적, 기능적, 정신적으로 쇠퇴하는 정도는 개인이 살아온 위치와 힘, 의지에 따라 차이가 커지게 되었다. 아름답고 건강한 몸은 이제는 청년에게만 누려지는 월등한 희소가치가 아니게 되었다. 사람들은 신체적 쇠퇴의 징후를 최대한 미룰 수 있는, 젊음을 연장할 수 있는 피부 관리, 성형, 호르몬 주사, 약, 운동을 활용할 수 있게 되었다. 이제 신체적 외모와 기능은 개인의 능력과 의지에 따라 조절될 수 있는 것이 되었다. 그러나 신체적 기능을 유지한다고 해서 나이 듦의 위험인 단절로부터 충분히 보호받지는 못한다. 노년을 단절시키는 것은 신체적 쇠퇴 그 자체 때문이 아니다. 오히려 신체적 쇠퇴의 이미지를 갖고 있는 노년을 보면 안도를 한다. 나에게 해를 끼치지 않을 약자이기 때문에.

개인이 갖고 있는 생산성, 활동력, 의지에 관계없이 일정한 나이가 되면 사회에서 밀려난다. 한국 사회는 퇴직연령이 매우 빠르기 때문에 퇴직 이후에도 노동을 하는 경우가 많다. 퇴직을 하고 난 뒤 노동 지위는 대체로 많은 경우 급락한다. 이제 퇴직자는 노동 지위를 보장받지 못하는 예비 노동군이 된다. 이미 단절된 공간에 있는 존재이므로 그들이 받는 소외나 고통은 시민으로서 신경을 쓰지 않아도 될 일쯤으로 치부해 버릴 수 있다.

심화되는 인구구조의 고령화 속에서 나이가 아니라 실질적인 생산성과 능력을 기준으로 단절 여부를 정해야 한다는 관점에서 노인연령 상향 조정이 논의되고 있다(이상이, 2020; 최혜지, 2016). 인구고령화가 심화되고 60세 혹은 65세에도 건강하고 인적 · 사회적 역량을 유지하는 사람들이 많아지고, 연금, 지하철경로우대, 장기요양서비스 등의 재정부담도 커지므로, 노인의 연령 기준을 상향 조정하자는 입장이 제기된다. 만일 이런 입장이 제도화된다면 나이에 관계없이 젊음과 기능성을 끊임없이 연출해야 단절에서 보호될 수 있다. 또한, 나이를 상향 조정해도 낡음, 쇠퇴, 그리고 단절의 의미가 사라지는 것은 아니다. 적어도 현재의 법정퇴직제도가 존재하는 한, 나이는 신체, 기능적 쇠퇴보다 더 강력한 쇠퇴와 단절의 힘을 갖고 있다.

이렇게 노년을 구분하는 기준들과 의미를 모아 보면, 노년이 정의되고 구분되는 방식은 타자화로 정리된다. 타자화란 나와 타인을 단절지키는 관계 맺음과 인식의 방식이다. 단절이 관계 맺음의 방식이라는 서술이 모순적인데, 단절이 차별적 관계의 양상임을 의미한다. 혐오스럽고 두려운 대상으로 인식하고 차별하며 배제하는 제도, 관계, 상징적 과정이자 시스템이다. 타자화된 대상은 온전한, 정상적인 존재임을 부정당한다. 그렇게 정상시스템은 비정상과 비존재의 특성을 명명하고, 성원 자격에서 분리하려 한다. 단절, 격리, 배제, 증오와 두려움, 혐오의 대상으로 타인을 위치시키고 그런 위치를 정당화하는 관념들을 집단적으로 확산, 공유한다. 타자화시스템은 배제에 성공할 수 있도록 오만하고 불친절하게 설계된다. 노동시장, 미디어, 교통, 시장은 속도, 효율성 위주로 설계되고 불필요하고 귀찮은 존재들을 배제하고, 혐오를 증폭시키는 기제를 작동시킨다. 노인은 너무 빨리 변하는 환경에 계속 적응해야 하는 압박을 받으며 결국 뒤처짐을 인정하면서 위축되어 밀려나게 된다. 그리고 나이가 들면 변화에 뒤떨어진다는 고집이나 폐쇄적인 성향을 가진다는 관념이 객관적 사실이 되어 단절이 합리화된다.

노년의 단절을 더욱 촉발하고 정당화하는 혐오의 언어와 이미지들이 온라인과 오프라인 공간에서 확산된다. 다수의 연구는 노인집단이 부정적으로 인식되고 있음을 보여준다(Kite and Johnson, 1988). 이윤경은 20대 이상 65세 미만의 청년층과 중년층이 노년층에 대해 갖는 인식을 조사한 결과, 다수의 사람이 노인의 건강, 정서, 지적 능력과 경제력 측면에서 부정적인 고정관념을 갖고 있다고 보고하였다(이윤경, 2007). 국내의 미디어에 나타난 노인에 대한 이미지를 분석한 연구들을 살펴보면, 광고, 뉴스, 교과서 등 미디어 안에서 노인의 이미지는 부정적으로 묘사되고 있었다. 노인들은 건강에 문제가 있고, 외모가 초라하고, 지저분하며, 경제력이 없고, 부양의 대상으로 묘사되어 노인에 대한 부정적 고정관념을 강화하고 있었다(양정혜, 2011; 박윤경·구정화·설규주, 2014). 대중매체를 통해 노인의 부정적 이미지에 많이 노출된 사람은 노인에 대해 부정적 인식을 많이 느끼게 되는 것으로 나타나 노인에 대한 부정적 고정관념을 강화한다고 해석하였다(안순태·이선영·정순둘, 2017). 이처럼 다양한 사회 층위에서 노인에 대한 고정관념, 노인을 대상으로 행하는 차별적 행동이나 부정적 이미지 및 태도가 난무하다. 틀딱은 틀니를 한 어색한 입모양을 연상시킨다. 처음 보는 타인에게도 나이를 내세워 권위를 행사하려 하는 존재, 기능적으로 별 쓸모가 없는 존재임에도 변하는 세상에 뒤처지고 있는 처지를 자각하지 못하고 과거의 권위를 고집하고 타인을 무시하는 시끄러운 존재, 변하는 세상을 이해하지 못하면서 자신들의 좁은 관점을 고집하는 꼰대, 다들 살기 어려운데 나의 세금과 보험을 축내는 세금충, 연금충 등, 노인에 대한 부정적인 시선들이 흘러 다닌다. 노년의 존재를 부정하고 조롱하는 말들이 남발되는 것은 이들 언어가 유희되는 공간에 노인이 배제된 영향도 크다. 노인의 목소리가 차단된 공간에서 자신들의 차별적인 인식을 서로가 강화하면서, 타자의 이미지를 만들어 내고 있다. 타자화된 부정적 인식은 노인 스스로에게도 부정적 결과를 불러오는데, 노인 자신의 자존감을 저하하고, 사회의 고립 등을 초래할 수 있다(Seefeldt, Jantz, Galper, and Serock, 1977; Coudin and Alexopoulos, 2010; Bai, Lai, and Guo, 2016).

노년을 단절시키려 하지만, 우리 모두는 사실 노인이 된다. 이런 모순적인 경험 속에서 사람들은 노인 혐오 감정과 더불어 노인이 되는 것을 두려워한다. 자신의 경험에서 가급적이면 노인을 인식하지 않고 노인의 경험과 교차되는 지점을 없애고 단절하려고 하는 것은 사회가 정의한 바대로, 그리고 자신도 무관심으로 동조하는 노인과 같은 존재가 되는 것을 두려워하기 때문이다. 세상은 사람들의 생명 시간을 잰다. 열심히 자기계발을 하고 있는지, 생산성을 유지하고 있는지, 신체적 기능은 건강한지, 양호한지, 상품적 가치가 있는지, 어디 하나 이상이 오면 체크하고, 종합 판단하여 부적격이 되면 퇴적 공간에 내버린다. 그리고 자신이 그와 같은 사회 부적격자가 되어 단절되는 것을 두려워한다.

4. 노년의 경험을 솔직하게 말하고 귀 기울이는 것이 필요한 이유

일상생활에서 노인을 인식하는 양상들은 차별적인 의미들이 많다. 생산성을 기준으로 노년은 비생산적이라고 규정되고, 무능력/의존적이라는 고정관념이 강하고, 권위적이라고 기피되고, 노인의 몸짓이 우월자의 시선에서 희화화된다. 노인 보호의 표시는 거의 동시적으로 분리를 함축하고 있다. 나이 듦의 어떤 표시도 부정적으로 의미되면서 노년의 경험이 숨겨지고 나이 듦을 주체적으로 해석하는 목소리들이 위축된다. 그 결과 나이 듦의 경험에 구성원 모두가 무지하고 공감하지 못한다.

자긍심을 가질 가치가 충분히 있는 인생 경험이 무시되고, 중요하게 여겼던 가치들이 쉽게 무시되는 것을 보면서, 약자화되고 단절되는 압력을 크게 겪으며 지금까지 살아온 인생과 노년의 삶을 적극적으로 통합하기는 어려울 것이다. 성원이라고 인식하지 않아도 그것을 의심하지 않았던 시절을 그리워하며 현실에 분노하기 쉽다. 과거 시절이 더 정 있고 인간미가 있었다고 생각한다. 변화되는 시스템과 사람들의 인심이 낯설고 적응하기 힘들다. 젊음, 건강, 생산성, 성공이 일상의 암묵적인 관심사가 되면서 노쇠의 경험을 솔직하게 이야기하기가 쉽지 않다. 내면의 불안과 갈등을 이야기하고 싶고 공감을 얻고 싶어도 업신여김을 당할까봐 자기 포장을 하기 쉽다. 그럴수록 갈등의 또아리는 더욱 단단해지고, 내면의 갈등과 고통을 누구와도 나누지 못하고 고립된다. 점점 주변화되고 단절되는 것이다.

정체성은 어떻게 사느냐에 따라 좌우되고 지금과 미래를 확신을 갖고 살아가게 하는 버팀목일 수 있다. 정체성을 튼튼하게 하는 것은 만남, 관계, 사건들의 의미를 풍요롭게 하는 것과 다르지 않다. 삶의 경험에 주체적인 의미를 부여하지 않으면 존재의 기반이 무너질 수 있다. 에릭슨은 생애 단계마다 중요하게 성취해야 하는 정체성의 과제들을 제시한다(Erikson, 1968). 아이들은 어느 단계가 되면 부모의 의존에서 독립적인 주체로 성장해야 하고, 청년들은 이미 세상과 기성세대가 만들어 놓은 삶의 방향이 아니라, 스스로 삶의 의미와 가치들을 찾으면서 비로소 독립된 정체성을 가질 수 있다고 강조한다. 노년의 삶을 탄탄하게 하는 과제는 지금까지의 삶의 의미를 통합하는 것이라고 강조한다. 각 생애 단계마다 조건들은 다르겠지만 삶의 의미를 자기 주도로 찾고 실천하는 것이 중요하다. 더 이상 쓸모없다고 인식되고 사회적 역할로부터 단절을 강제당하는 노년에서 삶의 의미를 통합하기를 기대하기 어렵다. 살아오면서 경험했던 모든 것이 의미가 없고 남은 것은 쇠퇴한 몸과 죽음이라고 인식하게 하는 사회 속에서 노년은 스스로 더 이상 쓸모없는 잉여가 된다.

긍정적인 자기 정체성은 환경적인 조건과 자율의지, 책임이 결합되어 이룰 수 있다. 노년이 타자화되고 배제되는 메커니즘을 극복하기 위해서는 소득, 노동, 복지권 등을 인정하고 지원하는 것뿐만 아니라 삶을 통합적으로 해석할 수 있는 의미들이 풍부해지고 용인되어야 한다. 다시 말하여 노년의 삶의 통합은 기능, 생산, 참여의 가치를 노인도 향유할 권리를 인식하는 관점을 넘어 어떤 삶도 주체적으로 통합하고 해석할 수 있는 잠재성에서 제기되어야 한다. 노년 삶의 소외와 차별은 물질적인 조건에서 노년이 겪게 되는 일련의 불평등과 박탈뿐만 아니라, 노년의 경험을 왜곡하는 의미들의 재생산 차원에서도 논의되어야 한다.

따라서 차별과 타자화를 제어할 수 있는 가장 기본적인 시작은 부정된 존재의 경험, 의미들을 주체의 시각으로 다시 해석하고 실천하는 것일 수 있다. 이제 우리 사회 내의 나이 듦에 대한 부정적이고 고정된 시각에서 벗어나 개인마다 부여하는 의미들, 정체성의 고민들, 보이지 않고 들리지 않게 했던 삶의 의미들을 보다 적극적으로 해석할 수 있도록 귀를 기울이고 공감하는 것이 필요하다.

아래부터는 노인, 돌봄 종사자, 노인을 돌보는 가족이 스스로 자신의 경험을 이야기하는 과정에서 나이 듦의 의미를 어떻게 찾고 있는가를 살핀다. 나이 들어 감에 대해 주관적으로 부여하는 의미와 인식을 파악하고 이런 인식이 가능했던 다층적 맥락을 함께 고려하였다. 급속한 고령화와 생산성, 효용 위주의 사회 가치가 사회 구성원으로서의 노인들을 소위 '팽'하는 상황에서, 한국의 노인들은 자신을 어떻게 인식하고 있고, 노년기를 어떻게 겪어 내고 있으며, 노인을 둘러싼 주변 인물들은 이를 어떻게 바라보고 있고, 이 과정에서 나이 듦의 의미를 스스로 어떻게 구성해 나가고 노년에 적응하려고 노력하는지를 살핀다.

5. 인생 다반사의 성찰

누구나 그렇듯이 인생 다반사 뜻대로 되지 않는 일들이 많다. 고난은 누구에게나 비켜 나가지 않지만 파란만장한 인생을 해석하는 태도는 다르다. 보다 나은 존재가 되기 위해 열심히 노력하였다고 자신의 인생을 되돌아보기도 한다. 성실히 살았음에도 사람들에게 당한 억울한 일들이 한두 번이 아니었다고 회고하기도 한다. 인생의 기로의 순간에 조상의 음덕이 작용한다고 믿고 희망이 없는 지금에서도 뭔가 기적 같은 음덕을 베푸시지 않을까 조심스러운 기대를 품는 분도 있다. 그동안의 고달픈 인생에서 이제는 어느 정도 여유가 생겨 노년을 자유롭게 향유하면서 이웃에게 베풀고 미련 없이 삶을 정리하고 싶다는 분이 있다. 한이 많은 인생이었고 지금은 쓸모가 없고 가치가 없다는 분도 있다. 많은 고난 속에서 나락으로 떨어진 경험에서도 다시 일어나 열심히 살았지만 이룬 것이 없고 보잘것없는 인생이 허무하다고 생각하는 분도 있다. 이렇게 인생을 해석하는 태도가 다양하다. 인생에 대한 이야기에서 그 사람의 인생을 대하는 태도와 존재됨을 조금은 가까이 알 수 있다. 삶은 모순과 고통 덩어리임에도 삶의 진정한 가치들을 깨닫게 되는 비유이고 여정이다.

1) 근로 역군, 방위 역군의 앞만 보고 달린 삶에 대한 후회와 원망

해방 이후 50여 년간 한국은 '한강의 기적'이라고 불리는 고도의 성장을 거듭해 왔으며, 그 안에는 근대화의 주역인 지금의 노년 세대가 있다. 사회가 발전을 꿈꾸고 있을 때 청년들은 성공하기 위해, 교육을 받기 위해, 스스로 일어서기 위해 집을 나섰다. 발전을 꿈꾸는 세상에서 가난을 딛고 열심히 공부하여 안정된 가정을 꾸리는 것은 소시민들의 희망이었다. 남성 노인들은 국가 경제와 민족을 위한 역군으로 앞장서 발전을 이룩해 왔다는 자긍심을 갖고 싶어 한다. 하지만 앞만 보고 살아온 인생에 대해 오랜 시간 축적되고 응축된 삶의 후회와 원망의 감정도 비춘다.

1943년생 노인 G는 살아온 삶 자체를 일과 떼어 놓고는 설명할 수가 없었다. 젊은 시절에는 군의 보급창에서 일하다가, 목재회사로 이직해서 열심히 살았고, 이후에는 대기업 생산공장에서 일했다. 지금도 아파트 경비 일을 하며 꾸준히 생산적인 일을 하고 있다. 쉬지 않고 노동한 덕분에 지금은 먹고사는 데 문제가 없고 번듯한 집 2채를 가졌지만, 그 과정에서 배우지 못했던 한(恨), 아내와 함께 돈을 벌었기 때문에 아이들이 한창 공부할 시기에 집에 없어 아들이 제대로 성장하지 못한 것에 대해 아쉬움을 표현하였다. 그 시기에 좀 더 배웠으면 지금은 좀 다르지 않았을까, 아내가 집에서 아이들을 돌봤다면 더 좋지 않았을까.… 유달리 어려웠던 삶을 극복하고자, 그리고 산업화과정에서 근로 역군으로 일하는 것이 당연했던 사회적 분위기 속에서 먹고사는 데만 집착하여 자신이 정말 원했던 것을 알지 못한 것이 아쉽다고 했다.

1948년생 노인 F는 한 직장에서 20년 넘게 주어진 일을 성실하게 하며 살아온 덕분에 3층짜리 단독주택도 마련할 수 있었고, 현재도 빚없이 연금과 아파트 경비 일을 통해 얻는 소득으로 비교적 여유로운 노년의 삶을 살아가고 있다. 어릴 적 고향 사람들로부터 받은 무시, 집안의 쇠퇴, 그로 인해 소년기 배움의 기회를 얻지 못하고 밑바닥 생활을 하였던 데에 대한 서러움과 한이 있지만 그저 주어진 일을 묵묵하게 해내고, 성실하게 일하면서 밥 먹고 살 수 있는 것에 만족하며 살았다. 나이가 들어 자신의 인생을 돌아보았을 때, 자신의 발자취가 뚜렷하게 없다는 것이 못내 허무하다고 한다.

1941년생 노인 C는 자신을 '외골수'라 칭한다. 젊은 시절 방위 역군으로서 23년간 군 생활을 하고, 그 뒤에는 16년간 국방연구소에서 근무하며 국가와 민족을 위해 평생을 바쳤고 모든 것을 그것과 결부시켜 살았다. 당시에는 나름 좋은 선택이라 생각했고, 그 덕분에 노인이 된 지금 연금도 받을 수 있다. 하지만 자신의 인생을 돌아봤을 때 군인이 된 것이 후회스러운 면도 있다고 한다. 여러 직종의 사람들과 만나서 어울렸다면 좀 더 폭넓은 삶을 살았을 텐데 '적과 싸워 이기는 것' 이외에는 아무것도 모르는 자신의 단조로운 삶이 못내 아쉽고 후회된다고 한다.

노인 G

"제가 그렇게 강하진 않지만 살려니까 그렇게 한거죠. 돈에만 집착해서 살다보니까. 남같이 좋은 생활은 못하는 거죠. 직장을 다니더라도 토, 일에 일이 있으면 우선 나부터 나오라 그래요. 그만큼 궂은 일이든 뭐든 누구한테 안빠지고 하니까… 그래서 큰 상처는 배우지 못한 게 큰 상처고… 애들은 한참 배울 때인데 엄마가 집에 있는 것도 큰 벌이하는 것이라고 생각해요. 엄마가 집에서 나오면서 애들을 망쳐버린 게 아닌가 하는 생각이 들어요. 우리 아들이 고등학교 들어가서 한참 공부할 나이인데 엄마, 아버지가 나가면 밤 9시 넘어야 들어오니까. 실업계 가니까 시간이 많으니까 여자고, 남자고 친구들 데리고 와서 집에서 온종일 라면 끓여 먹고, 술 먹고 그러다 들어갈 시간되면 다 가 버리고."

노인 F

"(인생에서 얻은 게 있다면)결혼해서 자녀를 얻은 건 일종의 얻은 거네. 결혼해서 남매를. 근데 뭐 크게 얻었다고 못 하겠네요.… 잃었다는 생각을 하면 어릴 때가 생각이 나고. 왜 그러냐면 나 스스로 공부를 안 했지만 저기만 안 했으면 그래도 공부를 해서 좀 많은 거를 했을 거 같은데. 못 배운 게 좀 그래요. 배우지 못한 게 후회가 돼… (인생은)허무하지. 지나온 거 보면 그렇지. 허무하지… 어떻게 보면은 내 발자취가 뚜렷한 발자취가 없다는 거에요.… 근데 참 사는게 단순하게 살아서 어떤 뚜렷한 뭐 살면서 목표가 없었던거 같아."

노인 C

"너무 외골수 삶을 살았기 때문에 내 삶을 생각할 것이 아무것도 없었어요. 생각할 것이 아무것도 없고, 내가 할 수 있는 일에 책임을 다하면 다 잘 될 것이라고 생각하고 그 일이 무엇이냐면 국가와 민족을 위하는 길밖에 내 책임은 없었어요. 그걸 위해 평생을 살았습니다. 가장 후회스럽다.… 지금 이제 다 내 인생을 평가하면… 내가 군인이 되었다는 거. 군인이 되었다는 게 평생을 군생활을 했으면서도 너무 한스럽다.… 그 당시에는 나는 나름 좋은 선택이었다고 생각했는데 일반 사회 여러 직종과 교류하며 살았다면 좀 더 폭넓은 삶을 살지 않겠느냐. 열중쉬어, 차렷밖에 모르잖아요."

노인 G, 노인 F, 노인 C는 어린 시절 가난하고 외로운 생활을 하였다. 노인 G는 고아였고, 노인 F도 일찍 아버지를 여의고 마을에서 도망치다시피 홀어머니와 고향을 떠나와야 했다. 노인 C는 가난한 집안의 둘째로 태어나 독학하여 군에 복무하고 외골수로 자신의 가족을 일궜다. 노인 B도 선생으로 고향과 재산을 잃은 아버지의 방황을 보면서 성장했다.

한편 나라를 위해, 가족을 위해 열심히 살았는데 제대로 인정을 받지 못하는 것 같아 자신들의 존재감이 흔들리는 것이 서운하다. 다양한 삶을 접하지 못했던 자신을 보기도 한다. 아내, 딸, 아들의 입장에서 보면 노인 A나 노인 B는 무책임한 가장일 수 있다. 집안의 관심과 지원 속에서 사회생활을 시작하였고, 남부럽지 않은 직장생활을 한 적도 있었지만 가정을 스스로 일군다는, 책임을 진다는 마음이 크지 않았다. 노인 A 스스로도 자유로운 생활을 찾으면서 반복된 방탕과 오만이 노년의 외로운 삶과 질환의 원인이라고 인식한다. 고통스럽고 외로운 지금을 잠시라도 벗어나기 위해 젊은 시절에 자유롭게 인생을 누비던 때를 기억한다. 그리고 부모, 아내, 딸, 친구, 고향을 그리워한다.

2) 새로운 싹을 키우는 고목처럼

학교도 오래 다니지 못하고 도움을 구할 사람도 없는 환경에서 운명이나 남을 탓하지 않고 당당하게 인생을 헤쳐 나온 이야기도 있다. 오순희는 세상의 차별적 시선과 관념에 굴복하지 않고 자신의 인생을 살았다. 이제는 웬만한 모진 고난에도 끄떡없을 것 같은, 새로운 싹을 키우는 고목처럼 노년도 새롭게 영글어 간다. 낮은 자세로 자신과 타인을 껴안을 수 있는 인생이 아름다운 노년의 비결인 것 같다.

계모가 아니냐고 이웃이 혀를 내두를 정도로 옛날 우리 어머니는 아들을 편애하고 딸은 시집가면 그만이라고 허드렛일을 마음대로 시키고 구박하였다. 돌봄 종사자 오순희도 어릴 때부터 온갖 거친 일을 하다가 맨몸으로 집을 나섰다. 구박받고 인정받지 못하는 집과 마을에서 나와 보란 듯이 성공하겠다는 꿈을 꿨을 수도 있다. 그러나 척박하고 의지할 곳 없는 도시 생활은 밑바닥 생활과 별로 나은 것이 없었다. 재봉, 공장, 파출부 등 그 시대 하층 여성들의 일들을 전전하다 결혼하였다. 살림을 하고 아이를 키우고 일을 하고 빈번한 외도와 집안 살림에 무책임한 남편 때문에 고통의 나날이었다.

제대로 배우지 못했고 밑바닥에서 이런저런 사람들을 만나고 산전수전 다 겪으면서 굳어진 특유의 촌스러움을 자유롭게 표현하였다. 살면서 즐기고 싶은 것들을 남들의 시선을 의식하며 고상하게 포장하거나 숨기지 않는다. 자신에게 솔직해서인지 겉을 포장한 탐심, 허영, 간사함을 파악할 수 있는 눈을 가진 것 같다. 요양원에서 환자들을 세심히 돌보는 것을 못마땅해 하는 동료들로부터 시집살이 아닌 시집살이를 여러 번 치렀지만 편함보다 어르신의 요구를 우선시하였다. 과거 때문에 지금을 원망하지 말고, 집착하지 않으며 인색하지 않고, 작은 것에 기쁨을 누린다. 자신에게 모질게 군 사람에게도, 그 사람의 험난한 인생에 안타까운 마음이 들어 보듬어 주고 싶어 한다. 인생은 악한 사람은 망하고, 선한 사람은 복을 받는다는 단순한 인과응보의 스토리가 아니다. 계속 힘들고 보잘것없을 수도 있지만 그런 자신과 이웃을 불쌍히 여기고 용서하는 것이 인생의 의미일 수 있다. 자신의 인생 때문에 가까운 이들에게 부담을 주고 싶지 않지만, 자신을 나 몰라라 하지 않으리라는 믿음도 있다. 자유롭게 연애하고 이웃에게 선을 베풀고, 자신의 것을 가급적 적게 남기고 싶다. 건강한 생활습관을 게을리하지 않는다. 병치레를 오래 하고 싶지 않고, 그러기 위해서는 스스로의 노력도 매우 중요하다고 생각한다. 그리고 죽음의 시간이 오면 집착하지 않을 것이라고 한다.

돌봄 종사자 오순희

"내가 또 웃기는 건 홀시아버지랑 시동생을 데리고 살았어요. ○○다녀서 평택에 있다, 청주에 있다 하니까, 일주일에 한 번 오니까, 한 달에 한 번 오다가 하면서 내 속도 많이 썩였었요. 여자 문제로. 자유스러우니까. 시동생은 밥만 먹고 잠만 자. 나오는 걸 잘 못봤어요. 엄마가 안 밉냐고 물어보는데 안밉다 그랬어. 내 자랑이 아니라 지금도 이혼하고 나서도 웬수같지는 않아요. 마음 속으로 어중이떠중이 만나서 잘 살기를 빌지. 그 사람이 잘 살아야 새끼들도 편하지. 나야 끝난 거지만 새끼들은 끝날 수가 없어.… (살아오면서 인생을 이끌어 온 건) 마음관리랑 운동이야. 내가 마음이 힘들었을 때도 운동을 해서 넘어가지 않았나 싶어. 왜냐면 헬스장에서 운동을 하면 고민같은 것도 좀 없어져. (남편이 외도를 해도)옆방 김 씨라고 붙여 놓고 살았어. 마음을 비웠어.… 그러니까 마음이 너무 편하더라고… 그냥 삶의 흐름이라 생각하니까 몰라. 그냥 사는 거야. 과정이 삶의 흐름일 뿐이고 거기에 집착할 필요도 없어. 행복을 위해 즐거운 일이 있다면 도전을 하고, 내일은 더 좋은 일이 있겠지 생각하고. 좋은 일 있겠지 하고 사는 거지. 집착하면 못 살아요. 슬픔도 몇 개월뿐이지 집착하면 못 사는 것 같아."

3) 노년의 시간 속에서 나를 봄

인생의 의미는 계속 반추하고 변화된다. 결코, 종결될 수 없는 의미부여와 의미변경의 과정이다. 일상에 겪게 되는 많은 일과 문제들에 집착하면 인생의 경험을 깊이 해석할 여유를 갖지 못한다. 흔히들 노년은 과거의 의미에 갇혀 있다고 생각하지만 노년은 과거, 현재, 미래의 삶의 의미를 통합할 수 있는 여유로운 시간관념을 가질 수 있다.

복잡한 삶에서 단순한 삶으로 변화되면 여유가 생긴다. 단순한 삶이 무료해 보일 수도 있지만 잡다한 걱정과 욕심을 내려놓고 삶의 전체를 회고하면서 마무리를 구상할 수 있는 '시간의 배려'가 주어진다. 여유의 시간 속에서 몸은 노화되지만, 인생을 굽이굽이 지나오면서 성숙해져 있는 자신을 재발견하게 된다. 삶의 길목 곳곳에서 받은 상처와 시련도 자신을 위한 교훈으로 승화시켜 받아들이기도 하고, 자신을 힘들게 한 타인들을 용서하기도 하고, 젊은 시절에는 한참 모자라 보이고 안됐기만 했던 자신을 보듬어 주기도 한다.

젊은 시절, 변두리 극장식 바에서 전자 오르간 연주를 하는 '딴따라' 생활을 하며 매일같이 밤새도록 술을 마셨다던, 그래서 아내와 이혼까지 했다는 노인 B는 늙어서야 자신이 철이 든 것 같다고 멋쩍게 웃어 보였다. 자신이 생각해도 화려한 생활을 했던 젊은 시절을 회상하며, 그때부터 자신이 늙는다는 걸 깨달아야 괜찮은 삶을 살 수 있는 것 같다고 이야기하는 모습에서 성찰과 자기수용의 모습을 볼 수 있었다.

노인 A는 이명, 어지럼증, 고혈압, 오십견 등 생활의 어려움 속에서 다양한 질병에 고통받고 있었다. 몸이 안 좋아 고통이 심할 때면 세상을 등지고 싶은 마음이 자주 들 정도라고 한다. 하지만 그 고통 속에서 고통을 스스로 쓰다듬으며 극복해 나가고, 나아가 다른 사람을 배려할 수 있게 되었다고 한다. 중환자실에 입원했을 때, 본인은 걸어 다닐 수 있어, 거동이 불편한 옆 환자를 위해 청소도 해 주고, 부축해 주기도 하고, 식사를 안 하면 죽도 사다 먹여 주면서 걷지 못하는 것이 얼마나 힘든 것인가를 비로소 이해할 수 있게 되었다고 한다. 아픈 사람의 마음은 아픈 사람이 느낄 수 있다고 말하듯이, 아프고 불완전하지만 그런 자신을 안아 주고 자신과 비슷한 아픈 사람을 안아 줄 수 있는 배려심을 갖추게 된 것이다. 젊은 시절, 아내와 사소한 싸움으로 홧김에 이혼하여 치기 어린 마음에 모든 연락도 무시한 채 살아온 모습과는 사뭇 대조적으로 느껴진다.

노인 B

"젊었을 때는 음악을 좀 했었어요. 딴따라. 전자 오르간… 지금은 안 하지 늙어서 뭐. 그리고 지금은 안 되는 게 극장식 바가 없어지고 룸살롱이 많이 생겼잖아요. 포터블 오르간이 있어요. 그때는 한 시간에 4~5만 원 받았거든. 룸살롱에서. 그때 마누라 속을 많이 썩였지. 거기서 저녁에 술을 안 먹을 수가 없어요. 연주하는데… 그거 안 먹을 수도 없고. 그러면 저녁에 거기서 끝나고 집에 가면 되는데 친구들이랑 또 같이 포장마차 가서 새벽까지 먹고. 그러니 그게 여자가 이혼하자고 안 하겠어… 혼자 살 때 법원에서 뭐가 날아왔더라고. 이혼 서류에 도장찍어 달라고. 그때 애가 장가를 안 갔어요. 안 갔는데 전화해서 애 결혼시키고 하면 안 되겠냐 했더니 지금 해달래요. 그래서 내가 싸인해서 줘 버렸지. 그때 가서도 내가 좀 미안하다 그러고 그랬으면. 근데 그게 또 싫었거든. 젊었을 때는 화려한 생활을 했지 좀. 여자도 많이 따르고 그랬지… 그때는 내가 늙는다는 생각을 안 했죠. 근데 지금은 거울을 보면은 아. 내가 사진을 보니까는 많이 늙었어. 얼굴이 아후 뭐 별로 안 늙은 것 같은데 딱 보니까 늙었어."

노인 A

"지나온 과거가 즐거울 때도 있었고, 슬플 때도 있었고, 참담할 때도 느끼고 그러는데, 지금 이제 제가 현재 당장 소중한 것은 물질적인 것은 말할 것 없지만은 제발 좀 이제 옛날처럼 아프지 않고 건강할 때 모습으로 산다면, 돈은 있다가도 없고 없다가도 있고… 근데 제가 아파보니까 건강이 제일 소중하다.… 정말 힘들죠. 밤에 갑자기 아프고 그럴 때는… 제가 슬기롭게 받아들여야지 안 그러면 당장도 못 살죠. 지금 이 순간도 아프지 않으니까 행복해요. 갑자기 아픔이 올까봐 걱정이 돼요.… 제가 아파보니까 남에 대한 배려가 깊어져요. 그리고 이제 병원에서도 중환자실에 있으니까 그래도 전 걸어 다닐 수 있으니까 남을 위해 청소도 해 주고, 다른 사람 잡아 주기도 하고, 그분들이 좋아하기도 하고, 그분들이 밥을 전혀 안 드시니까 식사 안 하시면 손 안 잡아 주겠다고 하면서 죽 사다가도 먹여 드리고. 그러니까 이렇게 남의 고통이 내가 좀 더 알게 되고. 지팡이는 아직 안 짚고 다니니까. 새삼스레 그분이 걷지 못하는 게 얼마나 힘들지. 배려심이 생기고. 다시 한 번 쳐다보고. 길 가다가도 손 잡아 주기도 하고 그러거든요."

사회 심리학자 에릭슨(Erikson, 1968)의 정체성 논의를 다시 한 번 생각해 본다. 노년기는 신체적 노쇠와 사회적 후퇴로 인한 상실의 상처를 어떻게 치유하고 적응해 갈 것인가가 정신적 안녕에 중요하다. 지난 인생의 경험을 수용하고 죽음에 큰 두려움 없이 직면할 수 있는 의지와 내적인 힘이 중요하다. 아집, 고집스러운 모습보다는 자신의 삶을 되돌아보고 있는 그대로의 자신을 끌어안아 주는 것이 노년의 안녕에 중요함을 인터뷰 사례에서도 확인할 수 있었다. 삶을 적극적으로 끌어안지 못하면 절망하게 되고 죽음에 두려움을 느껴 무의미한 노년을 살아가게 된다. 지나온 삶, 현재, 미래의 삶을 적극적으로 끌어안지 못하면 다시 시작하기에는 너무 늦었다는 포기와 자신의 결함을 남의 탓으로 외부에 투사한다. 어떤 삶도 스스로에게 책임이 있음을 부인하려 한다. 삶을 끌어안는 것은 모든 개인의 과제이지만 환경의 영향을 무시할 수 없다. 상실, 실패, 불완전함을 끌어안는 가난한 마음을 서로가 공유하는 것이 중요하다. 노년기는 젊음과 대립된 단절된 시기가 아닌 연속된 삶의 일부를 살아가는 시기다. 누구나 늙어 가는 존재라는 것을 깨달으며 상실, 실패, 불완전함을 끌어안는 것이 중요하다. 노년이 줄 수 있는 풍부한 경험과 연륜을 인정해 주고, 노인들 역시 그것을 내세우는 것이 아닌 필요한 곳에 나눌 수 있을 때, 보다 나이 듦에 있어 편안한 눈짓과 대화가 가능할 수 있다.

노인 D는 6·25 전쟁을 겪으며 8살 때 공산당이 자신의 눈앞에서 아버지를 죽이는 것을 목격하고, 배곯으며 어렵게 공부해서 학교 선생님으로 평생을 살다가 이제는 지체장애 1급인 성인 자녀를 돌보면서 동시에 웰다잉 강사로 활동하며 살아가고 있다. 젊었을 때는 나에게 왜 이런 시련이 왔을까 원망으로 세월을 보내고 자살 시도도 했지만, 오히려 지금은 하루하루가 행복하고 기쁘다고 한다. 행복을 좇기보다는 성실하게 살아가려고 노력했는데, 시련의 경험들이 켜켜이 쌓이고 쌓여 성숙해지고, 감정의 기복으로부터 조율하는 힘을 기를 수 있었다. 겉으로 보기엔 꼬이고 비극적인 인생이라고 평가할 수도 있지만, 오히려 고난의 경험이 자신의 삶을, 그리고 장애가 있는 딸의 삶을 이해하는 기반이 되었다. 그녀는 나이가 들어 가는 경험에 대해 마음이 느긋해지고, 주변 사람들과 원만하게 지낼 수 있게 됐다고 한다. 젊었을 때는 아닌 건 아니라고 따져야 속이 시원했다면, 그동안의 경험을 통해 '얼굴이 다르듯이 생각도 다 다르다.'라고 생각하게 된 여유와 관용이 나이가 들어 가면서 발현된 것이다.

노인 D

"저는 아버님이 목사셨는데 6·25때 순교하셨어요. 그래서 잊지 못할 것, 기억에 남는 것 물어보면 6·25때에요. 제가 8살이었거든요. 아버지가 그때 공산당에게 죽임을 당한 모습을 다 봤거든요.… (아버지가 돌아가시고 어머님이 고생을)엄청 하셨죠. 제가 알죠. 저도 같이 고생했죠. 배곯는 건 보통이었고 크면서도 제가 우리 자녀들한테는 이런 상황은 주지 말아야겠다.… 저는 일부러 후회, 불만 이런 건 안 하려고 해요. 그래서 웬만한 일을 긍정적으로 생각을 하자. 그래서 우리 남편도 속상한 일이 있어도. 그건 이런 방법으로 생각해 보자 그냥 이렇게하고. 둘이 그런게 뜻이 맞아요.… 살면서 6·25, 4·19, IMF 등 너무 많은 걸 겪으면서 행복보다는 그저 열심히 살아야겠다는 것밖에 없어요. 열심히, 성실하게. 그래도 이렇게 각박하지만 사랑하면서 살자.… 그게 제 삶의 의미고, 목표에요.… (장애인 딸을 키우면서) 배우는 게 너무 많죠.… 처음에는 상당히 갈등이 많았죠. 왜 나한테 이런 일이 생겼을까. 제가 교회를 다니고 있어요. 견딜 만한 사람에게 이런 아이를 맡긴다고 성경에 되어 있는데, 나는 견딜 수가 없는데 왜 나를 택하였을까.… 20년을 갈등했어요. 같이 죽자고 자살 기도도 한 번 해 봤고 그랬죠. 근데 지나고 나니까 내가 참 어리석었구나. 얘도 참 소중한 생명인데. 말은 못해도 자기가 얼마나 하고 싶은 말이 많을 텐데. 이제 눈만 봐도 알겠는데. 계기가 있었죠. 처음부터는 아니에요. 한 20년을 나와의 싸움, 걔와의 싸움, 나 스스로에 대한 학대 이러면서도 그거를 이제 그 다음에 이겼죠.… 세월이 가면서. 걔를 보면서 느끼게 되더라고요."

6. 타자화와 단절의 경험

1) 준비 없이 찾아온 쉼 : 여전히 쓸모 있는 존재가 되고 싶은 욕구와 좌절

잘살기 위해선 열심히 일하고 자식들을 잘 키워야 한다고 의심치 않았던 노인들이 노동활동을 쉰다는 것은 자신의 존재가치를 증명할 수 없다는 것과 같은 의미로, 일을 그만둔다는 것이 쉽지 않아 보였다. 경제적 주체로서 생산성을 잃어 가는 것뿐 아니라 본인의 생활에서 독립성과 자율성을 잃어 가게 되는 것에 대해 서글픔을 표현하였다. 30년 넘게 규칙적으로 일터에 나가 일을 하며 바쁘게 살아온 노인들에게 준비 없이 찾아온 쉼은 노인들을 심적으로 힘들게 만들고 있었다.

노인종합복지관에서 노인 일자리 지원 업무를 담당하는 돌봄 종사자 염지은은 노인들이 생활비를 벌기 위해 일을 하고 싶다고도 하지만, 자신을 필요로 하는 곳이 있고 그곳에서 역할을 할 때 얻는 보람을 중요시한다고 했다. 인터뷰에 참여한 노인들 역시 일하는 것이 자신의 존재를 인정받고 하루하루를 보람 있게 보내고 살아 있다고 느끼게 한다고 설명한다. 요양보호사로 활동하는 63세 돌봄 종사자 오순희는 일을 통해 경제적 보탬도 되지만, 근무지에서 웃기도 하고 힘들기도 하면서 일과가 있다는 것 자체로 활력을 느끼고 있었다. 자신의 업무에 최선을 다하고 퇴근할 때 기분이 좋고 보람이 있고, 특별한 것 없이도 그것 자체로 기분이 좋다고 한다.

78세인 노인 D는 얼마든지 일을 할 수 있는데 일자리를 주지 않는 사회를 비판했다. 요양보호사를 비롯해 10개 정도의 자격증을 따고, 교통비 1만 원을 받고 노인대학, 복지관, 경로당 등에서 웰다잉 강사로 활동하고 있는데, 교통비 1만 원은 중요한 것이 아니라고 했다. 노년기에는 특히나 일, 그 자체가 경제활동이면서 사회참여활동이 되고 있고, 이를 통해 자신의 존재가치, 자신이 필요한 존재라고 인식하게 된다.

돌봄 종사자 염지은

"활기차고, 생산적인 삶을 사는 어르신들, 어르신들이 사실 복지서비스를 받으려고 오는 분이신데, 수혜 어르신도 있으시지만 다시 기여하시는 어르신도 계시거든요. 재능 나눔이 됐던, 봉사가 됐던… 어르신들이 일할 수 있는 게 공공일자리가 있고, 근로하는 것처럼 재취업하시는 경우가 있어요.… 한 달에 30시간 소활동을 하시고 한 달에 27만 원을 벌수 있는. 경제적인 비용도 조금 창출해 내시고, 사회참여를 하시기도 하는 그런 활동인 거면 취업은 말 그대로 제 2의 인생인 거죠. 퇴직하신 이후에 또 다시 다른 직장에서 새로운 일로 경제적인 창출과 더불어 사회참여를 할 수 있는 영역이긴 한데 조금 차이가 있죠.… 어르신들이 고령이다 보니까 할 수 있는 일이 제한되어 있잖아요.… 저희는 '○○나눔단'이라고 어르신들로 구성된 자원봉사단이 이미 2000년부터 있고요. 내가 가진 것들을 조금 나누면서 살고 싶다 하시는 분들은 소소하지만 꾸준히 활동하시는 분들이 굉장히 많이 계시죠.… 좀 젊은 어르신들은 활동, 역할, 이런 걸 이야기하시죠. 조금이라도 벌 수 있으면 번다든지. 경제적으로 활동하지 않더라도 나를 필요로 하는 사람들한테 무언가를 해 준다든지. 그런 걸 통해서 얻는 보람이라든지. 그런 걸 중요시하세요."

노인 D

"바람은 끝까지 늙어도 일거리가 있어야 건강하고 행복하게 살 수 있다는 거에요. 뭔가 몰두할 수 있는 데가 있어야 해요.… 일이 있어서, 나를 찾아 주는 데가 있어서, 그것도 찾아 준다는 건 맡긴 부분에서 충실하고 절실할 때 또 일이 들어오는 거거든요. 여기서 일 하다 보면 다른 복지관에서도 연결되서 일을 하고, 그러니까 여기저기 가게 되는 거죠. 그것도 감사한 거죠. 언제나 내 삶은 열심, 성실, 정직."

2018년 한국노인인력개발원의 '인력실태조사'에 따르면, 노인 일자리 사업에 참여하기를 원하는 노인은 119만 5천 명에 달했지만, 노인 일자리 수요 충족률은 42.7%로 일자리 사업 참여 희망 노인의 절반도 충족시키고 있지 못했다(한국노인인력개발원, 2018). 일자리 단가는 평균 월 27만 원 수준이다. 노인 일자리는 양적인 면에서도, 질적인 면에서도 턱없이 부족한 상황이다.

인터뷰에 참여한 노인들은 나이기 들수록 일을 할 수 있는 곳은 한계가 있고, 자신들을 불러 주는 곳이 없다는 것을 스스로 알고 있었다. 그러므로 보수가 많고 안정적인 일을 바라는 것은 아니었다. 비록 임금이 적더라도 참여자들의 능력과 경력, 연륜을 인정받을 수 있는 일을 원한다. 일을 통해 타인뿐만 아니라 스스로에게도 인정받고 보람을 느끼는 경험이 중요하였다. 아직 필요하고 유용한 존재임을 느낄 수 있는 게 중요하다. 나눠 주기 식 일자리 사업보다는 노인의 적성과 경력에 맞는 일자리 창출을 통해 노인들도 사회의 중요한 인력자원으로 쓰일 수 있기를 기대하였다. 정부도 노년의 경제활동참여 욕구, 소득보조 효과 등을 고려하여 노년의 일자리 지원 사업을 추진하고 있다. 그러나 노년 일자리 사업이 저소득층의 공공근로 사업의 연장이어서 대상자가 소득, 연령 기준으로 제한이 있고, 대부분 한시적 일자리에 그친다.

2) 불안정한 생계에서 오는 불안

나이 들고 건강이 좋지 않아 일할 수 없는 참여자들은 경제적으로 어려워지는 것을 경험하였다. 통계청의『2018 고령자 통계』에 따르면, 2017년 한국의 노인빈곤율은 OECD 회원국의 평균 노인빈곤율 12.6%의 4배인 49.6%에 달하고, 66~75세의 빈곤율은 42.7%, 76세 이상의 빈곤율은 60.2%를 차지하고 있어, 고령에서의 빈곤 위험의 심각성을 가름할 수 있다(통계청, 2018). 근로 및 사업 소득, 연금이나 퇴직급여 등 본인이나 배우자의 소득에 의존하는 노인의 비율은 2002년 55.9%에서 2018년에는 69.9%로 증가했지만, 공적인 소득보장의 기회는 여전히 제한된 상황이다. 2018년 55세 이상 79세 이하 노인의 월평균 연금 수령액은 평균 57만 원이다(통계청, 2018). 자녀 또는 친척 지원의 비율은 이 기간에 39.2%에서 25.7%로 감소했다.

고령이 되어 가난한 것은 남의 일이겠거니 치부할 수도 있지만, 우리 주변의 이웃과 자신의 상황도 크게 다르지 않을 수 있다. 현재 빈곤한 노인 중에는 열심히 살았지만 가난하게 된 경우가 많다. 가족생활이 깨지게 되어 생활이 불안해지거나, 조기퇴직 이후 대안의 생활수단을 찾다가 연이은 사업 실패로 몸과 마음이 다 망가진 경우도 존재한다. 한때는 잘 나갔는데 자신이 이렇게 될 줄 몰랐다는 고백을 겸허하게 들을 수 있어야겠다. 기초생활 보장 수급자로 지내는 노인 A의 경우 좋은 직장, 높은 소득을 받는 직장생활도 하였지만 차츰 생활의 안정성이 깨지면서 건강과 일자리를 다 잃게 되었다. 친구들도 만나고, 사회생활도 하려면 하루 2만 원은 우습게 나가는데 이마저 안정적으로 확보하기가 어렵다. 건강상의 이유로 더 일할 수 없을 때 집주인과 이웃이 열심히 사는 어르신을 보고 동사무소에 연락했고, 수급자가 되어 받는 돈은 70만 원 정도다. 그런데 이마저도 지금 사는 작은 방의 월

세 28만 원을 지급하고, 이전에 체납된 일당을 제외하고 나면 손에 쥐어지는 돈은 얼마 없다. 건강이 안 좋으니 일을 할 수 없고, 일을 할 수 없으니 사회생활까지 단절되면서 불안감은 점점 가중되고 있었다. 자식도, 사회도, 자기 자신도 도울 수 없는 현실이 암담하고 한숨만 나온다. 독거노인 생활관리사인 돌봄 종사자 박영숙도 노인들은 경제적 지원을 가장 원하고 있으며, 자식들이 직장에 다니면서도 부양을 안 하고, 연락이 안 되는 경우 어떻게 해결 방법이 없어 안타깝다고 했다.

노인 B

"생활비? 생활비가 아침에 계란 하나… 생활비가 글쎄 돈으로 따지면 어떻게 따질지 모르겠는데 고기 40g 사면 3천 원? 만 원짜리 팩 하나 사면 3~4일 먹고. 한 돈 만 원 들어가니… (약값은)그건 3개월에 한 번 들어가니까 그거 총해서 50만 원… 그러면 돈 많이 들지. 지금 잘 먹을래야 잘 먹을 수도 없고… 그러니까 부족하다 생각은 안 해. 원래도 많이 먹지도 않았고. 지금은 가뜩이나 병 생기다 보니까… 그래요."

노인 A

"아프다 보니까 제가 현장에 가서 일을 할 수가 없고. 도저히 이거는 뭐… 뭐… 제가 감당할 수가 없는 거에요. 그래서 그때 이제 그, 음 (머뭇거리며) 제가 살고 있는 집 주인 아드님께서 주변에 이제 이웃들이 아저씨 이렇게 하면 안 되니까, 열심히 살려고 하는데 몸 다 버리고 하면 안 된다고 하면서 신고를 했는가 봐요. 그래서 동사무소 직원분도 오고, 팀장이라는 분도 오고, 119도 오고 이렇게 해서… 이제 한 2년 됐어요. 7월 달이면 2년 되네요. 여기 산 지가 2년 됐으니까. 그러니까 어떻게 되냐 하면, 수급자가 되면 70만

원이 나오게 됩니다. 그런데 제가 에… 지금 노인연금이라 해서 25만 원 나와요. 그러면 25만 원 나오기 때문에 70만 원이 되지 않아요. 그리고… 거기서 이제 지금 현재 수급자 나오는 것은… 방세가 28만 원 나가니까. 20일날 이제 나오는 날인데, 오늘 방세 나가고 나면 제가 남는 돈은 12만 원 정도 남아요.… (돈을 더 벌기 위해서 일을) 할 수 있으면 하겠는데 하루라도 일을 제가 못합니다. 그저께 제가 일을 갔는데, 가고 나면 며칠간 아무 일도 못하고 집에 있고. 뒷골이 댕기고 어지럽고. 그리고 현재 현장에 일이 없습니다. 작업 자체가 없어요. 그러니까 기존에 있는 몇 사람 나가고, 저는 이제 예전에 아는 사장이니까. 일을 하루씩 가면은 시켜주기는 하는데 제가 몸 상태가 그러니까 하지를 못해요. 현재 그런 상태입니다.… (일을 하다가 쓰러져서 건강검진을 하기 위해서) 저 CT는 얼마 전에 보라매 병원에서도 찍고, MRI 찍자고 하는 건 찍지 못하고. 개인사정이 있어서… 그건 정부에서 도움을 받는 게 있고 아닌 게 있어서 찍지 못하는 상태고 그렇습니다만은… 건강검진을 아까 말씀하셨는데 국가에서 1년에 한 번 무료검진을 했습니다. 하고 나니까 어… 특별한 어디에 뭐, 그거는 또 일부분만 해요. 전체가 안 되고."

돌봄 종사자 박영숙

"제가 독거 어르신분들 만나 보면 왕년에 이랬다 하는 분들이 많아요. 정말 크게 사업했던 분들, 집 몇 채씩 갖고 있던 분들도 많은데 그분이 수급자가 되어 있는 경우가 많아요. 아이러니하게도 한 순간에 확 무너져서 수급자가 되어 있는 거에요.… 그게 보니까 마음만 있어서 되는 게 아니라 죽기 전까지 물질이 따라야 되는 거더라구요. 왜냐면 마지막까지 요양원이나 이런 데를 가더라도 돈이 필요한 거잖아요. 그런 걸 미리 준비해 놓고 이걸 쓰라고 통장 하나 만들어 놓지 않는 이상 보험이 있어야 되는 거잖아요. 어르신들이 왕년에 잘 나갔다가도 한순간에 수급자되는 거 보면서 사람 일은 모르는 거구나 싶더라구요.… (생활관리사로 어려운 점은)이게 복지서비스잖아요. 경제적인 지원을 해 줄 수가 없어요. 그게 제일 안타까워요. 경제적으로 호소를 하는데 내가 해 줄 수가 없어요. 경제적인 건 동사무소나 구청을 통해야 하는데 우리는 어르신들 말만 딱 믿고 그분들이 돈도 하나도 없다고 하면 그분들 손잡고 동사무소가요. 가서 사회복지 담당한테 이 어르신을 어떻게 구제할 수 있는 방법을 알려 달라고 하면. 뭔가 발견되는 부분들이 생겨나요. 자식들은 직장생활하고 있는데, 부모를 부양 안 하고, 근데 자식들한테 전화를 할 수 없잖아요. 그런 게 가장 난처한 문제에요.… 어르신들이 가장 원하는 게 경제적 지원인거죠."

3) 소외감, 외로움, 무료함

2017년 보건복지부가 발간한 『노인실태조사』에 따르면 노인 약 10명 중 7명은 실제로 자녀와 동거하지 않았고, 10명 중 6명은 거동이 불편해도 살던 곳에서 여생을 마치고 싶어 했다(보건복지부, 2017). 노인들 자신도 꼭 자식과 함께 사는 삶을 추구하기보다는 자신의 삶을 살아가기를 원하는 추이를 볼 수 있는 대목이다. 하지만 늙어 감에 대해 쓸쓸함, 고독함, 외로움이라는 정서가 커지는 배경이기도 하다. 2008년과 비교할 때 친인척, 친구, 이웃과 연락하는 비율이 감소했으며, 자녀와 주 1회 이상 왕래하는 비율도 떨어져 2017년에는 38.0%에 그쳤다. 나아가 85세 이상과 저소득 노인층에서는 혼자 살면서 간호 문제, 경제적 불안감, 심리적 불안감으로 어려움을 겪는다는 응답이 많았다.

2020년 코로나 팬데믹으로 사회적 거리가 일상화되면서 용무 때문에라도 유지되었던 만남들이 뚝뚝 끊어졌다. 집에서 홀로 있는 시간이 길어지면서 한동안은 여유를 가지면서 자유로운 시간을 보낼 수 있다는 기대도 있었다. 그런데 사회적 거리 두기가 장기화되면서 혼자의 힘만으로 균형적 삶을 살기가 매우 어렵다는 것을 알았다. 일상의 관계가 장기적으로 약화되면서 존재 감각이 허물어졌다. 무엇보다 명확하다고 생각했던 자신의 존재가 상호작용 밖에서는 유지되기 어려움을 실감했다. 밖의 시선과 만남이 하나둘씩 사라지면서 온전히 자신의 의지대로 살 수 있는 물리적 공간에서 자유보다는 갇힘을 느꼈고 존재감과 삶의 의미를 찾기가 어려웠다. 교류가 끊어지면서 세상이 희미해졌다. 관계의 단절이 정체성, 자존감, 안녕, 사회의 지속성에 부정적으로 영향을 미친다는 인식은 단순히 개인적인 경험이 아니다.

선행연구들은 가족 또는 주변 사람들과의 관계 단절은 심리적 위축이나 고독감을 느끼게 하며, 자아 정체감 및 자존감을 감소시킨다는 것을 밝히고 있다. 관계의 상실은 노인의 자아통합감, 주관적 안녕에 부정적인 영향을 미친다(김후경 · 이순철 · 오주석, 2007; 윤훈 · 이순철 · 오주석, 2007). 상실감 또는 우울 등 노인들의 심리적 문제는 독거노인이나 가족의 사회적 지지가 낮으면 더 심해지는 것으로 나타났다(정태연 · 조은영, 2005).

인터뷰에 참여한 노인 역시 상대적으로 평소에 감정 표현이 다소 어색하지만 외로움과 쓸쓸함, 고독함의 정서가 인터뷰 상황에서도 그대로 보이는 대목이 많았다. 일평생 자신의 친부모를 찾아 헤맨 노인 G의 경우, 일상생활 속에서 외로움을 느낀다고 답변하기도 했고, 노인 A는 먼저 고인이 된 친구에 대한 그리움을 드러내기도 했다. 25년 전 이혼하고 혼자 살고 있다는 노인 B는 아들과도 연락을 자주 하지 않는다고 했다. 얼마 전 생일 때, 아들이 연락이 와서 같이 식사하자고 했는데 약속이 있다고 핑계를 대고 만나지 않았다면서 말끝을 흐리다가 눈물이 터져 나왔다. 인터뷰 초반에 평소에 슬픔, 외로움, 기쁨 등 감정을 잘 느끼지 못한다며 평온한 것 같았지만 아련한 외로움과 고독함이 느껴졌다. 아쉬운 말을 나눌 상대가 없이 혼자 살면서 감각이 무뎌졌다고 생각했었다. 외롭지 않다고 생각했고 외롭다는 말도 하지 않았지만 눈물이 흘러내렸다. 사실은 누군가에게 기대고 싶고 함께하고 싶은 마음이지 않을까.

생활의 궁핍만큼 아니 그보다 살아가기 어렵게 하는 것이 친밀성의 상실일 수 있다. 2020년 2학기 기말 학생 리포트를 읽으면서 안타까운 이야기를 접했다. 홀로 사는 할머니가 자신도 힘든 몸인데 개를 여섯 마리 키우다가 영양실조로 병원에 이송된 일이다. 입원 중에 할머니가 식사를 거부하였는데 남겨진 개들 걱정 때문이었단다. 강아지들이 잘 입양되었다고 전하니 그제서야 식사를 하였는데 얼마 안 있어 치매가 심해졌다는 이야기다. 아마도 강아지를 돌보는 과정에서 친밀성을 나누고 강아지들로부터 무한한 존재 인정을 받았을 것이다. 자신을 알아주는 타자들과 헤어지게 되면서 자신의 존재도 잃어버린 것이 아닐까.

4) 노인을 바라보는 일반적인 시선 : 수동성, 고집과 아집

노인 인구가 폭발적으로 증가한 시대를 살고 있음에도 한국 사회는 노인, 노화, 나이 듦을 반기지 않는다. 인터뷰에 참여한 청장년층 돌봄 종사자도 노인과 소통이 어렵다는 점을 지적하며 늙어 감에 대한 부정적인 인식을 드러냈다. 청년층이면서 돌봄 종사자인 정지혜는 '무학이면서 여성인 노인'과 소통이 가장 어렵다고 답했으며, 이들에게 행정적으로 안 되는 일과 되는 일을 설명하는 것이 업무 중 가장 힘든 부분이라고 했다. 2018년 국가인권위원회가 발간한 『노인인권종합보고서』에 따르면, 5월부터 11월까지 7개월 동안 노인(만 65세 이상) 1,000명과 청장년(만 19세부터 64세 이하) 500명을 대상으로 한 설문조사 결과 노인의 40.4%가 세대 간 소통이 어렵다고 답변한 반면, 청장년층은 90%가 어렵다고 답했다(국가인권위원회, 2018). 대체로 노인의 고집과 아집이 있는 모습, 도덕성이 떨어지는 모습, 젊은 세대를 존중하지 않는 모습 등을 마주했을 때 늙어 감에 대해 부정적인 타자화된 인식을 형성했다는 점이 인터뷰에서도 드러났다.

돌봄 종사자 정지혜

"어르신들하고 상담하다 보면 되는 게 있고, 안 되는 게 있는데 그 안 되는 걸 설명하는 게 너무 어려운 거에요. 성으로 굳이 따지고 싶지는 않은데 차이를 본다면 사회생활을 해 보신 남자 어르신의 경우에는 왜 안 되는지 이해를 하세요. 사회생활을 해 봤기 때문에. 일목요연하게 설명을 드리면 이해를 하시는데, 사회생활을 못 해 보신 여자 어르신 같은 경우는 얘가 안 된다고. 얘가 안 되게 시켜버리는 거라고. 억지를 부리시는 거죠."

젊은 세대는 일반적으로 노인 세대보다 교육 수준이 높다. 교육 수준의 차이 및 세대 간의 사고방식 및 행동 양식의 차이는 세대 간의 갈등 및 대화의 단절을 가져오며, 결과적으로 노인 집단의 심리적 고립감과 소외감이 더 커질 수밖에 없는 것도 사실이다. 최근에 사회적으로 '틀딱'과 같은 혐오 표현이 등장할 정도로 노년에 대한 부정적 인식이 공공연한데 노년기에 대한 부정적 인식은 세대 갈등과 연령차별을 재생산한다. 이를 개선하기 위해 돌봄 종사자 백영호는 최근 많은 복지기관이 노인 인식 개선 사업을 펼치고 있다고 말하였다. 우선적으로 실행하고 있는 것은 노인 스스로가 자정적인 노력을 하며 품위 있게 나이 들어갈 수 있도록 모범을 보이는 것이라고 말한다. 이에 해당 동에서는 화단에 채소 심고 주변 이웃에게 나눠 주기, 노인 주거시설의 주차장을 무료로 이용하기 등을 실행하였다. 주변인에게 피해 끼치지 않도록 사소하지만 더불어 살아가는 데 필요한 예의를 주의하고 실천하는 노력도 필요하지만, 차별의 시선과 언어를 함부로 휘두르는 우리 모두의 자성과 개선이 더 근본적일 수 있다.

돌봄 종사자 백영호

"A구는 노인주택 들어올 때 일부 반발하기는 했어요. 이제는 그런 거 많이 없어요. 왜냐면 어르신들이 자체적으로 자치회가 있는데 회의를 한 거에요. 어떻게 했냐. 우리할 거 뭐 있냐 청소나 하자 하면서 아침에 일찍 일어나서 나와서 그 집주변 다 청소해요. 그리고 어르신들 또 주차공간이 있는데 자기들 차가 어딨어요. 그러니까 이웃들 주차하라고 허락했어요. 그냥 하기 뭐하니까 하루에 1000원. 지역 주민들은 주차하기가 어려우니까 좋죠. 근데 그런 분들이 건강하기보다는 다 지병이 있어요. 그럼에도 불구하고 할 수 있으니까 협조해서 하는 거고. 밖에 다 보이게 이상한 빨래 안 널고. 서로가 자정적인 노력을 하는 겁니다. 옥상에 화단 키워서 상추 따서 평소 잘해 주는 이웃에게 찾아가서 나눠 주고."

얼마 전 모친이 아이스크림 무인 판매 가게에서 직접 구매하고 엄청 기분 좋아했던 일이 있었다. 폭염이 이어지는 가운데 시원한 아이스크림을 먹고 싶어 가게에 가보니 사람이 없고 기계로 결제를 하게 되어 있어 그냥 돌아왔다고 전화로 들었다. 집에 내려간 김에 모친과 점포에 들러 먹고 싶은 아이스크림을 담아 하나씩 기계에 대고 체크하고 결제하는 방법을 보여줬다. 시범을 보여주면서도 글자 독해가 어려운 어르신들에게는 이용하기가 어려울 것이라 생각했었다. 며칠 뒤 전화 통화에 모친이 혼자 무인 결제를 하고 아이스크림을 샀다고 자신감 있게 이야기했다. 스스로 해냈다는 데 엄청 자긍심을 느낀 것 같아 기분이 좋았다.

급속하게 디지털로 전환되는 가운데 디지털 격차에 대한 우려가 커지고 있다. 금융서비스, 일반 생활용품의 구매, 진료 예약, 교통 이용 등 모든 것이 편리하고 신속하게 변화되는 시스템에 적응하지 못하면 필요한 서비스를 구하기가 어려워진다. 점점 사회시스템에 낯설고 서비스를 이용할 수 없게 되면 아둔하고 폐쇄적이며 고집스러운 존재가 되기 쉽다. 아둔한 자를 만드는 사회시스템보다 누구나 자유롭게 필요한 것을 이용할 수 있게 친절하게 안내해 주는 시스템에서 집단 간 소통이 자유롭고 체제도 원활하게 지속될 수 있다.

나이 듦의 의미는 개인마다의 다양한 삶의 경험과 해석이면서 동시에 사회시스템과 담론 속에서 재구성된다. 나이를 근거로 노화, 노쇠, 노년의 경험을 사회가 혹은 집단적으로 함부로 판단하지 않고, 삶 전체로 응시하고 공감하고 배려하면 무지의 장벽이 그렇게 높지 않게 될 수 있다.

5) '노인'이라 불리지만, 노인이 아닌 존재

기대수명의 증가와 함께 인간의 몸은 좀 더 서서히 노쇠해지고 있지만, 사회적으로는 정년제도나 연금제도를 통해 나이를 기준으로 노인 집단을 분류함으로써 신체적 노쇠상태와 사회적 은퇴 기준의 간극이 점점 멀어지고 있다(조엘 드 로스네 · 장 루이 세르방 슈레베르 · 프랑수아 드 클로제 · 도미니크 시모네, 2007). 한국 사회에서도 신체적 노쇠와 사회적 은퇴 시기의 간극이 심화되고 있다. 의료기술의 발달로 신체적 노쇠는 과거보다 상대적으로 서서히 진행 중이며, 기대수명 역시 증가 중이다. 통계청의 장래인구추계에 따르면, 한국인의 기대수명은 2020

년 83.2세, 2067년에는 90.1세에 이를 것으로 전망하고 있다(통계청, 2019). 반면, 사회적 은퇴는 조직의 효율성의 이해에 따라 자의적으로 정의된다. 노인 스스로가 체감하고 인식하는 노쇠가 아니라, 제도 혹은 타인이 정하는 노쇠와 동일시를 강요당하고 사회활동이 제약되는 것은 노인의 주체성을 훼손하고 사회적 참여 기회를 제한한다.

인터뷰 참여자 중 노인 C는 늙었다고 생각하지 않는 것부터 중요하며, 나이 들었다고 포기하지 말고, 관심도 두고, 열정도 갖고 부지런함을 일깨워 나가는 태도가 중요하다고 강조했다. 스스로 늙어서 무엇을 못 한다는 생각은 안 하고 싶으며, 분명히 한계가 있더라도 나를 위해, 가정을 위해, 사회를 위해 할 수 있다고 강조하였다. 고령이고, 자기 자신을 '노인'이라 지칭하며 인터뷰를 이어갔지만, 자신은 젊고 할 수 있다고 말하는 이중적인 면을 보이기도 했다. 노인 H는 지금 비로소 가장 만족하는 삶을 살고 있다고 하면서도, 나이가 들어 간다는 건 좋은 게 하나도 없다고 했다. 내년이면 벌써 80이라며 본인이 나이가 많다는 것을 이야기하면서도, '나이를 생각하지 않는다면' 지금이 가장 좋다고 한다.

노인 C

"다른거 없습니다. 잘 늙어 간다고 하는 것은… 나이가 잘 들어 간다고 하는 건 자기 스스로를… 마음이 젊어야 된다고 봅니다. 나는 늙었다고 생각하지 않는 것부터가 중요하다고 봅니다. 늙었다고, 어이구 이 나이에 뭐. 이런 생각 없이, 나는 아직 젊다. 과욕일지 모르겠지만 나이가 들었다고 포기하지 말고 관심도 갖고, 열정도 갖고, 자꾸 이렇게 부지런함을 일깨워 나가야지, 일찍일찍 하나씩 포기해 버리면 빨리 이렇게 가는 것 같아요. 그래서 저는 아직까지는 늙어서 뭐 못 한다는 생각은 안 하고 싶습니다.… 우리 또래에 할 수 있는 일은 분명히 한계가 있습니다. 동작도 느려지고, 기억력도 나빠지고… 그럼에도 불구하고 마음속으로나마 나는 아직 할 수 있다고."

노인 H

"나이드는 게 좋은 게 없지요. 나이 드는 게 뭐가 좋아요. 아휴… 내년이면 80인데… 지금이 제일 좋지. 나이를 안 생각해서 지금이 제일 좋죠.… 지금 제일 좋은 이유는 내 손으로 벌어서 풍족히 쓰고, 애들 먹고 싶은 거 있으면 다해서 보내줄 수 있고. 그런 생활한 것이 좋은 것이지 다른 건 없어요.… 지금 성가실 게 없어요."

노인에게 적합한 역할과 정체성을 뒷받침할 만한 의미가 빈곤한 속에서 신체적 노화와 사회적 은퇴 사이의 간극이 벌어지고 있다. 이는 우리보다 먼저 근대화, 산업화를 경험한 서구 사회에서도 우려한 것이다. Burgess는 은퇴 이후 노인이 갖는 모호한 지위에 대해 '역할 없는 역할(roleless role)'이라고 표현하였다(Burgess, 1950). 관계와 사회적 역할들이 일방적으로 줄어들고 새로운 관계, 역할 경험이 생성되지 못하는데, 사회는 은연중 역할 부재와 관계없음을 노년의 사회적 위치로 규정한다고 논하였다. Rosow는 지나치게 빠르게 변화하는 사회 속에서 노인 스스로뿐만 아니라 사회가 노인의 역할을 설명하는 것이 어렵다는 것을 지적한다(Rosow, 1974). 노인 스스로가 정체성에 혼란이 오고, 사회도 불분명한 상태로 부정적으로 바라보면서 노인의 가치와 자존감을 약화시키는 악순환이 계속되고 있다. 개인과 사회 수준에서 가치의 혼돈과 사회적 단절과 위축되고 부정된 자아 위기가 악순환되지 않기 위해서, 노년의 경험과 의미가 훨씬 자유롭게 세상과 소통되고 공유되는 것이 필요하다.

7. 새롭고 다양하게 세상과 소통하기

1) 사회적 관계

인터뷰에 참여한 노인들은 사회적 교류, 그중에서도 친구와의 상호작용이 중요하다고 인식하고 있었으며, 이것이 활발한 경우 '늙지 않을 수 있다.'라고 인식하기도 했다. 노인에게 있어 친구는 친목 교류의 대상이자 고민 상담의 역할을 하고 있으며, 나아가 함께 운동(등산, 게이트볼, 마라톤 등)하며 건강관리도 함께 할 수 있는 대상이었다. 돌봄 종사자 박영숙은 행복한 노년을 위해 친구가 정말 중요하다고 강조하며, 본인이 돌보는 노인들에게도 친구를 만들라고 권유하기까지 한다고 했다. 대부분 노인이 가족과 떨어져 살고 있어 이틀에 한 번이라도 서로 들여다볼 수 있고, 말 상대를 해 줄 수 있는 친구가 있다는 것이 노인에게 있어 큰 사회적 자원임을 설명한다.

다양한 사람들과의 관계 맺음을 통해 형성된 안정된 사회관계망은 노인에게 일상생활에서, 또는 위급한 상황에서 직접적인 도움이 될 뿐만 아니라 더 나아가 심리적, 정신적 건강과 삶의 질에도 긍정적인 영향을 가져다준다(이지현 · 한경혜, 2012; 박경숙, 2000).

앞서 기술하였듯이 일자리는 경제활동이면서 동시에 타인과 교제할 수 있는 사회적 활동인데, 인터뷰에서도 일자리를 가진 노인의 경우 삶의 만족도가 높은 것으로 나타났다. 인터뷰 참여자들은 건강상태에 따라 일을 할 수 있고, 일을 통해 사회적으로 유용한 사람으로서 인정받을 기회들을 가질 수 있으므로 항상 '건강이 허락하는 한', '활동할 수 있는 동안은'이라는 전제어를 달고 일을 계속하고 싶어 했다. 건강하고 일할 수 있는 몸은 복을 받은 것과 같이 생각을 하였다.

노년기에 경제활동을 한다는 것은 노쇠하고 의존적이며 병약한 삶이 아닌 독립된 성원됨을 유지하고 가족들은 물론 젊은 세대로부터도 대우받는 삶을 유지할 수 있으므로 늙어서도 일을 끝까지 놓지 않는 것이 중요하다고 보았다. 북에서 넘어와서 평생을 일하고, 자식들 뒷바라지를 하고 나니 나이 든 자신의 모습을 마주한 노인 H는 지금도 미나리 단 묶는 일을 하면서도 자신이 마음 편하게 벌어서 마음 편하게 쓸 수 있는, 자식들이 먹고 싶은 것도 만들어 다 줄 수 있는 상황이 편하고 여유롭다고 했다. 비록 많지 않은 액수일지라도 자식들에게 의지하지 않고 필요에 따라서는 자녀들에게 경제적 지원도 해 주면서 존재감을 발휘할 수 있기 때문이었다. 경제활동에 참여하고 있는 노인들은 비로소 본인이 '살아 있음'을 느끼고, 노년기의 무기력하고 침체하였던 심리적 우울감에서 벗어날 수 있었다고 하였다. 여전히 사회의 유용한 인적 자원으로 활용될 수 있음에 만족하며 활동의 의미를 부여하고 있었다.

노인 H

"딸이 다니지 말라고 막 야단치는데… 집에 있으면 일하던 사람이라 집에 있으면 벌떡증이 나서 집에 못 있어.… 거기 가면 서로 얘기도 하고 그러니까… 할머니들이 전부 88, 86, 84 그래요.… 그래도 80넘은 사람들 누가 돈 주겠어요? 그런데나 주지. 그래서 내년 봄 되면 또 가고 싶고, 전화 오면 또 가고 싶고, 그래서 다른 건 없어요.… 일했던 사람이다 보니까 그게 완전히 일에 중독이지. 그러니까 일을 안 하면 벌떡증이 일어나고 그냥 그래요. 일을 가면 그게 없어지니까."

2) 다양한 친밀성의 상상

이렇게 관계, 사회활동, 사회참여가 자존감과 정신, 신체적 안녕에 크게 도움이 됨에도 관계 맺기와 사회참여에 어려움이 큰 것이 현실이다. 지금의 맥락에서 관계 맺기가 어렵다면 발상의 전환도 상상해 볼 수 있다. 지금의 관계 맺기의 조건이자 규범을 판단중지하고 새롭게 다양한 존재들과 친밀성을 나누는 것이다.

우리는 가족은 선택이 아니라 운명공동체라 여기는 경향이 있다. 지나친 공동체의식은 개인의 주체성을 함몰시킨다. 가족도 수많은 우연 중 몇 가지의 조건으로 맺어진 타인들의 공동체인데, 사회가 운명으로 벗어나지 못하게 한다. 가족경험에는 법적 규정이나 사회적 규범과 개인의 욕구 사이에 균열이 큰데, 제도, 사회적으로 기대되는 가족수행이 개인의 친밀성, 재생산, 생존의 욕구와 갈등하기 때문이다. 가족주의에 익숙한 세대라도 누구나 한 번쯤은, 자신의 인생이 가족의 일부 이외에 아무것도 아니라는 것이 부담스러울 수 있다. 자신의 방황이나 실패 경험이 가족의 얼굴에 먹칠을 하는 것이라고 힐난을 받을까 봐 괴롭다. 가족이니까 돌봐야 한다는 책임감도 부담스럽다. 가부장적인 관계는 가족 성원 누군가에는 상처를 주고, 누군가는 상처에 침묵한다. 여성의 일방적 희생을 강요한 가부장적 가족관계는 세대, 젠더간 소통과 친밀함을 제약하고 세대, 젠더 갈등을 심화하고 노년의 소외를 조장하고 있다. 가족의 너무나 강한 연대, 부당한 희생 논리, 가족 성공의 욕망이 버거워 청년세대들은 비혼, 비가족, 비연애의 독신의 삶을 주장한다.

이제 새로운 가족을 상상할 때다. 무한의 책임을 지닌 운명공동체가 아니라 자율적이고 자유롭고 소통하는 돌봄, 친밀성의 관계다. 혼인, 혈연이라는 것도 어쩌다 보니 맺어진 결코 다른 친밀성을 배제하지 않는 연대의 하나라고 빈틈을 줄 수 있는 것이 좋다. 너무나 큰 집착과 책임은 부담스럽다. 적정한 거리와 타인으로서 서로를 인정하는 관계가 가족 울타리 안에서도 실천될 때 운명공동체의 이름으로 자기 마음대로, 타인에게 상처를 주는 행동을 자정할 수 있다. 적정한 거리, 독립, 그리고 마음으로 돌보는 관계를 유지할 수 있다면 가족이 훨씬 가까워지고 오래 지속될 수 있지 않을까.

존재는 혼자 살아가는 것이 아니라 상호 소통하면서 서로에게 존재함을 확인하면서 더불어 사는 존재다. 노인은 새로운 관계 맺기의 필요와 의지를 갖고 있다. 사회적 역할에서 자유롭게 된 이상 살기 위해서 새로운 관계를 만들어야 한다. 그러기 위해서는 과거 관념이 보호해 줄 수 있다는 허상에서 깨어나야 한다. 더 적극적으로 이웃과 친밀한 관계를 만들어야 한다. 연애를 하고, 우정을 키우고, 이웃과 이야기를 나누어야 한다. 노년은 청년과 소통하고 만날 수 있는 교감대가 있다. 가족주의, 성공주의 명령에서 한쪽은 밀려 나가고, 다른 한쪽은 행복을 보장해 주지 않고 다양한 친밀성의 기회를 인정하지 않는 가족과 제도에 순응하고 싶어 하지 않는다. 그럼에도 소통을 막는 것은 서로 다름을 인정하는 감수성이 약해서가 아닐까. 자기 마음에 들지 않는다고 상대방을 면전에서 구박하고 비난하는 태도, 나이와 인생의 경험을 권위인 양 남을 가르치려는 태도는 가족들 사이에도, 동료들 사이에도, 청년과의 소통에도 커다란 장애가 된다. 유연한 사고를 할 줄 알고 고집이 덜 센 마음이 열려 있는 할머니, 할아버지가 되자.

타자화는 주체에도 타자에도 불행한 관계다. 타자를 부정할 뿐 아니라 주체를 고립시킨다. 자신의 실존적 두려움을 피하기 위해 친 경계지만, 개인 수준에서나 사회 수준에서 많은 존재를 타자로 배척하고 혐오하는 것은 타자뿐만 아니라 자기를 고립시킨다. 사회적으로 노인을 타자화함으로써 지키려는 정상성, 성공, 쇠퇴하지 않는 삶과 몸은 허상이다. 쇠퇴와 의존의 두려움도 사실 과장되었다. 가깝게 살펴볼 수 있는 노부모, 조부모, 나이 든 지인의 삶에서 나이가 들어도 쇠퇴해도 존엄성을 지킬 수 있고, 주체적으로 살아갈 수 있으며, 타인에게 다양한 도움을 주는 참모습을 발견할 수 있다. 노인에 대한 타자화, 시혜적 시선을 거두고 서로 차이는 있지만, 서로의 '무언가와 만날 수' 있음을 인식하고 어깨동무를 할 수 있다(최현숙, 2013). 다양한 타자와 친밀성을 나눌 수 있다. 주변의 소소한 것들에 관심을 갖고, 서로가 잊히지 않는 눈짓이 되면 좋겠다.

선배님들께 은퇴하고 무엇이 필요한가 물어보았다. 가장 중요한 것은 마음이 맞고 대화가 되고 체력과 취미가 비슷한 친구라고 한다. 나이가 든다고 모든 것이 같아지는 것이 아니다. 살아왔던 삶의 모습만큼 노년에 대한 태도도 다르다. 질병에 대한 태도, 관계에 대한 태도, 죽음에 대한 태도가 다르다. 그리고 삶의 의미를 해석하는 기준, 가치, 관점에 따라 노년의 자아는 살 수도 죽을 수도 있다. 노년의 가치를 찾아야 하는 절실한 이유이다.

8. 아픈 몸과의 대화

1) 건강 신념

인생에서 소중한 것이 무엇인가 물어보았을 때 노인 A는 건강이라고 주저함 없이 말했다. 젊을 때 건강한 몸을 과신하다 지금 이렇게 몸이 피폐하게 되었다고 생각한다. 마음, 정신만큼 몸에도 신경을 써야 한다. 건강은 당연하게 오래 주어지는 것이 아니라, 습관에 따라 한계가 달라지는 선물이다. 건강을 관리하는 것은 노년에 어떤 가치보다 더 소중하다. 젊어서부터 건강을 챙기는 것이 필요하겠지만, 나이가 들수록 건강을 필수적으로 챙겨야 한다고 말한다. 노인 A는 건강이 조금만 회복된다면 노년을 소박하고 활기 있게 지낼 수 있는 분이다. 겸손하고 어울리는 것을 좋아하고 정리정돈을 잘 하고, 극심한 고통과 외로움에 무너지지 않는다면.

건강하다는 것은 독립적으로 생활할 수 있다는 것을 의미하며, 질병과 장애가 없을 때 사회활동의 참여에도 제약이 없으므로 삶의 질과도 직결되는 변수이다. 인터뷰 참여 노인 대부분 대체로 만성질환이 있었으며, 주관적 건강상태를 부정적으로 인식하고 있었다. 좋지 않은 건강상태가 삶의 질에도 영향을 끼치고 있다고 답했다. 삶의 질과 관련된 답변으로는 규칙적인 생활이 어렵다는 점, 경제활동을 하기 어렵다는 점, 원하는 식생활을 할 수 없다는 점 등을 제시하고 있었다. 그만큼 신체적 쇠퇴와 아픔은 노인의 일상생활을 가로막기도 하고, 수동적인 존재로 인식하게 하기도 했다. 행복한 노년의 조건으로 가장 빈도수가 높은 답변이 '건강'이었고, 노인과의 개별 인터뷰 시간 중 건강과 질병에 관해 이야기를 할 때 가장 많은 시간이 할애됐던 것을 보면 노년기와 건강은 뗄 수 없는 주제이며, 노인들의 가장 큰 관심사라는 것을 확인할 수 있다.

파킨슨병을 앓고 있는 아내를 돌보는 노인 C는 우울증이 있어 평소에 화를 다스리기가 어렵지만 극복한 경험이 있었다. 노인 A의 경우, 자신의 몸이 너무 아플 때면 조용히 세상을 등지고 싶은 마음이 든다고 했다. 고령의 친정어머니를 돌보면서 나이가 들어 쇠퇴하고 의존적 존재가 되는 미래를 두려워하는 노인의 가족 김현아는 내가 나 자신일 수 있는 것은 나의 몸에 대해서 내가 통제권을 갖는 것이며, 나의 정신을 내가 통제할 수 있을 때임을 강조하였다. 그러나 오래 살다 보면, '혼자 몸을 움직일 수 없을지도 모르고', '정신을 놓을지도 모르는' 장담할 수 없는 미래가 펼쳐질지도 모르기 때문에, 오래 사는 것이 반갑지만은 않았다. 주체적이지 못한 삶은 두려움으로 인식되었으며, 극단적으로 그러한 시기가 오면 안락사에 대해 고민하고 있다고까지 답하기도 했다.

노인의 가족 김현아

"나는 요양원에 올 정도가 되면 안락사를 할까. 왜냐면 지금의 삶은 저도 엄마가 서운하니까 5년 정도만 더, 앓지 않고 90세쯤 가시길… 저도 아직 그런 나이기 안 됐기 때문에 내 의지로 살 수 있다가 안 되면 죽을까 생각해 봤지만, 그때 돼서 그 시기를 놓치면 저도 엄마 같이 될 거잖아요. 그러니까 내가 과연 그렇게 강할까, 그렇게 할 수 있을까는 의문인데, 저희 어머님같은 경우는 너무 오래 앓으셨어요. 며느리도 괴롭히고."

돌봄 종사자들은 건강한 노년기를 보내기 위해서는 무엇보다도 노인 스스로 건강을 유지하려는 노력과 실천이 요구된다고 주장하고 있다. 스스로 성격을 다스리고, 보조적인 수단과 치료를 시기적절하게 받아야 하며, 신체적인 건강을 위해 주기적으로 운동을 해야 한다고 제시한다. 나아가 정신적인 건강을 위해서는 종교를 통해 신앙생활을 하는 노인들이 종교의 도움을 받지 않는 노인들보다 건강하다고 답하고 있다. 건강을 노인이 갖고 있는 자원 그 자체로 인식하기도 한다. 노년기에 접어들어 자녀와 갈등이 생기는 경우, 건강해야 자녀가 부모에게 함부로 하지 못하는 경우가 이에 해당한다. 돌봄 종사자 및 가족들은 치매와 같은 인지장애에 해당하는 정신 건강에 대해서도 강조하였다. 노인 본인의 삶의 질뿐만 아니라 가족과 주변 사람들의 삶의 질에도 영향을 끼치는 건강 문제라고 인식한다.

돌봄 종사자 윤미경

"행복한 노년의 조건은 스트레스 안 받고 즐겁게 사는 거죠. 건강이 최고인 것 같아요. 나의 상황을 받아들이고."

돌봄 종사자 백영호

"(행복한 노년의 조건은)건강이라고 봅니다. 저희 아버지가 저 군대 갔을 때 쫄딱 망해서 복학을 할 수가 없더라구요. 아버지, 어머니가 국민연금의 혜택을 받으실 수가 없었고 본인들을 위한 보험을 하나도 들어놓은 게 없어요. 아프시면 사보험 혜택이 아니라 건강보험 혜택말고는 제가 다 내야 돼요. 그래서 저는 경제적인 건 연금, 저축도 하고 위험자산에 절대 투자하지 않아요. 연금이 나중에 어느 정도 나오니까. 저와 와이프는 먹고 살 수 있어요. 근데 건강은 따라 주지 않으면 안 되더라구요. 아버지는 건강하세요. 잔병도 없으시고. 근데 어머니는 1년에 몇백만 원씩 돈이 나갑니다. 아 건강이 중요하구나. 어르신들도 마찬가지구요. 건강하신 분들과 건강하지 않은 분들의 차이가 명확합니다. 건강하지 않은 분들이 저희 케이스가 되는 경우는 거의 없어요. 대부분 건강하신 분들은 혼자여도 노인 일자리 사업에 참여합니다."

2) 아픔에 대한 공감에서 새롭게 보이는 것

여성학자인 박혜란은 그녀 나이 쉰다섯에 출간한 에세이집 '나이 듦에 대하여'에서 고백하고 있다(박혜란, 2006). 서른아홉이 되자 나이가 느닷없이 말을 걸어오면서 '이젠 그냥 주어지는 대로 나이를 먹지 말고 어떻게 나이를 먹을지 좀 생각할 때가 아니냐며' 부추겼다고 한다. 이때부터 새로운 계획을 실행하려고 바쁜 인생을 보냈다. 그러다가 가족을 포함한 주위 사람이 병으로 인해 고통받는 것을 경험하고, 스스로 나이 쉰이 되었을 때 이젠 자꾸 몸이 말을 하고 싶어 했다고 회고하고 있다. '몸의 말'에 귀를 기울이게 되면서 자신의 나이 듦을 똑바로 바라볼 수 있는 눈을 얻었다고 한다. 결국, 나이 듦은 인간의 보편적 현상이면서도 이를 감지하는 몸이 말을 걸어줄 때 비로소 실존적 물음으로 자리 잡게 된다. 점차 나이 들면서 힘겨워하는 몸과 함께 작업하면서 박혜란은 "글은 이제 글이 아니라 삶이었다."라고 고백하고 있다. 늙어 간다는 것은 건강이 쇠퇴한다는 것이 아니라, 내 몸과 더 많은 대화를 나누는 시기로 해석하였다. 아픈 몸이 거추장스러운 것이 아니라, 아픈 몸을 통해 더 깊게 자기 존재를 인식한다는 성찰이 깊이 와닿는다. 아픔을 두려운 것으로 회피하는 시선에서 아픔을 존재와 합치시키는 새로운 시선으로 전환되는 것을 보게 된다.

고통스러운 상황에서 감각이 깨어나는 경우가 있다. 그동안 당연하게 여겨졌던 관념과 질서들이 깨지고, 존재의 의미를 겸손하게 성찰하게 될 때가 있다. 코로나 상황에서의 일상의 경험도 그렇다. 우리 주변에 질병, 아픔, 죽음이 더 가까이에서 경험된다. 막으려고 해도 불쑥불쑥 튀어나온다. 그리고 두려움이 엄습한다. 아프면 안 된다고, 내가 걸리면 가족, 사회에 해가 된다고 생각한다. 그러면서 두려움의 정체를 본다. 고통, 상실, 죽음의 경험이 두려워서라기보다 사회가 조금의 아픔도 허용하지 않는다는 것을.

질병, 아픔, 죽음이 곳곳에 도사리는 상황 속에서, 그것을 경험하는 사람들은 해결되어야 할 무언가로만 여겨질 뿐이다. 아픔과 죽음이 만연한 시대는 놀랍도록 일관되게, 늘 그래왔듯이 아픔과 죽음을 허용하지도, 들여다보지도 않는다. 아픔을 배제하는 것이 우리 사회의 정상성이다. 우리 모두는 자기가 병들고 늙지 않을 것처럼 굴다가 그 배제의 체계 안으로 스스로 들어간다. 결국, 아픔과 죽음에 무관심하다가 모두가 외면받고 방치되는 꼴이다. 건강한 몸을 정상으로 여기는 사회에서 아픈 몸은 열등해지고, 병원, 요양원, 요양병원으로 옮겨진다. 자율적으로 삶을 기획하고 통제하고 마음껏 움직일 수 있는 젊고 건강한 몸이 아닌 노년의 몸, 아픈 몸은 비가시화된다. 아프고 늙은 몸에 대한 관심은 대개 그 상황을 개선하는 것, 질환을 이겨내는 법과 관련된 것이다. 질환 극복에 실패한 몸은 폐기 처분된다. 아픔의 공감의 부재는 아픔을 비가시화하고 다시 아픈 몸을 낯선 것으로 만들고 두려움을 재생산한다.

아픔을 비가시화하는 사회가 정상이 아니라는 것을 깨닫는 것은 어렵지 않다. 우리 모두가 나약한 존재라는 자각에서 일어난다. 서로 연결되지 않으면 살 수 없음을, 타인의 고통과 나의 고통이 서로 영향을 주고받음을, 가족만으로 전유된다고 여겨진 연대, 친밀감은 가족범위를 넘어서 형성될 수 있음을, 가족도 다양할 수 있다는 것을 인식하게 한다. 나아가 완전한 삶을 추구해야 한다는 인식에서 우리 모두가 취약한 존재라는 인식으로의 전환은 독립성, 자기계발의 이데올로기에 포섭된 삶에서 깨어나 돌봄을 시혜, 의존이 아니라 서로서로 모두의 생존의 조건이자 권리와 책임으로 인식하고 실천하게 할 수 있다.

보고 있는 것만으로도 실존적인 불안감을 느껴 차단하려고 했던 존재들이 나와 다르지 않다는 인식에서 기본적인 삶의 조건으로서 돌봄 관계, 돌봄 권리와 책임을 새롭게 사유한다. 돌봄은 시혜, 의존이 아니라 자신들의 이야기로 해석할 수 있다. 가족주의, 자기계발의 담론안에서가 아니라, 다양한 친밀성의 관계 맺음으로 해석한다. 독립되고, 성공하고, 완전한 삶이 아니라 상실하고, 실패하고, 불완전하고, 한계가 많은 삶을 따뜻하게 바라본다. 세상에 대하여 나의 목소리를 말하고 저항하고 분노할 뿐만 아니라, 나와 다른, 매우 관계가 없다고 생각하는 존재와 나의 연결됨을 바탕으로 세상을 다시 바라본다. 존재는 진실된 관계 수행에서, 상실과 아픔의 경험과 돌봄 속에서 겸손과 공유와 평화를 배우고 성장한다는 것을 깨닫는다.

4장

K 돌봄의 미래

4장은 Park, Keong-Suk. 2020. April. "Experiences and Perceptions of Family Care in South Korea: Conflicts and Reflection." *Japanese Journal of Family Sociology*(家族社会学研究) 32(1): 51-68에 실린 것을 국문으로 번역 · 수정 · 보완한 것이다.

1. 가족 돌봄이 지속 가능한가?

인생을 돌봄을 주고받는 시기와 활동적인 시기로 명확히 구분하기는 쉽지 않은 것 같다. 우리는 언제나 항상 누군가의 돌봄 속에서 살아가고 나이 들어 가고 죽어 간다. 그런데 인생의 자기 책임이 강조되면서 돌봄은 매우 특정한 시기 불가피하게 예외적으로 허용되는 조건으로 인식되는 듯하다. 그러나 자기 뜻대로 효율적으로 살아간다고 믿는 지금도 돌봄은 인간의 빠질 수 없는 조건이며 일반적인 경험이다. 전문적인 돌봄 서비스가 확장되고 있지만, 부모로서, 아들로서, 딸로서, 며느리로서, 사위로서, 배우자로서, 형제자매로서 돌봄을 경험하는 것이 드물지 않다. 그만큼 돌봄은 가족관계의 핵심이다. 그리고 어떤 관계인가에 따라 돌봄의 경험은 다양하다.

자유경쟁이 강조되는 경제 구조와 개인 중심적 삶의 양식이 발달하는 가운데 노후 부양 체계가 크게 변화되었다. 현재의 노후 부양 체계는 더 이상 가족에만 의존한다고 보기 어렵다. 노후 부양 체계는 가족이 책임지는 구조에서 개인 자신과 사회적 책임이 강조되고 다양화되는 노후의 삶의 질의 욕구에 대응한 복합적인 돌봄 체계로 변화되고 있다. 소득 부양은 사회보험, 공적이전, 시장, 가족 부양 원리로 복합적으로 짜여 있다. 건강, 신체적 돌봄에 있어서도 가족이나 자발적인 이웃 공동체의 지원뿐만 아니라 국가 차원의 재원 조달과 민간, 사회법인을 통한 노인전문요양시설, 재가방문서비스 등이 전달되는 방식으로 분화되고 있다. 돌봄 체계가 복잡하게 분화되다 보니 노후 부양의 이념, 조직 원리가 다소 혼돈스럽다. 또한 다양한 가족, 전문적 돌봄 노동자의 돌봄 수행이 어떻게 상호 보완되어 노년의 삶에 실질적 도움이 될지 고민된다. 가족 부양 체계가 급속하게 약화되면서 사회적 돌봄은 가족 돌봄을 대체할 수 있는 것인지, 사회적 돌봄체계의 정체성이 분명하지 않다.

돌봄은 관계이고 마음 씀이다. 돌봄 상황에서 겪게 되는 여러 갈등과 고민이 돌봄의 윤리를 새롭게 모색하는 장이 될 수 있다. 가족 돌봄의 긴장은 가족 성원 간의 원만한 소통과 자율을 제약하는 특정한 가족관계에서 배태된 것이며, 그 긴장이 돌봄의 사회화에 의해 자동적으로 해결되는 것도 아니다. 가족 돌봄은 한편으로 장기적인 증여관계와 강한 연대에 기초하지만 다른 한편으로 일상화된 권력관계와 강요된 성 정체성을 통해 이루어졌다. 가족 돌봄은 오래된 헌신과 증여관계와 연대 감정에 기반하고 있는 동시에 불평등한 권력관계를 매개한 책임과 권리 인식이다. 가족 돌봄 안에 녹아 있는 은혜와 책임, 그리고 부담, 원망과 같은 복합적인 감정은 오랜 관계에 구조화된 책임과 권리에 대한 그리고 자신과 타인의 삶에 대한 성찰과정이면서도 가족 안의 권력 갈등을 표현한다.

가족 돌봄이 약화되는 것은 돌봄 상황의 부담과 갈등이 크기 때문이다. 그리고 돌봄의 구체적 경험과 인식을 이해하기 위해서는 지금까지 돌봄 체계의 중심이 되는 가족 부양의 특성과 긴장을 이해하는 것이 중요하다. 이를 위해 노년의 가족관계의 변화 및 가족 부양의 변화된 맥락을 조명한다. 부계적 부부 가족 원리로 절충된 근대, 현대 한국사회의 가족관계에 배태된 모순의 심화 속에서 가족 돌봄이 크게 약화되고 시장 돌봄이 보완되는 과정을 살펴본다. 그리고 다양한 삶의 현장에서 돌봄 경험을 가지고 있는 노인, 가족, 전문 돌봄 종사자들이 경험한 가족 돌봄의 갈등과 성찰을 심층적으로 해석한다. 삶의 경험에서 구체적으로 어떻게 돌봄이 부담으로 인식되고 갈등하는지, 갈등적 관계 경험 속에서 성찰적으로 재구성하고 있는 돌봄의 의미를 재해석한다.

2. 가족과 돌봄 체계의 변화

돌봄 경험과 인식을 이해하기 위해서는 지금까지 돌봄 체계의 중심이었던 가족 부양의 특성과 긴장을 이해하는 것이 중요하다. 20세기 초·중반에 시행된 농촌 가족 조사에 따르면 아들을 선호하는 중요한 이유가 노후 부양과 대를 잇는 것이라 응답하였다(대한가족계획협회, 1964). 가문을 조상으로부터 물려받아 유지하고 물려주는 것이 가장 중요한 삶의 가치로 인식되었다. 노부모를 부양하는 것은 당연한 도리로 여겨졌다. 한편 노인이 어린 시절 부모로부터 특별한 돌봄을 받았다고 기억하는 경우는 흔치 않다. 오히려 아이들이 많아서 천덕꾸러기였고, 가난하여 학교에 가지 못한 것을 일생의 한으로 여긴다. 노골적인 여성 차별이 관행이었고 여성은 어렸을 때부터 농사, 바느질, 동생 돌보기, 가축 돌보기 등 궂은 고생을 다했다.

급속한 도시화, 공업화를 거치면서 많은 사람들이 고향을 떠나게 된다. 집안에 무엇이 있는지 훤히 아는 아주 친밀하고 규범적인 공동체를 떠나 도시 환경에서 자유, 발전, 사회이동을 꿈꿨다. 한편 도시 안에서 일군 생활세계는 오래된 관습에서 완전히 자유롭게 구성된 것이 아니다. 국가와 경제제도와 같은 거대 권력 조직에서 미시적인 생활세계에 이르기까지 오래된 고향, 친족, 가족 관념과 도시적 삶의 방식이 고유하게 결합되었다.

한국의 근대가족 및 현대가족은 이념, 제도, 현실적 삶의 차원에서 부계 혈통의 가족원리와 부부가족의 원리가 남성중심적, 발전주의적 관계로 선택되고 절충되어, 핵심적인 성원권, 사회적 역할, 연대로 작용하였다. 한편으로 부계 혈통 중심의 가족관계는 공업화와 국가 체계와 같은 근대 사회 조직에도 중요한 근간이 되었고, 성별화 이념과 부부가족 이념과 결합되어 제도와 생활 속에서 고유하게 남성 중심적이고 성별화된 사회관계를 형성하였다. 부계가족과 부부가족 이념이 절충되어 실천된 방식은 한국과 일본 사회에서 고유한 특성을 나타낸다. 일본 사회에서는 20세기 초반부터 공업화와 근대적 교육이 확대되고 새로운 직종에 종사하는 중산층이 성장하면서 부부중심 가족관계에 대한 로망도 확산되었지만 직계·부계가족의 실천은 약화되지 않고 오히려 강화된 측면이 있다고 논의된다(川島武宣, 1950). 메이지 개혁 이후 국가공동체의 성원으로 민이 통합되는 과정에서 호주를 중심으로 한 가족을 제도화한 것이 매우 중요하게 기능하였다. 침략과 정복으로 서로 다른 문화와 정치공동체들이 하나의 통치권으로 통합되고, 대만, 조선, 만주, 태평양 지역의 영토와 인구도 일본의 제국의 통치에 두기 위한 전쟁을 계속하였다. 소단위의 부계가족을 중심으로 민의 생활이 편제된 데에는 전시체제에서 개인의 자유가 통제되고, 군수연관산업이 확장되면서 가업을 대물림할 수 있는 기회가 넓어진 것도 중요한 배경이 된다(박경숙, 2017; 山根眞理·洪上旭·朴京淑·李東輝·長坂格·中筋由紀子, 2014). 민주화에 대한 사회적 관심이 커지고 경제가 빠르게 복구되었던 1950년대에서 1970년대에 걸쳐 일본 사회에서는 부부 중심 가족가치관이 확대되고 가구 형태에서도 핵가족화 현상이 두드러졌다. 그럼에도 일상의 가족관계와 가족의식에서 이에(家)의 영향이 중요하게 작용했다. 또한 1950년대에서 1970년대 핵가족의 비중이 증가한 데는 1930년대와 1940년대에 출생한 다산소사 세대의 인구특성이 중요한 영향을 미쳤다. 이 세대는 형제가 많고 생존율이 높았기 때문에 가족 이념의 변화 없이도 핵가족의 비중이 커질 수 있었다(落合惠美子, 1994). 인구변동의 요인 이외에도 경제성장과 기업조직의 확장과 비농업 부문에서의 노동력 요구가 커진 것도 많은 젊은 남녀가 고향을 떠나 핵가족을 형성하는 데 기여했다. 이렇게 당시의 인구구조와 고도성장 경제조건에서 남성 임금노동자와 전업주부가 크게 늘어나 핵가족가구가 크게 늘어났지만 같은 시기 직계가족의 구성도 감소하지 않았다고 강조한다(落合惠美子, 1994). 오히려 다산소사 세대의 가족 관념은 가족의 사회적 위신, 가업, 자산, 제사를 중시하는 이에 관념의 영향이 강하였다. 안도 키요미는 직계가족 이념에 바탕을 둔 핵가족 혹은 직계가족과 핵가족 이념이 혼융된 가족관계와 가족의식을 일본의 근대가족의 특징이라고 주장한다(安藤喜大美, 2013). 이런 근대가족의 형상도 현재는 크게 약화된 상황이다. 출산율이 하락하고, 자녀들이 집을 떠나 자신들의 삶을 찾으면서, 노부부 혹은 홀로 노년을 살아가는 사람들이 많다.

20세기 초반 한국 사회는 사회 조직과 이념에서 혼돈스러운 시대였다. 부계 혈통주의 사회의 기반이었던 농촌공동체는 해체되고 있었지만, 부계 혈통주의 관념은 여전히 강하게 남아 농촌을 떠나 도시 생활을 꾸리는 데 과정에서도 중요하게 작용하였다. 만성화된 빈곤 가정의 생계를 이끌어가는 데 남편, 아내, 부모, 아이 모두의 노동력이 필수적이었다. 제사를 지낼 아들 이외에는 돌봄, 교육, 상속을 받을 기회가 전무한 상황에서 대거 고향을 떠났다. 빈곤과 전란으로 어려운 시기 불우하거나 독립하지 못하는 형제들은 친척 집에 몸을 의탁하기도 하지만 자기 핏줄이 아니라는 거리는 심원했고 머슴이나 종살이에 다를 바 없는 차별을 받아 고향과 집을 나가는 경우도 많았다. 가장의 집안 내 권위는 컸지만 실제로 경제적 부양에 책임을 지지 않는 경우도 적지 않았다. 오히려 며느리, 아내, 어머니가 가부장적 사회에서 차별과 괄시를 받으면서 가족의 생계와 돌봄을 책임졌다. 누구나 일처일부의 부부관계를 유지한 것도 아니다. 밥만 먹고살면 첩을 두는 게 흉이 아니었던 관습이 기억되고 실천되었다. 부부 중심의 친밀성, 성, 생식이 결합된 근대가족의 이념은 확고한 규범으로 인식되고 실천되지 않았다.

한국 사회에서는 1960년대와 1970년대에 들어서면서 성장과 안보, 권위주의 이데올로기 속에서 사회 혁신이 본격화되었다. 이른바 잘살기 운동이다. 가족 제도와 관념, 실천에서도 혁신의 바람이 불었다. 1958년 제정된 민법에서는 부부 중심의 가족이 법적 가족으로 정의되었고 규범적으로 공고화되었다. 이념형으로서 부부가족은 부계가족에서처럼 딸, 며느리, 아내의 지위가 종속적이지 않고, 평등한 가족성원으로서 인정하는 것이었다. 가족은 정서적 응집, 성애적 친밀성, 성 역할 분리 개념으로 다른 조직과 분명하게 경계되었다. 그러나 부계 원리가 근절된 것이 아니라 부계 원리와 부부가족 원리가 절충되고 갈등하는 방식으로 가족의 법과 이념이 형상화되었다. 호주제의 법적 기초는 2000년대까지 유지되었고 불평등하게 규정된 여성의 재산과 친권 지위를 개선하려는 여성계의 운동이 이어졌다(양현아, 2011; 김혜경, 2009; 이동진, 2002). 일상생활에서도 부계가족과 부부가족의 이념이 모순적으로 절충되고 혼융되는 현상이 강화되었다. 가문의식, 남아선호, 효와 같은 부계가족 이념이 공동체적 정체성으로 공론화되는 다른 한편으로 산업화 속에서 성 역할 분업과 전업주부 이데올로기를 욕망하고 사회이동과 출세를 위한 가족 경쟁이 심화되었다. 상충된 가족원리는 발전과 사회이동을 향한 가족의 연대를 강화한 측면도 있지만 시장 자유주의의 심화와 계층화, 민주화의 맥락에서 세대와 젠더 관계의 갈등의 원천이기도 하였다(박경숙 · 서이종 · 김수종 · 류연미 · 이상직 · 이주영, 2013; Park, 2013). 특히 부계가족관계를 중심으로 규정된 자녀의 노부모 부양책임은 여성 가족구성원의 희생을 강제하는 것이었고, 점차적으로 여성들의 저항이 커지면서 가족갈등의 중요한 진원지가 되었다. 이런 맥락에서 1980년대 이후 노인들의 소외와 변화된 세상에 대한 한탄, 젊은 여성이 시부모를 모시지 않는 세태에 대한 다양한 관점들이 부상된다. 예를 들어 1980년대 여성회에서 실시한 조사에 따르면 노부모가 안방을 차지하는 비율이 59%, 며느리가 차지하는 비율은 41%라고 보고하고 있다. 또한, 시모는 자녀와 같이 살기를 원하는 비율이 60.5%인데, 며느리는 29.6%만이 시부모와 함께 사는 것을 선호하였다. 여성들은 급속한 공업화, 정치민주화의 사회적 힘을 통해 가족관계의 가부장적 지배와 강요된 희생에 저항하고 시정해 나갔다.[01]

가족 부양을 둘러싼 세대, 젠더 갈등이 심화된 데에는 경로와 효를 근간으로 노인복지를 정형화한 복지정책의 영향도 존재한다. 1981년 제정된 노인복지법은 노인에 대한 효와 경로를 노인복지의 근간으로 강조하였다. 노인 부양은 가족이 책임지고 국가의 복지사업은 가족이 없는 불우노인에 대한 주변적인 지원에 그쳤다. 급속한 고령화에서 돌봄을 필요로 하는 노인인구가 팽창하고 있는데 가족 부양의 갈등은 심화되고 가족 이외 돌봄을 구하지 못하는 상황으로 이르게 되면서 돌봄 공백이 커졌다. 1990년대 말 이후 노인의 자살률이 크게 증가한 것은 가족 중심의 노후 돌봄 체계가 더 이상 노년의 안위를 지키지 못하는 데 대안의 안전망이 정착되지 못한 돌봄 공백에서 촉발되었을 수 있다.

노후 돌봄의 책임이 가족이라는 인식은 유교적 효 이념과 연관된다. 자식된 도리로서 강조되는 효는 여성의 입장에서는 일방적으로 여성의 희생을 강요하는 남성 지배적인 부계 혈통사회의 지배 이데올로기다. 현재에도 노인뿐만 아니라 중장년, 젊은 세대에서도 효 이념이 유지되는 데는 부계 혈통사회의 잔재가 작동한다. 어르신으로 마땅히 대접을 받아야 한다고 생각하고, 자기 위주로 집안일을 명령하고, 여

01 "고부갈등, 무엇이 문제인가?" 『중앙일보』, 1984.03.17.

성은 하찮고, 군림할 수 있다고 단정하는 암묵적인 분위기에 불편함과 갈등을 경험하지 않은 가족이 오히려 예외다. 이런 위계적이고 비민주적이고 비합리적인 분위기에 여성들은 넌더리를 치고 있다.

자발적인 친밀성이 아닌, 보상 없는 의무와 부담인 돌봄 수행은 가족과 돌봄을 받는 노인 모두에게 부정적인 영향을 미쳐왔다. 1990년대와 2000년대의 많은 연구들이 가족 돌봄의 부담과 갈등 상황을 우려하였다(최혜경, 1991; 김정석 2005; 김혜경 · 남궁명희, 2011; 김미혜, 2008; 김태현 · 전길량, 1995; 김윤정 · 최혜경, 1993; 이경자, 1995). 진심을 담은 노인 돌봄에 대한 갈구는 보수적 정치문화와 변화된 사회 조건, 다양한 삶의 욕구를 반영하는 데 미온적이었던 복지정책 틀과 노인은 과거 시대의 유물이라는 편견 속에서, 사회정의 담론의 대상이 되지 않았던 것이 아닌가 돌아보게 된다. 세대 불통은 누구든 노인 문제를 피해갈 수 없음에도 자신의 문제로 인식하지 못하게 장벽을 세웠고, 자기 문제라 인식하는 담론도 지극히 가족주의 관점이다. 국가의 경로와 효, 가족 부양 강조에도 불구하고, 노인은 주변화되고 부담의 시선에 몰렸다.

이처럼 가족 부양의 갈등과 돌봄 공백과 돌봄 가치의 혼돈 속에서 2000년대 후반 이후 노후 돌봄의 사회적 책임에 대한 공론화와 제도화가 이루어졌다. 2008년 장기요양보험제도가 실시된 이후 장기요양보호가 필요한 노인은 민간기관이나 사회법인에서 제공하는 돌봄서비스를 받을 수 있게 되었다. 노인과 가족들의 사회적 서비스에 대한 선호도가 크게 증가하였다. 그럼에도 노인과 가족 모두 가족 밖의 지원이 최선인가에 대해서 완전히 확신하지 못하고 있다(김미혜, 2008). 수익 창출을 목적으로 돌봄 사업이 경쟁적으로 확장되면서 돌봄의 질과 비용이 적절하게 관리되지 못하는 점, 다양한 돌봄 조직들이 분절되고 통합되지 못한 점, 여전히 돌봄이 필요한 노인의 대기기간이 길고, 돌봄 노동자의 처우 문제가 논의되고 있다. 요양 시설에 들어온 노인은 자기 선택이 아닌 경우가 많다. 잊힐 만하면 다시 요양 시설의 인권실태가 반복해서 고발된다. 자식들도 자신들의 책임을 남에게 떠맡긴 것 같은 불효 의식에서 자유롭지 못하다. 코로나19 전염성이 확대되면서 노인요양 시설에 비상이 걸렸었다. 집단 격리는 허약한 노인을 외부 위험으로부터 보호하는 의미보다, 다수의 안전을 위해 살아 숨 쉬는 생명들을 폐기하는 의미로 비쳤다. 소통의 마음 쓰기를 결여한 돌봄의 외주화는 위험 상황의 생명을 돌보는 데 한계가 많음을 알게 되었다.

돌봄에 대한 사회의식은 변하고 다소 혼돈스럽다. 2018년 사회동향에 따르면 부모 부양을 가족이 해야 한다는 응답은 26.7%로 10년 전 40.7%에 비해 크게 낮아졌다. 반면 노인 스스로 해결하겠다는 답변은 10년 사이 12%에서 19.5%로 늘어났다(통계청, 2018). 앞으로는 더욱 노인 자신의 책임을 중시하는 방향으로 변할 것이다. 부모의 입장에서 자식에게 부담을 주고 싶지 않다는 의식은 돌봄 상황이 자식에게 커다란 갈등을 일으키고 있는 상황을 비춘다.

같은 보고서에서 자녀와 동거하는 가구는 23.7%로 계속 줄어들었다. 노인 의식조사 자료에서 가장 선호되는 돌봄 제공자는 자녀가 아니라 배우자로 나타난다(한국보건사회연구원, 2018). 병이 나서 자유롭게 움직이지 못할 때 신변을 보살펴 줄 사람으로 배우자를 선호하는 비율이 가장 높고, 다음으로 아들, 딸, 며느리를 꼽는다. 아들이라고 해도 아들의 배우자인 며느리가 맡는 경우가 많을 것이다. 노인 돌봄 관련된 인식에는 노인 자신이 책임져야 한다는 인식, 가족 내 여성이 해야 한다는 성별 의식과 부계의 조상을 돌봐야 한다는 의식, 국가가 책임져야 한다는 인식이 혼재되어 있다. 가족관계, 젠더, 세대, 그리고 돌봄의 사회조건이 크게 전환되고 있는 지금 가족 돌봄을 포함한 돌봄의 중요한 의미가 무엇인지 질문하게 된다.

3. 가족 돌봄의 경험과 인식

1) 돌봄 상황의 부담과 갈등

(1) 부담 의식과 감정

돌봄은 복합적인 관계 속에서 이루어지고 다시 관계에 영향을 미친다. 단순히 육체적인 서비스를 제공받고 제공하는 관계가 아니라, 마음을 움직이고 마음에 대응하는 행위다. 남을 돕고 싶은 이타주의나 책임 인식에서 돌봄이 시작되거나 사랑과 친밀함 속에서 이루어지기도 하지만, 체면치레나 보상을 조건으로 한 돌봄이 행해지기도 한다. 자신의 의지에 반하여 외부의 시선이나 책임의식 때문에 어쩔 수 없이 수행하는 경우도 많다. 이렇게 다양한 마음 씀 속에서 이루어지는 돌봄은 사랑, 친밀감, 유대처럼 긍정적인 감정을 수반하기도 하지만 분노, 멸시, 체념, 포기, 죄책감, 그리고 무관심 등의 부정적인 감정을 수반한다. 돌봄 상황에서 느끼는 감정들은 돌봄 관계들을 표현하는 언어이다. 돌봄 감정은 돌봄의 관계와 존재를 표현한다.

참여 대상자의 돌봄 경험에 부정적인 돌봄 감정이 지배한다. 부담스럽다, 피하고 싶다, 용납이 안 된다, 돌봄을 받아야 하는 상황이라면 차라리 죽겠다, 짐덩이다, 고생이다, 쓸모없다, 억울하다, 울화가 치민다, 지친다, 미안하다, 섭섭하다, 자존심이 상한다, 불효하는 것 같다, 죄책감이 든다 등 노인, 돌봄 종사자, 가족 모두 돌봄 상황을 서술하는 단어들은 부정적인 감정을 일으킨다.

돌봄 종사자 임순자

"저 같은 경우도 오래 가고 싶지 않은데, 길게 가는 분들 많잖아요. 숨만 쉬고 계신 분들 많아요. 존엄사도 좋을 것 같아요. 힘들게 사는 거 원하지 않아요. 종교적으로는 안 되고. 하나님 뜻을 거스르는 거니까. 근데 그거 좋은 거 같아요. 어느 정도 깨끗할 때 다 정리하고 마무리하고 가는 게 좋을 것 같아요. 자손들도 죄책감도 덜하고, 힘들지도 않고, 다툼도 덜할 것이고 그럴 것 같아요."

노인 G

"집사람도 그렇고 나도 그렇고 중병 들면 약이라도 먹고 미리 죽겠다고 해요. 서로 고생 안 시키고. 어차피 갈 거 조금 일찍 간다는 생각이지. 고생들 좀 안 시키고 약이라도 먹고 죽는 게 낫겠다 생각해요.… 매스컴도 많이 보지만 돈 없는 사람들 보통 요양원 가잖아요. 1년 살 것 반년도 못 살고 간다는 거죠."

노인 C

"요양원 그거 말고 또 조금 더. 국가요양시설말고 노인들만 쫙 모여서 공동식사하고, 집은 따로따로 세대별로 쓰면서 식사는 공동식사하고 여유시간 같이 보내고 하는 걸… 그런 걸 1차적으로 고려하고 있고. 그건 내가 침대에 누워 있지 않은 상태에서. 내가 침대에 누워 있어야 되는 상태가 되면 요양병원에 가야죠. 저는 그렇게 봅니다. 그리고 아들에게, 딸에게 돌봄을 맡길려고 하는 것은 너무 잔인한 것 같아요. 부모는 자식이 잘되기를 바라는 게 다 부모 마음인데 내가 아프다고 자식들 행복까지 내가 다 앗아가면은."

돌봄 종사자 신유진

"연명의료. 본인 의지에 따라 다른 것 같아요. 아예 의식이 없으시면 가족들이랑 고려를 해 봐야 할 것 같아요. 가족들한테는 1, 2년 지속되면 큰 부담인 거잖아요. 의사랑 상담해서 거기서 멈추는 것도 전 서로 좋은 것 같아요. 사실 의식이 없으시면 내가 살고 싶은지, 죽고 싶은지 그거는 본인 의지를 잘 모르는 거잖아요. 일단은 할 수 있는 데까지 치료는 해 보되 기간이 길어지면 힘드니까 생각해 봐야 하는 거 같아요."

돌봄 종사자 민지영

"어르신들도 힘들어하세요. 내가 이렇게 힘들게… 늦게까지 이렇게 사나라는 말씀들을 많이 하세요. 아무 쓸모가 없는데… 자식들 걱정하게 하고 나름 뭐 자식들이 또 돈 들이는걸 미안해하는 분도 계시고. 이렇게 오래 살면 뭐하나 하나도 쓸모가 없는데… 뭐에 보탬이 되는 게 없다는 게. 예전에는 집안을 위해 생산적인 일을 하셨던 분들이 대부분이시라. 그분들이 당신 재산이 있는 데도 미안해하시더라고요. 걱정거리만 된다고."

돌봄 종사자 정지혜

"저희 돌아가신 할머니는 돌봄의 경험에서 요양병원에서 돌봄을 받으시다가 돌아가셨어요. 치매가 심해지기 전까지는 저희 어머니가 집에서 돌보셨어요. 할머니를. 너무 힘들어 하셨죠. 어머니가… 치매뿐만이 아니라 젊었을 때부터 갖고 계신 질병이 많아서 거동이 불편하셔서 24시간 옆에서 붙어 있어야 했고, 신체적으로도 힘들고 병원비에 대한 부담, 이런 게 아무래도 있을 수밖에 없었죠."

(2) 수동성

노인들은 돌봄 상황을 받아들이기 힘들어한다. 부담을 주고 싶지 않다. 그런 상황이 되기 전에 일찍 죽는 것이 낫다고 한다. 돌봄 상황을 부담스러워 하는 것은 복합적인 이유가 있다. 우선 이타주의적 배려로서 가족에게 부담이 되고 싶지 않다고 생각한다. 자식을 돌보는 일을 인생의 가장 소중한 가치로 여겼던 부모가 자식에게 힘든 돌봄의 부담을 지우고 싶지 않다고 인식한다. 혹여 자신이 눕게 되면 자식에게 부담이 갈까 봐 마음 편하게 의지하지 못하고 돌봄의 욕구를 제대로 표현하지 못한다. 가족 갈등을 염려하고 돌봐지는 처지를 미안해하고 한탄한다.

노인 H

"누가 날 돌보겠어요. 쟤도 허리가 아파서 저러는데."

노인 C

"아들에게, 딸에게 돌봄을 맡기려고 하는 것은 너무 잔인한 것 같아요. 부모는 자식이 잘 되기를 바라는 게 다 부모 마음인데 내가 아프다고 자식들 행복까지 내가 다 앗아가면."

노인 B

"가족이라고 하면 아들인데… 아들한테 의존할 정도 되면 죽어야 하지 않나 하고 생각해요.… 병이 들어서 자식한테 의존한다. 경제적으로 의지한다.… 전 이런건 용납이 안 돼요."

노인 D

"저는 가족에게는 하고 싶지 않고. 여기 보니까 임종 때 어디로 갈거냐 이렇게 있는데 그쯤 되면 호스피스 병동으로 가서. 될 수 있으면 수녀님들이 좋겠고. 되도록 가족에겐 그런 고통을 주고 싶지 않아요. 그래서 우리 장애딸도 형제들에게는 안 맡기려고 해요."

돌봄 종사자 임순자

"우리 엄마 아부지가 아프니까 자식이 집에 들어왔는데 며느리 눈치를 봐요. 며느리는 딸들이 북적거리는 게 싫은 거야. 안 도와주면 엄마 혼자 하는데… 우리 엄마는 저번에 그랬어. 우리 친정 쪽은 6남매에요. 근데 자식들의 부모들이 다 돌아가시고 우리만 살아 계셔.… 우리 엄마 아부지만 살아 계시니까 그게 미안한가봐. 우리가 살아 있어서 얘네가 고생하는 게… 우리 시어머니 같은 경우도 우리 집에 그렇게 안 오려고 하는 게 나 때문이었을거야.… 저도 마찬가지에요. 저도 나중에 남편이 나를 케어하는 걸 원해도 자식한테는 절대 안 할 것 같아. 내가 정말 죽으면 죽어도 해 달라는 말은 안 하고 간다고 할 것 같아."

자신 세대 때는 자식이 부모를 돌보는 것이 당연했는데, 지금 세대는 그렇지 않다고 세대 변화를 수용하는 마음도 작용한다. 그러나 제대로 가족 돌봄을 받지 못하는 상태가 부조리하다는 마음도 가지고 있다. 자식들의 형편도 힘들다는 것을 알고 손자녀들을 가르치고 돌봐야 하는 자식들의 부담을 이해하지만 자식이 혼자 힘으로 자란 게 아니라고 말한다. 자신보다 자식을 위해 살았다고 주장할 수 있을 정도로 자식에게 헌신하며 살아왔는데 건강과 기능을 상실한 뒤 제대로 돌봄을 받지 못하는 것은 부조리하며 부당하게 버려졌다고 생각한다.

노인 F

"아내나 아들이 이제 (요양)병원으로 저기 하자고 하면 가야지. 뭐… 근데 이제 자기네들이 한다고 하면 같이 있는 거고. 그때 가봐야 할 거 같아… 나보다도 (가족 뜻) 그쪽에 비중을 두는 거죠.… 우리 때는 부모를 우리가 저기 했잖아요. 지금은 세대가 바뀌어서 부모를 책임지려고 하는 세대가 아니에요.… 우리 때는 자식이 다 했어요. 근데 세대가 변하면서."

그러나 이런 생각은 깊은 속내이지 자식 앞에서 적극적으로 주장되지 않는다. 부계적 가족관계가 약화되고 있는 것을 인식하고 있다. 오히려 마음과는 달리 비자발적으로 현실적 상황을 선택하거나 마지못해 수용하면서 내적인 갈등을 겪는다. 실제 많은 노인들이 요양 시설에서 가정에 있을 때보다 훨씬 양질의 서비스를 받는 상황에서도 그 돌봄의 의미를 긍정적으로 받아들이지 않는다. 가족들에게 부담이 되고 싶지 않다고 인식하면서도 가족 돌봄을 받지 못하는 상황이 부당하고 버려졌다고 생각하는 것은 부계적 가족관계에 대한 기대와 이와는 다른 현실조건을 수동적으로 받아들일 수밖에 없는 데 따른 갈등적 인식일 수 있다.

부계적 가족관계가 많이 약화되었지만 여전히 자식들은 부모 부양에 대한 책임의식을 갖고 있다. 요양원 입소의 예를 들었듯이, 어르신을 어떻게 돌볼지는 자식들이 결정해야 한다는 부담감을 갖고 있다. 부모의 돌봄과 헌신에 대해 감사하고 연약해진 부모님의 안위를 돌보고 싶은 마음이 자발적으로 우러나 돌봄을 수행하기도 하지만 여러 현실적 여건에서 직접적으로 집중적인 돌봄을 수행하기 어려운 상황이다. 제대로 모시지 못하고 있다는 불효 의식과 세상으로부터 손가락질 받을 수 있다는 체면 의식에서 돌봄 상황을 부담스럽게 여기고 있다.

돌봄 종사자 윤미경

"여기 계시는 분들은 사실 자기 결정이 어렵죠. 거의 요양원에 오시는 어르신들은 자기 결정을 못한다고 보시면 돼서 보호자님들이 주로 하시는데 저희가 주 보호자님들을 선택을 해요. 왜냐면 자녀도 마음이 다 틀려서 한 사람을 정해 놓지 않으면 소통이 안 되서."

돌봄 종사자 이상훈

"시설에 간다라는 자체가 아주 불효, 시설 가면 죽는다는 개념이 아주 강해요. 세대가 바뀌고, 50대, 60대 초반 이런 분들은 벌써 자식들한테 폐끼치기 싫다라고 생각하세요. 치매 걸리고 그러면 시설로 보내든지. 약 먹여서 죽여라하는 분들도 계시고… 남들의 의식, 이런 거 때문에 집에서 하는 것보다 시설로 보내는 게 낫지 않을까. 의식 때문에 그런 부분도 많다고 봐요.… 시설도 서울 한복판에 있고, 깨끗하고, 케어도 잘하고, 이제 그러니까 믿고 맡기면 될 텐데 굳이 자기가 감당도 못하는 거."

요양사로서 돌봄을 행하는 경우도 부정적인 감정에 힘든 경우가 많다. 어르신을 진심으로 대하지 않아 마음이 좋지 않다. 형식적으로 대화하고 진심이 우러나지 않는 말과 행동을 할 때, 고객이 원하는 데 수동적으로 반응하거나, 억지로 돌볼 때 고객에게도 자신에게 부정적으로 영향을 미치는 감정 노동이 된다.

돌봄 종사자 오순희

"(요양원에서 먼저 들어온 요양보호사들로부터 견제를 받으면서) 시집살이 많이 했어 나. 과장님도 다 알아. 그 이유는 여기 와 보니까 요양사 선생님들끼리도 생각이 너무 달라.… 식판이 있으면 밥을 요만큼밖에 안 푸는 거야. 선생님 밥이 너무 적다고 말하면 하루 만에 다 소문나.… 두부 들어간 국도 한두 개밖에 안 주길래 좀 더 주는 게 어떠냐고 물어보면 대답도 안 해. 아무 소리 하지 말라는 이야기지.… 그렇게 자꾸 쌓이는 거야.… 그리고 (특정) 어르신은 밥 늦게 먹는다고 맨날 얘기가 올라와. 그럼 일이 늦어지니까. 그 사람만 지켜볼 수는 없어요. 그래서 살펴보니까 어르신이 식사 드시는 욕심이 많아. 그걸 다 씹어 삼켜. 꼭꼭 씹어 먹느라고 늦더라고. 그래서 1등으로 드렸어. 그것도 또 시간이 지나니까 늦어지더라고. 죽으로 드리자고 하는데, 과장님은 그래도 식사가 좋지 않겠냐 하고. 최대한 나는 빨리 잘라서 먼저 줬어. 그랬더니 팀장이 나를 부르더라고. (특정) 어르신만 예뻐하고, 다른 어르신을 미워한다고… 내 친정엄마나 되는 것도 아닌데 왜 다른 어르신을 미워하고 그러겠냐고. 그래서 그 어르신 신경 껐더니 난 편하더라고… 그러다가 죽으로 가다가 콧줄로 갔지."

(3) 책임과 권리의 비대칭

자녀 입장에서 돌봄이 부담스러운 것은 자녀들 사이의 책임 나눔이 원활하지 못한 상황과 깊이 연관된다. 다른 형제들은 장남이 부모로부터 우선적인 혜택을 받았으니 돌봄 책임을 져야 한다고 미루고 싶지만 장남 가족은 자신만의 책임은 부당하고 부모 돌봄의 책임은 형제자매가 균등히 나눠야 한다고 생각한다. 형제자매들은 자식들 간 부모로 받은 특혜와 사랑의 차이를 강조하면서 돌봄 책임도 차이가 있는 것이 바람직하다고 인식한다. 딸들은 출가외인으로 돌봄에서 한 발 물러서 돌봄은 아들과 며느리의 몫이라고 주장한다. 반대로 부모를 돌보는 일에 기여했음에도 장남이나 아들만을 챙기는 부모나 장남 가족에게 불만을 갖는다. 이렇게 부계적 가족 이념이 돌봄 책임과 권리의 우선순위를 판단하는 준거가 되어 결과적으로 누구도 적극적으로 돌봄을 받아들이지 않고 가족 갈등으로 이르게 된다. 어느 누구도 부모 돌봄을 자발적으로 받아들이지 않고 서로의 눈치만을 보다가 마지못해 돌봄을 맡게 되고 갈등한다.

돌봄 종사자 이상훈

"(데이케어) 여기 어르신들도 돌아가면서 하시는 분들도 있어요. 3달, 3달, 3달 이런 식으로 책임지다가 그걸 2달씩 또 줄여요. 왜냐면 이제 연로하시니까 내가 모실 때 돌아가시면 손해다. 그런 생각을 하고 있으니까 옮겨서 그렇게 하기도 하고. 그럼 아무래도 어르신들이 불안해 하시고… 아들은 입으로만 하죠. 본인이 직접 안 해요. 그러다 보니 가정 불화도 많구요. 실제로 그런 경우도 많이 봐요. 왜냐면 아들은 딱 회사갔다 오면 그냥 엄마 어땠어. 우리 엄마 왜 이래. 너 우리 엄마 어떻게 모셔서 이따위야가 되면 이제 마찰이 생기는 거에요. 며느리 입장에서도 열심히 하는 데도 순간적으로 기저귀 실수를 했다던가… 딸들이 있는데 딸들이 입으로만 하는 케이스가 있어요. 지금 며느리가 어르신케어 하는데 여기서 저녁 드시고 천천히 가셔도 되는데 딸은 아니 우리 엄마 저녁은 집에서 먹어야지. 거기서 힘들게 왜 그러냐고 하면."

대부분의 여성들은 돌봄의 경험을 갖고 있다. 부계적 가족 제도의 영향이 아직 남아 있는 상황에서 여성들의 돌봄의 경험은 시부모를 돌본 경험이 일반적이다. 시부모를 돌보는 상황이 갈등적인 것은 자신의 선호나 결정에서 돌봄 상황이 이루어지지 않는 상황과 관련이 깊다. 돌봄 종사자 임순자의 경우 장남인 남편이 '강력하게 원해서' 시어머니를 돌보게 되었다. 시어머니를 2년 반 모시면서 갈등이 컸다. 어머니가 스스로 대소변을 가릴 때까지는 괜찮았는데 대소변을 가리지 못하면서 갈등이 심해졌다. 다른 형제들은 미안해하는데 남편은 끝까지 모셔야 한다고 고집을 부렸다. 아들과 함께 어머니를 부축하여 목욕시키는 일을 매일 반복했다. 남편과 싸움 중에 그럼 본인이 돌보라 하고 무관심했던 때가 있었는데 그때 병세가 악화되었을 수 있다고 자책한다.

돌봄 종사자 임순자

"어머니를 제가 모시고 살지는 않았어요. 우리 남편같은 경우에 어머니를 굉장히 같이 살고 싶어했기 때문에 억지로, 억지로 모시고 온 거야.… 요양병원 가기 6개월 전부터는 패드에 변이 묻었어. 항문이 열렸다 그랬거든요. 근데 남편은 안 보내고 싶었어요. 너랑 나랑 하자. 그거 때문에 많이 다툼이 있었어. 남편이 5남매인데 다 요양병원에 모시고 싶어 했어요.… 한 번 큰 위기도 왔었어요. 난 못하겠다. 목욕을 시켜야 되잖아. 나 혼자 들 수가 없으니까 아들하고 들어서 샤워를 시켜야 되잖아요 소변도 어느 날은 많이 싸고, 어느 날은 조금 싸서 기저귀가 넘치기도 하고 남기도 하기 때문에, 쉽게 딱 기저귀가 안 될 때가 있었어요.… 욕창 때문에 어쩔 수 없이 요양병원에 모셨어요. 근데 어머니가 돌아가시고 나서 저는 죄책감 같은 게 많이 있었어요. 죄책감. 잘 모시지 못했다는 것, 더 잘해 드릴 걸. 사람들은 이런 며느리가 어디 있냐 하지만… 내가 그래도 잘못한 점이 많이 있잖아요."

돌봄 종사자 임순자와 같이 시부모를 모시는 것은 며느리의 적극적인 의사보다는 남편의 의견이 중요하게 작용된다. 실질적인 돌봄을 제공하는 것은 며느리인데 돌봄의 의사결정에서는 배제되는 경험도 흔하다. 과거만큼은 아니지만 며느리에게 부과되는 의무를 남편과의 관계 때문이나 선의로서 수행하지만 책임만 있고 어떤 보상도 기대할 수 없는 상황이 억울하다고 인식한다. 치매와 중증질환을 갖고 있는 노인을 돌보는 것은 상당한 자기희생을 필요로 한다. 그러나 형제자매들은 의사결정자로서만 참여했다. 혼자만 돌봄을 맡는 것이 억울하고 진심을 기울이려던 마음 쓰기는 바닥을 드러냈다. 시어머니를 진심으로 대하고 싶었지만 내적 갈등이 커지면서 시어머니에게도 미안한 마음을 가졌다.

돌봄 종사자 임순자는 친정 쪽으로도 형제자매 사이에 부모님 상속과 부양 때문에 다소 갈등이 있다. 법적으로는 아들 딸자식 모두 균등한 상속권을 갖지만 부모님의 정서에서는 여전히 장남, 아들을 중시하는 태도가 남아 있고 딸은 출가한 자식이라고 인식한다. 돌봄 종사자 오순희도 친정어머니를 많이 도와줬지만, 어머니는 늘 아들, 며느리, 친손주를 먼저 챙기고, 자신과 외손주는 부차적으로 대했던 것이 서운하다.

돌봄 종사자 임순자

"부모는 아들을 좋아하고, 편한 거는 딸이 편해.… 큰아들은 이것저것 줬어.… 내가 보기에는 우리는 안중에 없으셔.… 딸은 안 주실라 그러네. 딸은 자식이 아니야. 내가 그걸 보고는 만약에… 마음의 준비를 하고 있는데 부모님 돌아가시고 나면 남동생이랑 의가 상할까봐. 지금도 부모님 돌아가시면 여기 기일에도 안 온다고 나 혼자 속으로 그래."

돌봄 종사자 오순희

"시골은 아들만 위해 주지 딸은 별로야. 딴 사람 같았으면 엄마 안 봤을 거야.… 우리 아버지 돌아가시기 전에 동생은 서울에서 직장 다닌다고 논 10 마지기 주고, 큰아들은 농사지을 줄 모른다고 땅을 줬어. 근데 나는 한 평도 안 줬어. 조금 서운하대. 말도 안하고 그랬어. 근데 어느 날 2,000만 원 주면 550평을 내 앞으로 주겠다고 하대.… 근데 그 돈이 어디로 갔냐. 작은아들이 학교 때려치고 학원 인수받는 데로 간 거야.… 또 한 번은 며느리가 임신을 했어. 보약을 갖고 왔디야 입덧을 하니까. 7개를 갖고 온 거야. 그래서 뭐냐고 물어보니까 보약이니까 너 조금 먹어 그러더라고… 서운하더라고… 알고 보니까 자기 손주들은 3개월 되자마자부터 갖다가 먹이는 거야. 진짜 서운하더라고. 딸에 대한 인식은 엄마는 없어."

(4) 희생과 원한

돌봄은 이타주의적 희생을 필요로 하지만 자아의 욕구와 부딪친다. 노인들은 자녀에게 지나친 부담을 주지 않고 같이 살고 있는 배우자가 믿을 수 있고 책임을 져야 한다고 인식한다. 그러나 같이 늙어 가는 부부가 언제까지 돌볼 수 있는지 확신하지 못하고 갈등한다. 노인 C는 아내에 대한 미안함과 책임감이 어우러져 아픈 아내를 돌보고 있지만 내적 갈등으로 화병을 앓고 있다. 아내를 돌본 지가 11년이 된다. 파킨슨병이 심해져 인지기능장애로 이어진 게 2년 정도 된다. 아내를 돌보면서 화병이 생겨 한방치료를 지금도 받고 있고 한동안은 넝마 줍기도 했다. 분명히 환자인데 아내의 답답한 상황에 버럭버럭 화를 내었다. 자녀들도 최선을 다하고 있지만 자녀에게 전적으로 의지할 수 없다고 생각한다. 본인, 자녀, 간병인이 생활지원을 나눠 하고 있다. 본인이 돌볼 수 없는 상황이 되면 시설에 갈 수밖에 없다고 생각한다. 저축하는 것은 포기하고 아내 돌봄을 위해서 한 달에 140~160만 원 정도 쓰고 있다. 버티고 있다. 복지담당 상담자는 내가 건강하고 행복해야 돌볼 수 있고, 무조건 아내를 책임지겠다는 생각을 내려놓으라고 권했다. 그러나 여전히 아내를 시설에 맡기는 상황이 염려된다.

노인 C

"제가 집사람을 살펴보다 보니까 환자로 인식되는 시간이 적고, 아내로 인식되는 시간이 대부분이에요. 그러니까 인지장애 환자가 모든 생각과 행동이 정상인이 아니라는 것을 내가 100프로 이해를 하면서도, 실제 행동하는 것은 내 아내가 잘못하는 것으로 인식을 하는 거에요. 그거를 내가 받아들이지 못하기 때문에 화가 나잖아요, 화난 것을 환자에게 돌려줄 수 없으니까 혼자 삭혀야 되잖아요, 그게 어려워요.… 센터장님이 저한테 사모님을 여기서 모시라고, 그러면 선생님도 건강을 지킬 수 있고, 선생님이 건강해야 자제분들 행복도 보장이 된다.… 문제는 제가 마음이 안 열려요.… 환자가 가족을 알아보고 또 조금 부족하지만은 사물을 아직 조금은 인지하고 있고… 그런 사람을 그런 단체 속에다 집어넣었을 때는 본인이 얼마나 스트레스를 받겠어요. 전부 하기 싫은 것 뿐인데. 그래서… 건강이 유지가 되는 한은 내가 최대한 돌봐보고."

노인 C의 울화, 분노 감정에 대해서 깊이 생각해 보았다. 이분 스스로가 돌봄과 치유가 필요한 분일 수 있다. 쉽게 자신의 속내를 드러내지 않지만 인터뷰 말미에 자신을 성찰하면서 어린 시절에 대해 이야기를 해 주었다. 가난한 집의 둘째 아들로 태어나 차별을 받으면서 궂은일을 하였다. 집안 사정이 좋지 않아 남의 집에 입양갔지만 고생이 많았고 집을 나와 독학하고 군대 생활을 하였다. 책임감 있고 정직하게 살았다. 어려웠던 환경에서 자기 인생을 책임지는 데만 열중했다. 은퇴 이후에는 여유롭게 살고자 했으나 아내가 중병에 걸린다. 아내를 끝까지 돌보고자 하나 답답한 상황에 화가 일어난다.

노인 C의 마음에는 헌신과 희생과 충분히 사랑받지 못하고 인정받지 못한 원한의 감정이 뒤섞인다. 힘들고 남에게 좋지 않은 대우를 받으면서도 바르게 사는 것이 사람들에게 인정받는 조건이라 생각했을 수도 있다. 성실하고 바르게 살아야 한다는 압박과 사랑의 굶주림은 다른 사람과 다른 생각을 포용할 수 있는 마음을 내기 어렵게 하였을 수 있다. 자신이 중요하게 생각하는 것들이 부정되는 시대가 정의롭지 못하고, 소통되지 못하는 데 화가 치밀어 오를 수 있다.

우리는 우수하고, 바르고, 좋은 것에 나름대로의 판단 기준을 만들어 놓고 스스로를 규율할 뿐만 아니라 그보다 더 남에 대해 엄격한 잣대를 들이대고 기대에 맞지 않을 때 화를 표출한다. 자신이 해야 한다고 생각하는 일들에 골머리를 썩으면서 사람들의 관계는 거추장스러운 것으로 여기거나 기대에 맞지 않으면 매우 엄하게 재단한다. 그러면서 세상에 대한 미움과 부정적인 감정이 쌓여 간다.

(5) 소통의 부재, 오래된 불통

돌봄의 갈등과 부담 상황은 부모와 자식 관계, 부부관계, 그리고 형제관계, 사회관계에서 친교를 나누지 못하고 소통하지 못하였던 원망과 중첩된다. 고집불통과 독재자로 군림하면서 치매에 걸려 더 고집이 심해진 아버지가 빨리 돌아가시길 바라는 자식들의 심정, 시어머니와 남편 사이의 끈끈한 애정관계 속에서 모진 시집살이를 한 며느리의 탄식, 돌봄 책임만 강요하는 데 억울해하는 며느리, 권위적인 남편에게 깊어진 외로움과 원망을 남편의 임종에도 풀지 못한 어머니, 충분히 사랑받지 못한 원한, 올바르게 살아야 한다는 자기 규율과 책임감과 사회적 시선 때문에 자유로운 삶을 희생하는 데 치미는 울화, 이런 오래된 소통의 장벽이 돌봄 상황의 갈등을 심화한다.

노인 G는 살아온 것 자체가 어려움이었다고 자신의 인생을 풀이한다. 고아였고 양부모에게 재수 없는 인간이 들어와 집안이 망했다고 핍박받고 다시 외톨이가 되어 살았다. 힘들지 않았을 때가 없었을 정도로 고난의 연속이었는데도 뭔가 다시 살아갈 길이 생기는 것 같고, 내려앉을라 치면 다시 올라온 인생이 그려진다. 부모 복, 배우자 복, 자식 복 없는 인생이라고 평한다. 뿌리 깊은 외로움과 원망이 이분의 심층의 감정인 듯하다. 자신이 일군 가족도 자신에게 도움이 되지 않았다고 말한다. 70 넘게 산 게 다행스럽다고 말한다. 삶의 깊은 원망, 사랑받지 못함에 대한 섭섭함, 상처가 비친다. 고아원에서도 지원이 없어 밀밥에 소금 덩어리를 반찬으로 하여 밥을 먹었다고 기억한다. 그래서 키도 크지 못했다. 면사무소 직원의 눈을 피해서 나무를 베어와 팔곤 하였다. 열심히 살면서 안정되는가 싶었는데 아내가 재산을 다 날려 버리는 일이 터졌다. 아내와 갈등이 많았다. 젊을 때는 아내에게 폭력도 행사했다. 지금은 입씨름을 한다. 아내가 점점 잔소리가 많아지는 것이 싫다. 아내에 대해 풀리지 않는 의심과 원망이 있다. 중병 들면 서로 약 먹고 죽자고 한다. 말이나마 서로의 돌봄을 약속하는 부부 사이가 아니다. 조금 일찍 간다고 생각하면 된다. 남에게 고생시키지 않는 게 좋다. 아내의 잔소리가 심해지는 게 꼭 양어머니와 같다고 말한다. 양어머니도 잔소리가 심했다. 이부자리에 발을 씻지 않고 들어온다고 호통을 쳤다. 양어머니로부터 자식 대우를 받지 못했다. 사람과의 관계에서는 외로움의 상처를 갖고 자신을 닫아버린다. 사랑받음을 못 느낀다. 술 먹으면 그리움이 일어난다. 사랑을 갈구하면서 남을 의심한다.

노인 G

"큰 상처는 배우지 못한 게 큰 상처고, 애들도 그렇고, 집사람도 그렇고, 가정을 한 번 파탄낼 지경까지 왔을 때 그때 충격이 많이 컸지요. 그때는 너무 충격을 받아가지고 그냥 술로만 살았으니까… 결국은 집사람이 저기해서 실망이 큰데… 거기에 대해서 물어보지도 않고 본인도 말을 안 하려고 하니까. 그게 수수께끼로 남아 있는 거죠. 왜 그걸 그래서 나를 어렵게 만들었나. 아무리 부부간이라도 한 번 속이고 그러면 믿음이 안 되는거야.… 아내하고 성격이 안 맞고 나이가 들수록 잔소리를 많이 하니까 그게 싫어지더라고요.… 점점 더 심해지니까. 예전에 양어머니가 그렇게 했는데… 내가 많이 자제도 하지만 어쩔 땐 좀 짜증도 나요. 집사람하고 별거한 지가(방을 따로 쓴 지가) 꽤 오래됐어요. 텔레비전을 보다가도 이따금씩 싸워요. 입씨름하는데."

(6) 효용 위주의 위계적, 도구적 돌봄

앞에서 제시한 가족 돌봄의 부담과 갈등 상황은 부계가족의 위계적인 연대와 차별, 책임과 권리의 비대칭, 불평등한 젠더 권력에서 파생된 가족 내부의 갈등과 연관이 깊다. 한편 어떻게 돌봐야 하는지가 혼돈스러워 갈등하는 경우도 매우 일반적이다. 돌봄 상황이 되면 병과 고통을 치유할 수 있는 방법을 찾는 데 몰두한다. 그러다 보면 병과 고통이 치유되기 어려울 수 있다는 것을 자각하지 못하고 헛된 방법을 계속 좇는다. 그리고 시도한 방법들이 효과가 없음을 자각한 뒤에는 실패로 인식한다. 의료적인 처방, 신체적인 처방은 한계가 있을뿐더러 가족은 이 분야에 전문적이지 않다. 그런데 가족의 반응도 돌봄은 몸의 상태를 효율적으로 관리하는 것이라 전제하는 것이다.

돌봄은 단순히 기술적인 서비스가 아니라 정서적 교감과 열린 마음이 필요하다. 비록 아픈 데를 고치지는 못하더라도 친밀성으로 기분이 좋아질 수 있다. 시간을 소모한다고 생각할 수 있지만 조급함을 내려놓고 함께 머무는 것만으로도 정신적 안녕에 도움을 줄 수 있다. 연약한 자와 친교를 나누기 위해서는 고통에 공감하고, 인내하고, 자신을 내려놓고, 겸손한 열린 마음이 필요하다. 돌봄과 영적인 성장과 친교는 서로를 배제하지 않는다. 한편 자신의 안위와 높은 지위를 우선시하는 현대 사회에서 자신을 내려놓고 타인을 돌본다는 것은 어려운 일이 되고 있다.

봉사의식이 있는 분들은 정해진 시간 외 돌봄을 수행하는 것을 개의치 않지만, 경제적 이유를 목적으로 돌봄 일을 하는 분들에게 시간 외의 서비스를 요구하기는 어렵다. 업무로서만 생각하는 분은 규정된 시간 이외에 신경을 쓰는 데에 부담을 가진다. 점차 돌봄이 의사, 간호사, 간호조무사, 요양사, 복지사, 생활관리사 등 전문성, 기능, 처우에 따라 분화되고 있다. 돌봄 자격이 제공자의 입장에서 구분되는데 수요자의 입장에서는 필요한 서비스를 조각조각 이용하게 된다. 행정 편의로 만든 불필요한 업무 분담으로 인해 서로 책임을 전가하는 등 돌봄의 사각지대도 존재한다. 비용 관리 차원에서 돌봄의 질을 차등화, 위계화 시키고 분절화하는 것은 결코 비용효율적이지도 않다.

돌봄 기능이 위계적으로 조직되면서 돌봄 노동자는 감정노동, 트라우마, 성추행, 악성 민원 등에서 보호되지 못하는 문제도 제기된다. 돌봄은 기여-보상의 틀에 갇힌다. 보상할 수 있는 자원을 가진 여부에 따라 최상의 서비스를 받을 수 있는 반면, 모멸감의 존재로 인식될 수도 있다. 아무것도 보상할 수 없는 존재가 되는 것을 부담스러워하는 태도에서 간호 살인과 같은 사건이 벌어질 수 있다.[02] 시설에 가는 것

02 "고령사회 일본의 끔찍한 간호살인…링거에 소독약 섞어 20명 목숨 앗아." 『조선일

을 기피하는 것은 친밀한 관계로부터 단절되는 것에 대한 두려움도 작용한다. 요양시설에 있는 어르신들이 그리워하는 집은 실제 살고 있었던 집이 아닐 수 있다. 고립, 외로움은 기능적 돌봄으로 채워지지 않는다.

노인 C는 치매인 배우자를 오랜기간 돌보면서 많은 어려움을 경험하고 있지만, 요양시설에 대한 부정적인 인식과 가족과 친숙한 집을 떠나 낯선 돌봄 장소에서 정서적으로 힘들어 할 부인을 고려했을 때, 자신의 건강이 유지될 때까지는 아내를 집에서 돌보는 것이 더 좋다고 생각했다.

노인 C

"제가 아직 마음이 안 열려요. (작은 목소리로)마음이… 거기에서는 개인 생활이 100프로 보장을 못 받아요. 받을 수가 없어요. 호스피스 병동같이 그렇게 못 받아요. 그래서 어… 아직 그것이 어… (살짝 웃으며)내가 좀 욕심을 가지고 있는 사항이 되는 것 같고. 그… 환자가 가족을 알아보고 또 조금 부족하지만은 사물을 아직 조금은 인지하고 있고, 그런 상황에서 모든 현재 가정생활에서 누렸던 것을 벗어나게 되면은 환자는 굉장히 정신적으로, 육체적으로 고통을 느낄 거라고. 그래서 우리 집사람 같은 경우는 음식도 아주 까다로워요. 못 먹는 게 너무 많아. 약물도 알레르기가 (강조하며) 너무 많아. 그런데다가 그… 이… 사회성이 부족해 가지고 여러 사람이랑 같이 손뼉치고, 노래하고, 뭐 율동하고, 얘기하고, 떠들고… 이런 것들에 대한 습성이 몸에 전혀 없어요. 그런 사람을 그런 단체 속에다 집어넣었을 때는 본인이 얼마나 스트레스를 받겠어요. (강조하며) 전부 하기 싫은 것뿐인데. 그래서

보」, 2018.07.09.

어… 내가… 어 건강이 유지가 되는 한은 최대한 내가 돌봐보고… 돌봐보고… 내가 이젠 어떻게 할 수 없으면 자식에겐 못 맡기겠더라고. 자식에게는. 우리 아들, 딸… 둘이가 토요일 날은 딸이 오고, 일요일 날에는 아들네가 오고. 오는데도 친구들한테 그 얘기하면 "야, 애들 잘 키웠네." 이런다고. "요새 누가 애들이 매주 와서 그러노." "안 그러면 내가 산에 어찌가노? 나 산에 가야 되는데, 못 간다." 그러니까 "애들 잘 키웠네." 그러더라고. 근데 내가 아파서 정상적인 활동이 안 될 때는 아들, 딸에게는 못 맡긴다고. 절대 맡길 수가… 나도 못 맡기고, 집사람도 못 맡겨요. 그런 쪽으로 생각해 보면은… 그때까지는 (웃으면서) 내가 한 번 해 보자. 현재는 그런 생각하고."

돌봄 종사자 박영숙은 독거노인 중 자녀와 거의 왕래하지 않고 외부 활동이 없는 분의 신변 확인과 정보, 말벗하기를 하고 있다. 공식적으로 정해진 일은 주 1회 방문, 주 2회 전화안부를 하는 일이다. 어르신들의 강한 욕구가 대화를 나누는 것이라고 말한다. 그런데 말벗이나 상담, 들어주기 등은 계약된 노동 조건이 아니라 관리사의 자발적인 헌신에 따라 제공되고 있다. 그러나 어르신들과 만나고 이야기를 들으면서 배우는 것이 많다고 한다. 생활관리사를 하면서 아쉽거나 어려운 점은 경제적 지원을 못 드린다는 것이다. 어르신들이 어려운 생활을 도와달라고 해서 손잡고 동사무소 가면 자격이 안 되는 경우가 빈번하다. 다른 서비스로 연계해 드리는 데 한계가 있다. 독거노인을 돌보면서 하루 안 보이면 전화해 줄 수 있는 그런 친구가 있는 것이 중요하다고 생각했다. 그런데 그런 친구는 쉽게 단기간에 만들어지는 것이 아니다. 남자 어르신들은 술, 밥, 바둑 친구는 있지만 마음을 쓰는 친구는 없다.

돌봄 종사자 박영숙

"어떤 분들은 전화로 안부확인을 하면 핸드폰에 가족 2, 3명 외에는 입력되어 있는 분들이 없어요. 전화온 거 이렇게 보면 우리랑 한 거 외에 전화목록이 없어요. 기다리고 있는 거에요. 우리 전화를. 종일가도 말도 안 하고, 텔레비전만 보고 있고, 한 번씩 전화 오면 자기를 찾아줘서 반갑다고 해도… 경제적인 지원을 해 줄 수가 없어요. 그게 제일 안타까워요. 경제적으로 호소를 하는데 우리는 어르신들 말만 딱 믿고 그분들이 돈도 하나도 없다고 하면 그분들 손잡고 동사무소 가요. 가서 사회복지 담당한테 이 어르신을 어떻게 구제할 수 있는 방법을 알려 달라고 하면… 뭔가 발견되는 부분들이 생겨나요. 자식들은 직장생활하고 있는데 부모를 부양 안 하고… 그런 게 가장 난처한 문제에요.… 그외에는 우리가 뭐 솔직히 안전 확인만 한다고 하지만, 시장도 봐다 주고… 병원에 가야 되는데 아무도 없으면 병원에 동행도 하구요.… 안 해도 되는 거지만 우리가 할 수 있는 거라서 해 드리는 거죠. 어르신들도 우리가 가사서비스는 안 한다는 걸 알아요. 근데 이제 작은 심부름 같은 경우는 공식적으로는 우리가 안 하는 걸로 되어 있지만 친분이 있으면 조금씩 해 드리고 있어요."

돌봄 종사자 오순희는 요양원에서 치매 어르신을 돌보고 있다. 신체적 수발과 더불어 노인들의 불안정한 심리에 대응하는 것도 중요하다고 강조한다. 그런데 함께 일하고 있는 동료들은 어르신의 불안정한 태도에 감정적으로 너무 정색으로 반응하는 경우가 자주 있다. 어르신들 때문에 상처를 받는다고 거칠게 말하고 어르신들이 불편한 심기를 드러내는 데 면박을 준다. 어르신들을 함부로 대하거나 인색하게 대한다. 어르신들의 입장보다 돌보는 자의 마음대로 돌본다. 요양사들 사이에는 수월한 쪽으로 돌봄 요령을 배우고 실행하는 분위기가 있는데

이의를 제기하기가 어렵다. 돌봄 종사자 오순희는 어르신이 고집을 부리거나 욕을 할 때는 그냥 듣고 있다가 나중에 진정되면 다정하게 이야기하면 마음이 많이 누그러진다고 한다. 자기 중심적으로 타인을 대하지 않도록 주의해야 한다. 환자의 요구에 민감한 자세가 중요하다. 기저귀를 갈고 어르신들의 식사를 제공하는 것뿐만 아니라 어르신들의 감정에 적절하게 반응하는 것도 요양사가 수행하는 서비스다. 계약으로 명기된 서비스가 아니더라도 감정을 잘 조절할 수 있는 소통은 돌봄의 기본이다. 무료로 주고받았던 정이 이제는 매우 고가의 상품이 되지 않으면 사라지고 있다.

돌봄 종사자 오순희

"(어떤 어르신의 경우) 처음에는 약 먹기 힘들었어. 뱉고. 근데 맛을 모르시나봐요. 그래서 가루로 만들어서 밥에다가 섞으면 밥하고 다 드셔. 처음보다는 성격이 많이 누그러졌어요. 처음에는 뜯고, 할퀴고 하는데 지금은 취침약도 다 드셔. 처음에는 케어할 때 성향을 모르기 때문에 다 힘들어요. 두 달 정도는 가면 서로 알아서 케어를 하지. 보통 3명이 붙어야 돼. 한 사람은 말로 해야 되고··· 돌봄의 어려움이 특별하게 없는데 자기 마음가짐이 중요하지 않을까 생각해요. 어르신을 이기려고 하면 안 돼. 둥글둥글하게 지내야 돼. 내 마음가짐을 어르신 쪽에 맞춰서 해야 해요. 어르신 화내는 거 보신 적 있으신가? 뭐 뺏으면 아주 난리가 나요. 기다려야 돼. 그게 좋은 것 같아요."

(7) 무연고 – 외로움, 그리움, 슬픔, 삶의 허무함

혼자 사는 노인들이 늘어나고 있다. 혼자 산다고 모두 외롭고 고립된 삶을 사는 것은 아니다. 혼자이니까 더 주체적으로 우울하지 않도록 외부활동을 하고 더 건강관리를 하기도 한다. 그러나 가족은 물론 이웃과도 전혀 왕래 없이 외부 활동도 하지 않고 혼자 지내다가 사후에 발견되는 안타까운 사례들이 왕왕 일어난다. 가족은 소식이 끊기고 재개발에만 관심이 있는 이웃이 가난하고 아픈 독거노인의 벗이 되기 어려운 상황이다.

노인 A는 몸이 안 좋아 고통이 심할 때면 세상을 등지고 싶은 마음이 자주 든다. 이명, 어지럼증, 고혈압 증세로 입원한 경우도 여러 번 있다. 생활의 어려움과 스트레스가 악순환이 되어 건강관리를 하지 못하였다. 늦게 결혼하였는데 얼마 안 되어 이혼하였고 혼자 살면서 건강을 자만하고 신경 쓰지 않았다. 점점 마음에 신경 쓰는 일이 순조롭게 진행되지 않아 일어나는 걱정을 이겨내기 위해 술을 자주 마셨다. 그러다 직장생활을 지속할 수 없는 몸이 되었다. 노인의 이야기를 들으면 건강이 꼭 나이 때문에 나빠지는 것이 아니다. 평소에 건강을 관리하지 않은 생활습관의 영향이 크다. 정부로부터 생활지원을 받은 지 2년 정도 된다. 더 이상 일을 할 수 없는 상황이 되었을 때 집주인과 이웃이 열심히 사는 것을 보고 안타깝게 여겨 동사무소에 신청해 주었다 한다. 수급자로서 받는 금액으로 방세 지불하고 식품 사고 휴대폰비 내면 남은 것이 없어 쪼들리게 살고 교제생활도 어렵다. 생활의 어려움과 병환으로 더 이상 고통스럽게 살고 싶지 않다고 느낄 때가 자주 있다. 고향에 집을 짓고 싶고 딸을 못 보고 있는데 경제적 능력이 되면 딸을 만나 희망하는 것을 말해 주고 싶다. 하루에 가장 많이 느끼는 감정이 어떤가 물어보았다. 그리움이라 한다. 친구가 보고 싶다고 한다. 고인이 된 친구가 그립고, 그리운 마음이 되면 술 한잔 생각이 난다. 인터뷰를 마치고 이분의 삶이 더 나아질 수 있을까 생각해 보았다. 회의감이 들었다. 가까이서 도와줄 사람이 없다. 조상과 고향과 형제, 딸, 친구를 그리워하고 있지만, 아무도 그를 반갑게 맞아줄 것 같지 않다. 몸 상태가 좋으면 밖에 나와 어르신들과 이야기하고 청소도 하고 또 어울려 막걸리도 한 잔 한다.

노인 A

"개인적으로 몸이 아프다든지, 아니면 하는 일이 빨리 뭐… 이뤄지지 않고 그러다 보면 술을 먹게 됩니다. 술을 먹게 되고… 술을 먹는 것이 그… 일시적인 괴로움을 잊기 위해서… 술 그것이 당시 먹을 때는 좋은데 깨면 또 외로워요. 허전하고. 그러면 또 먹게 돼요.… 여기 동료들하고… 바둑을 둔다든지 하다 보면 같이 어울려서 한 잔 하고 그 정도… 아픈 지는 한 20년 전부터 허리가 안 좋았어요.… 허리가 안 좋아서 퇴직을 했는데… 생활이 어렵다 보니까 활동하는 능력이 부족하잖아요. 현장에 나가려면 현금이 돈이 필요한데, 돈이 없으니까 제 자신이 답답하고 신경 쓸 수밖에 없죠.… 제 생활에 굉장히 안전성이 없다 보니까… 아프다 보니까 제가 현장에 가서 일을 할 수가 없고. 도저히 이거는 뭐 제가 감당할 수가 없는 거에요. 그래서 그때 그, 음 제가 살고 있는 집 주인 아드님께서 주변에 이제 이웃들이 아저씨 이렇게 하면 안 되니까, 열심히 살려고 하는데 몸 다 버리고 하면 안 된다고 하면서 신고를 했는가봐요.… (수급)이제 한 2년 됐어요.… 방세 나가고 나면 제가 남는 돈은 12만 원 정도 남아요.… 제가 많이 아플 때는 조용히 세상을 등지고 싶다는 생각도… 근데 이제 뭐 옛날에 자랄 때 친구들이 고인된 사람들이 많이 있어요.… 죽마고우라 그러죠. 고향친구들 참 보고 싶을 때가 많아요.… 지금 몸 상태도 그렇고, 상당히 불행함을 느끼고 있습니다. 근데 내가 내 고독을 사랑을 하면서, 내가 내 아픔을 받아들이자 하면서 내 아픔을 내가 받아들이면서 헤쳐나가야겠다 하면 마음이 편한데, 아프면 아플수록 절망감에 빠져 가요."

노인 B도 요즘 가장 염려되는 것은 건강이다. 진찰을 받았는데 콩

팔이 30% 밖에 없다고 한다. 식단 조절을 하고 있는데 좋아하는 것(술 포함)을 먹지 못하는 게 너무 괴로워 우울하다. 술을 많이 먹어 신장이 안 좋은 것 같다. 자세한 사연을 알 수 없지만 아버지가 이북에서 부유하게 사셨는데 전쟁으로 월남하면서 모든 것을 잃고 상심 속에서 살다가 돌아가셨다. 가난하고 아무도 인정해 주지 않는 현실에 분통과 원한으로 살아간 아버지의 심리가 아들에게도 이어진 것 같다. 결혼을 하고서도 안정된 가정생활을 하지 않았다. 아내 속을 많이 상하게 했고, 결국 아내가 이혼을 요구했다. 이혼한 뒤 아들은 엄마와 함께 살다가 결혼하였다. 외롭지 않냐고 물어보았다. 슬픔, 외로움, 기쁨 등 감정을 잘 느끼지 못한다고 한다. 평온한 것 같지만 깊은 내면에 상처들이 꼭꼭 싸매져 있는 듯하다. 집에 들어가면 텔레비전을 본다. 텔레비전을 밤새 틀어 놓기도 한다. 아침에 집을 나와 게이트볼, 장애인 협회 일을 하다 피곤한 몸으로 들어가면 일찍 잠자리에 든다. 혼자서 마음으로 육체적으로 절제된 생활을 한다. 누군가의 돌봄에 의존해서 살아야 하는 상황이 된다면 숲에 들어가 죽어야 되지 않냐고 말한다. 담담하게 말하고 있었지만 순간 슬픔의 감정이 울렁거리며 눈시울을 훔친다. 아들을 떠올린다. 아들에게 의존해야 하는데 그럴 수 없다고 한다.

노인 B

"(아버님은) 황해도에서 지주의 아들로 태어나서 공부도 많이 하셨더라고… 아버님이 이북에서 같이 피난 내려온 후배 친구들이 뭐. 그 당시에 삼편단 공장사장인가 그랬어요.… 그런 분들이 오라 그래도 전혀 안 가고 그랬죠. 얘기를 들어 보니까 이북에서는 아버지가 이제 지주의 아들로 태어나서 잘 살았는데… 친구들이지만 이북에서는 별 볼 일 없게 여겼나 봐요. 그분들보다는 못하지 지금 나와서 생활하시니까. 그래서 그런지 왕래를 안하시더라고. 고지식하죠. 아버지를 닮아서 그런가 나도 고지식해요.… 남한테 아쉬운 소리를 하기 싫어요.… 젊었을 때는 음악을 좀 했었어요. 딴따라. 전자 오르간… 그때는 한 시간에 4~5만 원 받았거든. 룸살롱에서. 그때 마누라 속을 많이 썩였지. 저녁에 끝나고 집에 가면 되는데 친구들이랑 또 같이 포장마차 가서 새벽까지 먹고. 그러니 그게 여자가 이혼하자고 안 하겠어.… 혼자 살 때 법원에서 뭐가 날아왔더라고. 이혼 서류에 도장 찍어달라고… 그때는 내가 늙는다는 생각을 안 했죠. 근데 지금은 거울을 보면은 아… 늙었어 … 이혼한 지가 지금 별거까지 합치면은 에, 음, 한 25년 된 거 같은데. 내가 40대에 그런 것 같아요. 자식은 아들 하나고, 손녀 하나 있고, 아들하고는 연락도 잘 안하고… 신장이 좀 안 좋아요.… 사람을 만나서 식사하고 약속도 못해요.… (아들은) 찾아오지는 않고. 뭐 매 생일 때, 요번에 내 생일 때 이제 연락이 와서 식사 좀 하자 그래서. 근데 내가… 아이 눈물이… 이 나이 먹으면서 눈물이 많아졌어. 텔레비전을 보고도 울고 내가 이상해졌다니까. 텔레비전 보면서 눈물을 질질 흘리고 있어.… 근데 내가 신장이 이러니까 같이 가서 밥을 못 먹을 꺼 아니에요.… 근데 내가 자식한테 병이 있다고 말하기는 싫고. 그래서 약속 잡았다가 내가 바쁘다고 그냥 안 했어요."

2) 돌봄의 재인식

(1) 자기 마무리 – 자기책임과 주변정리

노인들은 자신의 돌봄 경험에 비추어 자식에게 부담을 주지 않으려고 한다. 특정 자식에게 재산을 남기고 노후를 의탁하지 않고 자녀 모두에게 평등하게 대하고 자신의 노년을 스스로 책임지는 쪽으로 인식이 변화되고 있다. 돌봄 종사자 임순자는 자식에게는 의가 상하지 않도록 공정하게 하고 이해를 시킬 것이라고 한다. 그러면 자녀들의 갈등이 적을 수 있고, 또 협력하면서 부모를 돌볼 의사도 가질 수 있다. 노인의 가족도 아들에 의지하는 어머니를 그대로 방치하면 안 될 것 같아 자신의 집 근처에 있는 요양원으로 모시고, 요양원 비용은 어머니 돈으로 처리하게 하였다. 자신도 모든 것을 책임지는 게 아니라는 것을 분명히 하고, 어머니가 모든 것을 의지하지 않는 것이 관계에 좋다는 판단이다.

돌봄 종사자 임순자

"나는 우리 애들한테, 애들 둘이 있는데 차별되지 않게 서운하지 않게 줘야겠다. 이해를 시킬 것 같아. 누구는 이래서 더 줬다고. 의가 안 상하게끔 살아야 될 것 같아. 대체적으로 보면 부모님 돌아가시고 나면 형제들이 의가 상하더라고. 왕래 안 하더라고, 그걸 많이 보거든. 그건 진짜 잘해 놓고 가야 될 것 같아."

노인의 가족

"엄마가 이제 거동을 할 수 없는 지경이 돼서 원래는 요양병원에 가셨다가, 이제 치매도 오시고, 관절염 이런 것도 심하셔서 거동도 못 하시고 그래서 친정이 대전인데 그쪽에서 먼저 시작했어요. 그쪽 요양원에서 근데 제가 이쪽에 있으니까 가기도 너무 불편하고 그래서 여기에 신청을 했다가 순번이 돼서 이쪽으로 오시게 돼서… 저도 결혼하고 나서 크레딧을 많이 쌓았기 때문에 엄마가 또 제 말을 믿고 의존했기 때문에, 돈 같은 부분도 요양원에 지출하는 돈은… 엄마가 노후 자금을 갖고 있으면 그거를 또 욕심내는 자식이 있잖아요. 그거를 저랑 제 남편이 지켜줬고. 요양원에 오고 나서부터는 그 돈에서 엄마 요양원비 나가게 하고… 근데 그런 돈도 없어서 요양원비도 제가 내고, 이런 것들도 제가 다 한다면 남편한테 너무 미안할 것 같아요. 그러니까 그런 돈을 마련해 놓은 건 당연한 거죠."

노인들은 시대가 변하여 더 이상 자녀가 부모를 부양하는 것이 당연하지 않음을 받아들인다. 자신의 노후를 스스로 책임져야 함을 인식하면서 자녀 부양에 대해 선을 긋는다. 노인 F는 지금 살고 있는 집은 나중에 아내 생활비로 쓸 수 있도록 하겠다고 한다. 자녀에게 상속할 재산은 없다. 몇 푼 안되는 재산에 싸움 나는 것도 좋아 보이지 않다.

노인 F

"(같이 사는 아들은 생활비를 부담하거나 경제에 도움을 주시지 않는지?) 나는 걔한테 생활비 달라고 안 해요. 기대를 안 해요. 근데 걔가 가끔 이제 내가 지 카드로다가 신발이니, 뭐니 사주고 그러는데. 나는 걔한테 용돈도 안 받고. 생활비도 안 받아요.… 이 다음에는 몰라도 지금은 내가 버는 동안은 바라지 않거든요. 딸도 이제 시집가니까 지도 용돈을 주고 그러는데 관두라고 한 이유도 너 먹고 살으라고, 애 가르치고. 내가 이 다음에 아무것도 못할 때 다오 그랬는데 아들한테도 그래요. 내가 일하는 동안은 바라지 않아. (노후 대비에 대해서는?) 나도 그게 걱정인 거에요. 이 다음 노후 대책을 못 해놨으니까. 근데 그게 걱정한다고 되는 건 아니니까. 나는 그래요. 사는 데까지만 성실히 살자. 버는 데까지 성실히 벌어서 나중에 어떻게 될지 몰라도. 단순해요 내가 사는 게. 내가 생각해도 참 단순해.… 지금 건강하니까. 그 바람에 또 저기 하는 거고. 그러니까 단순한 거에요. 살아가는 방법이 건강하니까 일단은 몇 푼이라도 벌고. 저축은 못 해도. 솔직히 마누라가 저축을 하는지 안 하는지도 몰라요. 나는 결혼하고서부터는 생활에 일체 간섭을 안 해요. 그래서 지금도 그 전에 직장 다닐 때도 내 용돈 몇 푼 저기 하고 통장이든 뭐든 딱 들어가면 어떻게 쓰든 간섭 안 해. 너무 파고들어 가면 싸움나는 거고.

그건 모르겠어요. 저도 뭐 생각은 많이 하겠지.… (지금 살고 있는 빌라는) 내가 먼저 죽으면 마누라가 살아 가야지.… (자녀들에게 상속할 재산에 대해서는) 상속할 돈도 없어요. 돈이 있어야지. 근데 그 어릴 때 그 재산 때문에 난리치는거. 하기야 뭐 그런거 보면 둘째 아버지도 풍을 앓다가 죽었지만… (한참 후에) 둘째 아버지도, 둘째 어머니가 애 하나 낳고 약 먹어서 죽는 바람에 재혼해서 걔네들도 재산 싸움 하더라고. 그거 보면서 참… 그거 몇푼되는 거 갖고."

전통적 노부모 부양은 태어나서 죽을 때까지 가족이 돌보는 관계였는데 지금은 세대 간 독립이 중요하다고 인식한다. 그래서 자녀에게 덜 투자하고 자신의 노후에 더 준비해야 한다고 생각한다. 가족관계도 보다 명확한 호혜관계에 기초해야 하며 실질적으로 부모님을 모시는 자녀가 상속권을 갖는 것이 타당하다고 생각한다. 가족 돌봄이 유지되기 위해서는 주고받는 것의 호혜성의 원칙이 법적으로 명확하게 규정되어야 한다고 인식한다. 이런 인식의 연장에서 부모가 재산을 증여하였는데 부양을 책임지지 않을 때 증여를 취소하는 불효자 방지법이 발의되기도 하였다.[03] 인기 강사인 황창엽 신부는 노신도들에게 재산을 자녀에게 물려줄 생각을 하지 말고 내일 당장 은행에 가서 주택 모기지를 하여 자신의 건강과 사교를 위해 쓰라고 한다. 부모를 생각하는 자녀들도 부모에게 당신을 위해 노후자산을 쓰라고 권한다.

(2) 돌봄을 통한 자아의 성장

돌봄으로 관계가 갈등하고 자아에 부정적으로 작용하는 측면도

03 "아무튼, 주말 효도해~ 집 줄게." 『조선일보』, 2018.11.17.

있지만 그 갈등적인 돌봄 경험을 통해 관계가 회복되고 자아가 성장하는 계기가 될 수도 있다. 갈등은 보다 나은 관계를 찾게 한다. 상대방에 대한 시선이 원망에서 이해로, 자신에 대한 시선이 상처에서 사랑으로 변환될 수 있다. 관계가 새로워지고 자신을 성찰하고 새로운 자아를 구성할 수 있다. 노인 C는 아내에게 화를 내지 않으려 노력하고 있다. 하루에 짧은 순간이라도 즐거운 시간을 주려고 노력한다. 인지장애 상태에서도 친밀감은 느낄 수 있다. 친밀감을 체험하는 것이 환자에게 매우 중요함을 깨달았다. 이웃에게 피해 주지 않고 살았지만, 주변 사람들이 주변머리 없다, 외골수라고 평한 자신을 마음을 열고 보게 된다.

돌봄 종사자 임순자는 시어머니를 돌보면서 신통하게도 대소변 냄새가 나지 않았다고 한다. 은혜라고 생각한다. 마음으로 돌보는 일을 받아들이고 있었다는 것을 의미한다. 돌봄을 통해 어머니와 자신의 관계가 해석되고 새롭게 구성된다. 어머니를 돌보면서 아쉬운 점은 병환이 급속히 나빠져 대화의 시간을 갖지 못한 것이다. 건강하면 여행도 하고 추억을 만들 수 있었는데 그러지 못해서 아쉽다. 아마도 돌봄 종사자 임순자는 평소 시어머니와 애틋한 관계는 아니었다 하더라도 좋은 관계였던 것 같다.

돌봄 종사자 임순자

"좀 더 잘해드리고. 우리 어머니가 나한테 잘했거든 사실. 근데 이제 솔직히 그때 내가 어머니 대소변 이거 못 할 것 같다고 했거든. 근데 정말 대변 냄새가 안 났어. 정말. 우리 신랑이 너무너무 고마워했거든. 방에 들어가면 냄새가 진동을 하는데. 근데 제가 그때 이비인후과 질환이 있어서 냄새를 잘 못 맡았어요. 그것도 하나님의 은혜에요. 역겨워서 토할 것 같고 그래서 다른 사람들은 살도 많이 빠지고 그랬다는데 저는 밥도 잘 먹고 그랬거든요 (웃음). 그래서 다시 돌아간다면 오래는 아니더라도 모실 것 같아요.… 어머니는 급속히 나빠졌어서 대화도 없었어요. 그런데 만약에 어머니가 좀 건강하시다면 여행도 좀 다니고 추억을 많이 만들면 좋겠죠. 하기야 우리 아들은 엄마가 어머니한테 잘했어 하는데… 저희 친정 부모님한테 한 분은 치매고 우리 엄마는 걷는 것도 힘들지만 우리 남아 있는 자식들이 하는 이야기는 어… 이제… 여행 같은 거 우리가 꼭 모시고, 수시로 다니자고. 모시고 나와서 식사하고. 그런 식으로 하려 하지."

조금은 다른 상황이지만 노인 D는 지체장애인 딸을 20년 동안 돌보면서 내적인 갈등과 방황이 컸다. 딸과 함께 죽을 생각도 여러 번 했다. 왜 나에게 이런 일이 벌어졌는지, 받아들이기 어려웠다. 장애아를 둔 부모의 마음이 비슷하다. 자기 힘으로 살지 못하고, 사회로부터 인정받지 못하고 손가락질 당하는 사람이 자식이라는 것을 받아들이기 어렵다. 그럼에도 상황을 받아들이려 무진장 노력했다. 점차 아이를 통해 자신이 성장하는 것을 깨닫게 되었다. 아이가 천사다. 행복한 것 같다. 돌봄 상황을 받아들이는 것은 자신의 삶을 새롭게 시작하는 것이었다. 욕심 사납게 굴지 않고, 이웃에 감사하고 타인에게 피해를 입히지 않고, 자신의 돌봄 상황에 대해서도 최선의 책임을 다하고, 허례허식하지 말고 검소하고 단정하게 살기 위해 노력했다. 이웃을 충분히 사랑하지는 못하였지만 딸의 돌봄을 통해 어려운 사람들의 처지를 공감하는 마음이 깊어지고 자선을 생활화했다. 죽어서 잘 죽었다 조롱거리가 되지 않고 아름다운 사람으로 기억되기를 소망한다.

(3) 나눔과 친교

돌봄은 소통에서 윤활유를 얻는다. 노인 C는 친밀함이 돌봄의 핵심이라는 것을 깨달았다. 아내를 즐겁게 해 주려는 마음을 가진다. 그리고 친구들과의 어울림을 통해 활력을 유지한다. 활동적이고 행복한 노년을 위해선 열린 마음과 내려놓는 마음이 필요하다. 의존하고 싶은 사람은 자기를 가장 잘 돌보아 줄 수 있는 사람이라고 기대하는 친밀한 타자다. 그리고 좋은 돌봄은 소통이다.

노인 C

"우리 친구들 중에 이런 사람들이 있어요. 부부간에 각방을 쓴 지 10년이 됐다, 20년이 됐다. 왜 그러냐 하고 여자분한테 물어 봤어요. 퇴직하고 나서 서예공부를 해 왔습니다. 서실에서 이제 그 여자 회원들이 있는데 그분들이 각방 쓰는 분들이 몇 분 있어서 왜 각방을 쓰느냐고 물어봤더니, 뭐 코도 곤다, 잠자리가 험하다, 그 다음에 어떤 분은 남편이 잠자는 모습이 참 험악하다. 나이가 들면은 잠자는 모습이 젊을 때처럼 보면은 얼굴이 예쁘지가 않고 늙어서 잠자는 모습이 그렇게 나쁘게 보인대. 그렇게 무섭대. 그래서 내가, 무슨 소리냐, 마음을 편하게 가지면 더 곱게 보인다, 내가 예를 들어줬어요. 우리 집사람이 아래, 위 의치를 하고 있어요. 그래서 저녁에 자기 전에 꼭 의치를 빼서 가글하고 재우잖아요. 의치를 뺀 할머니 모습을 상상해 보세요. … 그 의치를 뺀 그 모습을 눕혀 놓고 제가 뽀뽀를 합니다. 뽀뽀를 몇 번을 하면서 오늘 잘 놀았어?, 재밌었어?, 어떻게 지냈어? 뽀뽀를 하면서 하면 같이 뽀뽀를 해요. 의치가 없는 입술을 갖고 같이 뽀뽀를 합니다. 그 환자도. 그게 그 환자의 즐거움이에요. (머뭇거리며)… 오늘 땀 안 났어? 땀 안 났어? 하면 조금 간지르면 또 간지럽다고 막 이래요. (살짝 웃음) 환자들도 다 느껴요. 그런 것을 해서 환자가 자기 전에, 편안하고 기분 좋은 마음으로 잠들 수 있게끔··· 이렇게 생활하는 게 환자 돌보는 게 거기 가서 느낀 거에요. 웃기고 즐거운 순간들을 많이 줘야 되겠다. 그게 제일 중요한 것 같아요.··· (자신의 건강을 위해서는) 퇴직하고 나서부터는 친구들하고 어울려서 산에도 다니고, 여행도 다니고 하면서 시간을 보내고 있는데··· 그게 건강관리에 도움이 되는 것 같아요. 일주일에 두 번 산에 가요. 어제도 산에 가고. 건강관리라고 하는 것은 친구들하고 어울려서 많이 웃고, 즐거운 시간 가지는 것. 우리 친구들이 그런 이야기 합니다. 매주 만나는 친구들이 "애인 만나는 것보다도 화요일을 기다리는 날이 가장 즐거운데, 누구누구는 안 나오느냐." 지팡이를 짚고, 과천 대공원을 주로 이용하는데··· 한 20명 모이면 거기서 세 그룹이 나눠집니다. 지팡이 짚고, 허리 아프고··· 아스팔트 길을 그늘만 찾아서 걷고, 산길로 올라가는 사람은 중간에 적당한 데서 쉬었다가 내려오고, 한 7~8명밖에 안 올라가요. 나머지는 아래 땅에서 한 5~6명··· 그렇게 갈라져서 가지만은 식당에서 다 모이잖아요. 식당에서 같이 뭐 그··· 밥 한 그릇 먹으면서 막걸리 한 잔씩 먹으면서 이런 얘기, 저런 얘기하면서 웃고 즐기는 시간들. 그게 우리 노인들이 정서적으로나 신체적으로 가장 도움이 되는거 같아요."

나눔은 채워진다. 가족 돌봄이 이전과 같지 않은 것은 책임감이 약해져서가 아니라, 가족관계에서 친교가 적었기 때문일 수 있다. 친교는 가족관계에만 국한되는 것이 아니다. 현대인은 실패하는 것을 두려워한다. 그래서 잘하지 못하는 것, 위험한 일을 피하는 게 상책이라 생각한다. 관계도 안전한 관계인지 좁은 세상에 갇혀 산다. 그러나 부딪치고, 실수하고, 다쳐보면서 삶을 배워 나간다. 살아가는 데 무엇이 옳고 그르다는 잣대를 들이대기 어렵다. 자신과 동일시하고 무한 책임을 갖는 연대는 집착일 수 있다. 약하지만 유지되는 친교, 짝, 내 편이 있으면 심심하지 않고 즐겁다. 서로에 대한 큰 책임을 약속하지 않고 마음을 터놓을 수 있고 의지할 수 있는 짝이 필요하다.

돌봄은 돌보는 자에게도 필요하다. 타인을 위해 헌신하는 것만이 아니라 자신의 상처를 치유할 수 있어야 한다. 우리는 불완전한 사랑, 자기 위주의 사랑, 정의 때문에 상처받고 상처를 주며 돌봄이 필요한 자일뿐 아니라, 상처를 입히는 자일 수 있음을 받아들여야 한다. 그리고 자신의 상처를 적극적으로 돌볼 수 있어야 한다. 돌봄 관계의 수평적이고 민주적인 의사결정과 소통은 돌봄 제공자의 안녕에 매우 중요하다. 자신을 내려놓을 수 있는 사랑을 베풀기 위해 내가 무한한 사랑을 받는 존재라는 것을 확고하게 믿는 것이 중요하다. 원한과 상처에도 불구하고 많은 관계와 일 속에서 살고, 자신을 뉘우치는 것도 사랑을 받는 존재이기 때문이다. 여전히 내적 갈등이 심하지만 자신을 포함하여 주변 사람들을 넓은 마음으로 받아들이는 마음, 안전지대에 갇혀 무슨 일이 벌어지지 않을까 노심초사하기보다, 모든 일을 받아들일 수 있는 마음으로 살게 하는 것이 사랑이다. 노인들이 열린 마음으로, 자신의 선의가 더욱 넓은 마음으로 확대될 수 있다고 믿기를 희망한다.

(4) 누구나 상처를 갖고 돌보는 존재

노인의 고통, 분노, 외로움은 나이가 들어서가 아니라 인생에서 축적된 것 같다. 당신으로 인해 깊은 상처를 받은 가족들과 친구들이 있을 수 있다. 진정으로 용서를 구하지 못했을지도 모른다. 그런데 자신의 상처를 드러내는 것을 상당히 어려워한다. 남에게 업수이 여겨질까 봐, 약함을 드러내서는 안 된다는 자기방어가 작동할 수 있다.

누구나 살아가면서 후회하는 일이 생기게 된다. 자기 멋대로 살아가도 크게 잘못된 결과가 오지 않을 거라 낙관하기도 한다. 규칙에 얽매이기 싫어하여 규칙에 반하는 행동을 하기도 한다. 나쁜 결과가 닥

치더라도 순간의 희열이 더 크다고 스스로 정당화하기도 한다. 불의하게 닥친 고통에 원한을 가지면서 자신의 몸과 정신에 복수를 하듯 함부로 생활하기도 한다.

이 세상에선 나약한 존재임을 받아들이기 어려워한다. 뭔가 보상을 주지 않으면 쓸모없는 존재가 된다고 생각한다. 그러나 나약함 속에서 자기 중심을 벗어나 영적 성장을 이룰 수 있다. 그것이 나이 듦을 받아들이는 것이다. 박영숙은 나약함을 받아들이기 위해서는 의지할 자기만의 비법을 갖고 있는 것이 중요하다고 한다. 어디에 기댈지 막막하면 부정적 감정을 많이 가진다. 혼자서 원망, 후회, 외로움의 상처를 내려놓기는 힘들다.

낮은 것이 영원한 것도 아니고 비참함이 영원한 것도 아니다. 실패와 상처를 통해서 인생의 의미를 찬란하게 체험할 수 있다. 노인 B는 좋은 마음을 갖도록 노력한다고 한다. 방탕한 생활과 그 뒤에 오는 상실과 외로움, 아픔 속에서 조금씩 인생의 지혜를 다듬어 가고 있다. 자기 중심적인 노인들도 많다. 죽어서나 철이 들까 싶기도 하고, 어떨 때는 조용하게 타이르기도 한다. 좋은 마음이 건강을 지켜준다. 죽음을 생각해도 좋은 생각을 하다가 가야 하지 않나 생각한다. 죽으면 끝이기에 오늘, 삶에 더 충실하다.

인생을 아쉽게 하는 것은 벌어진 일들을 온전하게 받아들이고 함께 머물지 못했기 때문일 수 있다. 상실을 원망하고, 자신의 기준으로 호의를 차단하고, 남의 선의를 당연하게 받아들이고 감사하지 못한 무수한 사건들의 일상이 후회스럽다. 그럼에도 온전한 내려놓음, 받아들임의 자세로 살아갈 기회는 지금 존재한다는 믿음과 실천이 모든 과오, 후회를 찬란한 인생으로 바꿀 수 있다.

과거를 원망하며 기억하는 것은 불행하다. 과거를 망각하는 것도 상처를 봉합한다. 노인 F는 어릴 적의 상처 이후 기억하는 게 거의 없게 되었다고 한다. 얼마 지나면 생각이 나지 않는다. 과거를 잘 잊게 되었다. 주변 사람이 죽어도 큰 감정이 일어나지 않는다. 시체를 보고, 사고 현장을 목격하였는데도 안됐다는 마음은 있지만 눈물이 나지 않았다고 성찰한다.

노인 F

"그날그날 사는 거에 만족하며 살아간다고 해야 하나. 그렇게 (잠깐 멈추며) 크게 고민이라고 할게.… 물론 앞날에 대한 고민이 아주 없는 건 아니죠. 심각하게 안 하는 거지. 암판정 받았을 때도 남들은 난리가 났는데, 나는 크게 걱정을 안 했거든. 깊게 생각한 적도 없고… 먼저 내 옆에서 교통사고 나서 사람이 죽었을 때도 가끔 이름은 아직 기억하는데… 이름은 기억하는데… 참(말끝을 흐리며) 큰 충격은 못 느꼈어. 붕 떨어져서 차 밑에 깔려진 신체를 이렇게 봤는데… 구급대 왔는데 이미 죽었다는 말을 들었는데도 눈물이 안 나대요. 이상하게. 같이 근무한 사람인데도 (잠깐 말을 멈추다가) 눈물이 안 나대.… 눈물이 안 나더라고. 내가 나쁜 놈이라 그런가."

돌봄 종사자 박영숙은 어르신이 죽어야 돼, 가치가 없어, 염치도 없다고 자책하는 분들에게 지금까지 자녀 낳고 힘들게 산 공덕이 있다, 열심히 사셨다, 떳떳하게 당당하게 받으시라고 말씀드린다. 그러면 위안을 얻는 것 같다.

돌봄 종사자 박영숙

"우리 어르신들 중에서 나는 이제 죽어도 돼, 나는 이런 가치가 없어라고 말씀하세요. 나라에 이런 걸 받을 염치도 없고… 이렇게 말씀하세요. 그럼 저는 그렇게 말씀하시지 말라고. 그 옛날에 먹을 것이 없을 때도 어르신들이 자녀 낳아서 잘 가르쳤고, 힘들게 살아왔던 그 시절 때문에 지금 우리나라가 이렇게 된 거라고. 어르신들이 열심히 살아서 우리가 이렇게 사는 거라 절대로 나라에서 해 주는 걸 미안하게 생각하지 마시고, 떳떳하고 당당하게 받으시라고 말씀드리거든요. 아무 것도 해 놓은 게 없는 것 같아도 지금 이 자리에 서 있는 것 자체가… 그렇게 말해 드리면 어르신이 위로를 받고, 얼굴이 살짝 펴지는 게 보여요."

돌봄 종사자 오순희는 어려움 속에서 희망을 잃지 않고 신세를 한탄하지 않고 타인을 원망하지 않고 기쁘게 살았다. 별로 배운 것 없고, 일찌감치 생활 전선에서 나와 씩씩하게 일하고 아들 낳고 키웠다. 남편이 바람을 피웠지만 용서하였다. 제 버릇 개 주지 못해 헤어질 때 잘 살라는 마음과 돈 천만 원을 주었다. 진정한 교제를 꿈꿨다. 허망한 인연이 끊어지는 아픔도 있었다. 그러나 새 살이 돋았다. 새로운 사람을 만났다. 그 사람과의 인연도 어디까지인지 모르겠지만 함께하는 시간을 소중히 여긴다. 연연하지 않는다. 엄마를 원망하면서도 엄마를 긍휼히 여긴다. 엄마의 집착, 무지, 편애에도 엄마의 마지막이 가슴 아팠다. 자기 생활 꾸려가는 자식에게 부담을 주고 의지하고픈 마음이 없다. 그렇다고 자식들이 나몰라라 하지는 않을 것이다. 직장생활을 접고 나면 봉사활동을 할 거다. 쓸 만큼 쓰고 남는 것은 가급적 적게 할 것이다. 병치레도 오래 하고 싶지 않다. 운동이 생활이 되었다. 3일만 아프고 세상을 떠나고 싶다. 죽음의 시간이 오면 거할 곳이 정해질 것이다. 기쁘게 사는가, 감사하며 사는가, 함께하는가, 비우는가, 마지막의 시간의 의미도 다르게 경험될 것이다. 낮지만 높다.

4. 돌봄의 미래

가족 돌봄의 미래는 아마도 사랑, 친밀성, 책임에 대한 상호 인정, 가족관계의 젠더성에 대한 근본적인 변화를 전제한다. 개인의 자발성과 소통을 억압한 권위적 관계에서 정서적 연대는 취약하다. 가족 돌봄이 제대로 이루어지기 위해서는 가족성원 간의 유대가 중요하다. 어느 한 성원에게 희생을 강요하는 상황은 가족 돌봄이 지속되기 어렵게 한다. 긴 병치레에 열부, 효자, 효녀가 없는 것은 합리적이다. 가족이라도 무한정 의탁할 수 있는 관계가 아님을 인정해야 한다. 지속 가능한 유대와 돌봄은 서로 간의 독립된 삶의 기반 위에서 오히려 더 잘 작용할 수 있다.

믿고 신뢰할 수 있는 돌봄관계가 가능하기 위해서는 호혜, 사회정의, 선물의 차원에서 돌봄의 가치가 조명될 것을 요구한다. 노인 자신의 책임도 중요하게 인식된다. 고령화 사회의 매우 중요한 윤리는 개인 한 사람 한 사람이 남에게 부담을 끼치지 않는 것으로 인식된다. 건강 신념은 단순히 노욕의 결과 때문이기보다 남에게 부담을 최소화하려는 자기 책임, 윤리 감정 때문이라고 생각하게 된다. 노후생활을 스스로 책임질 수 있도록 소득안전망이 갖추어져야 한다. 세대관계는 자식에게 올인하는 것이 아니라 주고받는 상호 호혜관계가 되어야 한다.

그러나 상호 호혜관계가 충분조건이 아닐 수 있다. 돌봄을 받는 상황이 쓸모없다는 인식에서 간호 살인, 안락사, 자살이 합리화된다. 능력, 힘, 합리적인 계약관계가 중시되는 사회에서 돌봄 상황은 효용 위주로 처리되고 있다. 밖에서는 힘을 과시해야 하는데 돌봄 현장에서 나약한 노인과 친밀하게 교제하고 소통하는 돌봄을 수행하기를 기대하기 어렵다.

노인들은 자신의 삶을 책임 있게 충실하게 살면서 얻은 것보다 나약한 서로를 돌보는 관계에서 성숙하고 삶의 의미가 더 풍요로워진다고 성찰한다. 나약함을 서로 돌보기에 돌봄은 돌보는 자에게도 필요하다. 돌봄은 타인을 위해 헌신하는 것만이 아니라 자신의 상처를 치유받는 것이다. 가장 오래되고 친숙한 관계에서 누적된 원한이 치유되는 과정이 되려면 상호 마음이 열려야 한다.

근대 사회는 인간을 고립된 개인으로 등장시키고, 자율의 의미를 축소시켰고, 돌봄의 가치를 사회정의에서 주변화시켰다고 논의된다(캐롤 길리건, 1982; Ruddick, 1989). 압축적으로 근대를 욕망했던 한국 사회는 현재 성장/저성장, 복지/불안, 통합/갈등의 과제와 트릴레마(trilemma)를 우려하고 있다. 가족 돌봄의 긴장, 가부장제적 사회 재편, 발전주의, 불평등한 구조는 타인에 대한 환대와 배려의 기초인 시민 연대의식을 심각하게 약화시켰다. 근대의 종언이 파국적인 종말이 아니라 새로운 삶의 시작이 되기 위해서는 돌봄의 사회정의가 삶의 중심을 받쳐줘야 한다.

돌봄의 사회정의적 가치는 사랑이다. 착한 사마리아인은 꼭 가족이 아니다. 꼭 같은 민족도 아니다. 천시 받고 괄시 받는 이방인이었다. 잘났다고 생각하는 사람들은 쓰러져 있는 죽어 가는 자를 보지 않았다. 돌봄의 정의는 이웃 사랑이다. 가난한 자에게 베푸는 것이 사랑이다. 약한 자에게 베푸는 것이 참된 사랑이다. 원수, 낯선 자에게 베푸는 환대가 사랑이다. 이런 무조건의 환대, 사랑, 베품이 차단되는 것은 정의롭지 못하다.

5장

죽음 앞에서

5장은 박경숙. 2015. “임종기 노인의 고통에 대한 사회학적 고찰.”『한국사회학』49(2): 125-160 그리고 안경진 · 박경숙. 2021. “노인의 죽음에 대한 인식과 경험: 죽음의 고통과 삶의 의미.”『인간 · 환경 · 미래』26에 실린 것을 부분적으로 수정 · 보완한 것이다.

1. 죽음은 왜 고통스러운가?

친밀한 관계를 맺고 살던 가족과 지인들의 죽음에서부터 나와 무관한 타인들의 죽음에 이르기까지 인생을 통하여 다양한 죽음을 간접적으로 경험하며 살고 있다. 그런데 죽음은 누구나 경험하게 되는 보편적인 사건임에도 불구하고, 죽음을 일상의 삶 속에서 진지하게 생각하거나 인식하지 않고 살아간다. 오히려 죽음의 경험을 타자화하고 죽음 인식을 차단하면서 죽음을 일상생활로부터 밀어내고자 한다.

20세기 중·후반 급속하게 이루어진 산업화, 도시화에 따른 가족관계 변화는 노부모 부양의식과 가족의 역할 등에 커다란 변화를 가져왔고, 임종기 돌봄 방식, 사망 장소, 상장례 형태에 영향을 미쳤다(박경숙, 2017; 서혜경, 2009; 통계청, 2019).[01] 삶의 마지막 시기의 임종기 돌봄은 집에서 가족이 전적으로 책임지는 구조에서 노인 자신과 사회가 책임을 지는 방향으로 변화되고 있다. 집에서 가족에 의한 임종기 돌봄은 더 이상 기대하기 어려운 실정이고, 노인은 요양원, 요양병원, 중환자실, 그리고 장례식장과 같은 전문화된 시설과 관련 종사자로부터 돌봄을 받다가 죽음을 경험하게 된다. 특히, 의료적인 관점은 노화과정과 임종과 죽음의 방식에 크게 영향을 미치고 있다(서이종·박경숙·안경진·정령·구미진, 2014). 만성질환 관리에 있어 의료적 관점이 중요해지고 노화과정이 신체·생리적으로 해석되면서 노화는 자연스

01 20세기 중·후반 도시화와 공업화 과정으로 가족관계의 변화 및 상장례 의식변화가 있었다. 집에서 가족과 함께 죽음을 맞이하는 방식에서 병원에서 임종을 맞는 비율은 1998년 12.8%에서 2001년 39.9%로 증가하였다. 2019년 통계청 자료에 따르면, 우리나라 사망 장소별 사망자 수 구성비는 병의원, 요양병원 등 의료기관이 77.1%, 주택 13.8%, 사회복지시설 등 기타 9.1%로, 재택보다 병원사가 현저히 증가하고 있음을 보여준다.

런 과정이 아니라 관리의 관점으로 파악된다. 나아가 임종과 죽음에 대한 인식도 신체화되고 의료화되고 있다. 고통을 제어하고 생명을 연장하기 위해 의료적 개입이 늘어 가고 병원에서 죽음을 맞고 있다. 돌봄의 외주화와 임종의 의료화 그리고 죽음의 상업화 현상은 한국인의 생의 말기 돌봄 상황과 죽어 감을 특징짓는다.

살아오면서 만성화된 고통과 상처와 삶과 죽음의 의미를 통합하지 못하는 상황에서 죽음을 맞는 것은 가장 비참한 인간의 모습일 수 있다. 죽음을 만나는 것은 생명을 보살피고 고통을 치유하는 가장 성스러운 현장이기도 하였는데 의료기술이 확대되고 생명집착과 생명경시의 풍조가 만연한 오늘날 죽음의 고통이 쉽게 방치되고 있는 것은 아닌가 성찰하게 된다.

죽음을 둘러싼 사회 환경이 과거와 달라지고 죽어 가는 과정의 고통과 갈등이 심각하지만 이에 대한 깊은 담론과 연구를 찾기 힘들다. 선행연구들은 주로 죽음 불안이 삶의 질과 정서적 상태 등에 미치는 영향, 죽음 수용에 영향을 미치는 요인, 죽음 태도와 관련 요인 파악 등을 중심으로 단편적으로 수행되었을 뿐이다(김은주 · 이윤주, 2019; 김연하 · 김민주, 2019). 임종의 고통은 생명이 멸하는 과정의 신체적 통증과 상징적 상호작용, 제도, 권력, 이데올로기적 환경 안에서 구조화된 삶의 부조리가 신체과정과 의식으로 표현된 것이다. 또한 개인의 삶이 놓여 있는 사회적 맥락에 따라서 그리고 고통에 대처하는 상황에 따라서 고통의 양상과 정도, 결과가 다르고 그 과정에서 자아가 전환될 수 있고 고통이 치유될 수 있다. 생애 말기 경험하는 다양한 상실에 대한 몸, 마음, 관계, 의료 및 돌봄 환경, 사회 구조적 맥락 등을 포함한 종합적 이해 없이 죽어가는 과정의 복합적인 고통의 의미를 파악하기 어려우며, 실질적 대안을 찾기 어렵다.

이 장에서는 현재 한국 사회에서 죽어 감과 죽음의 시대적 · 사회적 특징이 무엇인지 살펴보고, 죽어 가는 과정의 고통과 갈등의 의미들을 탐색하고자 한다. 노인과 노인을 돌보는 가족 그리고 돌봄 종사자들이 인식하는 죽어 가는 과정의 갈등과 고통이 무엇이며 개인의 삶의 경험, 관계, 사회적 환경이 어떻게 연관되는지, 나아가 인터뷰 참여자들이 재발견한 삶의 의미를 해석하고자 한다.

2. 죽음의 시대적 특징

1) 고독한 죽음

현대 기술문명이 발달하기 이전 시대에는 자연과 환경을 통제할 수 있는 과학기술이 제한되고 자연재해나 전염병 등에 취약하였다. 사망의 위험이 일상생활 환경의 곳곳에 있어, 삶과 존재를 보존하기 위해 초월적인 힘에 의지하거나 소멸에 대한 불안을 완충할 수 있는 상징적 장치들이 고안되었다. 언제 닥칠지 모르는 죽음과 이별에 대비하기 위해 삶의 마무리에 대해 생각하고 죽음 이후 존재가 삶에 연결되는 방식을 고민하여 다양한 상장례가 발전되었다. 상여의 꼭두, 집안에 모셔둔 사당의 위폐, 그리고 제사를 통해 조상을 극진하게 모시는 행위들은 죽음으로 관계가 해체되는 위기를 보호해 주는 다양한 장치들일 수 있다. 타인의 죽음을 일상생활 속에서 자주 경험하면서 자신의 죽음에 대해서도 생각해 볼 기회가 많았을 수 있다. 수의를 만들거나 미리 짜둔 관을 닦으면서, 해결하지 못한 관계나 해야 할 일들을 찾아 스스로 삶을 정리하며 죽음을 준비했다. 또한, 죽음에 대한 성찰과 대응은 개인뿐 아니라 가족과 마을이 함께 준비하였다. 90년대 초반까지만 하더라도 한국 사회에서 임종을 맞는 주요 공간은 고인의 집이었으며, 그 공간 속에서 가족과 가까운 친지 그리고 마을 사람들이 함께 죽음 문화에 참여했다.

1996년 임권택 감독의 '축제'와 박철수 감독의 '학생부군신위'라는 영화를 보면 한국의 90년대 상갓집 풍경과 장례 모습을 잘 묘사하고 있다. 집안의 어르신이 노환이 깊어져 병세가 위독해지면, 자손들은 안방으로 노인의 거처를 옮겨 정신적, 물리적으로 평안한 죽음을 받아들일 준비를 하게 한다든지, 중병으로 오랜 기간 병석에 있는 노인의 경우에는 때로 자신의 죽음을 예측하여 곡기를 끊기도 하는데, 노인의 임종이 예상되면 가족들은 외지에 나가 있는 자손들을 불러 모아 자손들이 노인의 임종을 지키도록 했다. 한국 전통 사회에서는 노인이 마지막 숨을 거둘 때 자손들이 그 모습을 옆에서 지켜드리는 것을 종신(終身)이라고 하여 자식된 도리로 부모의 임종을 지키지 못하는 것을 가장 큰 불효로 생각하는 관습을 이어 왔다(구미래, 2015; 장하열 · 강성경, 2000; 정경희 · 김경래 · 유재언 · 이윤경 · 서제희 · 이선희, 2018; 유복희 · 이민아, 2017).[02] 객지에 나가 있던 가족들과 가까운 친지들은 전화나 전보를 받은 뒤, 급히 고향으로 내려가고 노인을 몇 일간 밤을 새며 간호하면서 운명하는 것을 옆에서 지킨다. 노인의 숨이 끊어지면 가족들은 곡을 하면서 상실의 슬픔을 표현한다. 그리고 고복(皐復)이라고 하여 임종이 확인되면 고인이 평소 입던 두루마기 등 상의를 가지고 지붕 위에 올라가거나 마당에 나가 옷을 휘두르면서, 먼저 고인의 주

02 가족과 함께 집에서 맞이하는 죽음의 형태는 웰다잉의 주요 요소로 인식되고 있다. 웰다잉에 관한 선행연구들을 보면, 사망장소를 '좋은 죽음'의 중요한 요인으로 보고, 대상자가 희망하는 사망장소, 즉 집에서 죽는 죽음을 이상적인 것으로 보고 있다. 임종장소 선호와 관련된 선행연구를 보면, 많은 사람들이 희망하는 사망장소로는 본인의 집을 더 선호했으나, 실제 대다수가 의료기관에서 사망하고 있는 것으로 확인되었다.

소와 성명을 왼 다음에 '복(復)'을 세 번 외치면서, 죽음으로 인해 나간 혼이 다시 돌아와 몸과 합쳐 살아나기를 기원한다.[03] 이렇게 해도 살아나지 않으면 죽은 것으로 보고, 상을 당한 집에는 조등이 밝혀지고, 곡소리가 나며 상주들은 상복을 입고 집에서 문상객을 맞는다. 마을 공동체는 문상객을 위해 품앗이 형태로 음식을 함께 만들어 대접하고, 초상집은 며칠 동안 밤새 사람들로 북적거린다.

근대화, 산업화, 도시화의 급속한 진행에 따라 앞서 말한 상장례의 모습은 더 이상 주변에서 쉽게 볼 수 없게 되었다(임현수, 2015). 죽음은 일상생활에서 분리되었고, 의과학기술의 발전은 생명을 크게 연장시켰다. 그러나 역설적으로 일상생활과 죽음이 분리된 삶에서 개인은 죽음에 대한 긴장과 부담을 더 느낄 수 있다. 노화를 경험하고 오래된 인생 경험을 갖고 있는 노인은 죽어 가는 과정을 가장 절실하게 의식하고 있다. 건강에 대한 관심이 매우 크고 사회적으로 아직 쓸모 있게 살아가야 한다는 데 압박감을 갖고 돌봄이 필요한 상황을 심각하게 고민하고 자신의 삶과 죽음의 의미를 찾아야 하는 상황에 놓이게 된다. 전 사회적인 수준에서 개인화가 진행되는 가운데 사람들은 자신의 생애를 조직하고 선택할 것을 강요받고 있는 것 같다. 천선영의 통찰처럼 한국 사회도 나의 존재는 오로지 나의 삶을 통해서만 의미를 가질 수 있고 개인은 자신의 유한성과 투쟁하면서 자신의 죽음에 대해서도 책임을 져야 하는 방식으로 빠르게 변하여 온 것 같다(천선영, 2012).

영국의 생애 말기 돌봄 전략에서는 좋은 죽음을 구성하는 요소로 익숙한 환경에서 고통이나 통증 없이 존엄을 유지하면서 가까운 가족과 친구들과 함께 죽어 가는 것이라고 정의하고 있다(Department of Health, 2008). 하지만 급격한 산업화, 도시화와 그로 인한 생활양식,

03 네이버 지식백과.

가치관의 변화 속에서 죽음을 홀로 맞이할 수밖에 없는 상황이 일반화되고 있다. 한국 사회도 홀로 죽음을 맞게 되는 시대로 빠르게 변하고 있다. 통계청 『사회조사』에 따르면, 1980년대 초반만 해도 대부분의 노부모는 자녀와 함께 동거하였지만, 1998년 노부모만 따로 거주하는 비율이 43.1%에서 2019년에는 71.7%로 급격히 증가하고 있다(한경혜, 2019). 2017년 고령자 통계에 따르면, 독거노인의 57%는 이웃과, 73%는 가족과 왕래 및 연락이 거의 없다고 응답하는 등 약한 사회적 관계망을 드러냈다(김수지 · 김순은, 2019). 약한 사회적 관계망은 노인의 고독감을 심화할 수 있다(정순둘, 2001). 홀로 일상을 살아가는 사람들이 다른 타자들과의 관계가 소원해지면서 고립되어 지내다가 아무도 인지하지 못한 채 죽고 일정 시간 뒤 주검이 발견되는 사례가 증가하였다(송인주, 2016). 생명이 멸하는 과정에서 신체를 이루는 기관들이 무너지는 고통, 살아오면서 겪었던 만성적인 고통이 밀려오는 상황에 혼자 있다는 것은 비참하다. 한국 사회에서도 혼자 죽음을 맞는 노인이 많아지고 있다. 어릴 때부터 독립적으로 살아가는 생존전략에 익숙한 서구 사회 노인과 비교할 때 가족을 중심으로 살아온 사람이 가족으로부터 제대로 돌봄을 받지 못한다고 느낄 때의 서러움과 버려졌다는 감정고립감은 더욱 클 수 있다.

2) 임종의 의료화, 돌봄의 외주화, 죽음의 상업화

삶의 말년에 대한 인식과 죽음을 돌보는 환경은 시대와 사회적 변화에 따라 바뀌어 왔다. 죽음을 돌보는 환경은 죽어 가는 자에 대한 돌봄으로부터 사후 돌봄에 이르는 환경을 포함한다. 한국 사회는 급속한 근대화, 도시화 속에서도 유교의 영향을 받아 경로효친 사상이 사회 전반에 깊이 영향을 미쳤다. 노인은 집안의 어른으로 가정에서 강한 영향력을 미치는 존재였으며, 노인이 중병에 들거나 노환이 깊어지면 자식들은 노인을 임종 시까지 집에서 돌봤다. 1990년대 초반까지만 하더라도 집을 떠나 객지에서 죽으면 '객사(客死)'라고 하고 이를 불효로 여겨, 노인의 임종이 가까워져 오면 병원에서 치료를 받다가도 집으로 모시고 오는 것이 일반적이었다(박복순, 2013). 임종 돌봄은 친지들과 가족에 의해 집에서 이루어졌고, 상장례는 마을 공동체에 의해 품앗이 형태로 이루어졌다. 하지만 2000년대 초반에 이르러 임종기 돌봄 환경과 죽음과 관련된 문화가 급격히 변화되었고 이는 '돌봄의 외주화', '임종의 의료화', '죽음의 상업화'로 나타났다(정경희 · 조애저 · 오영희 · 변용찬 · 변재관 · 문현상, 1998; 신경아, 2011; 송현동, 2003; 김상우, 2007; 서제희 · 임정미 · 최지희 · 이나경 · 백상숙, 2018; 김현아, 2020).

임종의 의료화 현상은 죽음의 과정이 의료적으로 관리되는 것을 의미한다(Illich, 1995). 한국 사회에서 대부분의 사람은 병원에서 태어나 병원에서 죽음을 맞이한다. 의생명공학기술의 발전에 따라 인간의 기대수명은 놀랄 만하게 늘어났고 건강 수준도 크게 개선되었다. 또한 연명의료기술이 임종기 돌봄의 영역까지 깊숙하게 개입하여 죽음을 삶의 자연스러운 단계로 인식하지 않고 투병과 의료관리의 영역으로 여기게 되었다(이반 일리치, 2001; Illich, 1995; 아툴 가완디, 2014; 박경숙 · 서이종 · 안경진, 2015). 임종이 가까워지면 요양원과 집에서 응급실로 이송되어 중환자실에서 연명의료 등 갖가지 튜브를 온몸에 장착한 채 의료적 처치를 받다가 고립된 상태로 죽음을 맞게 된다(통계청, 2020; 윤영호, 2014).[04] 병원에서는 오직 환자를 살리기 위한 처치방식

04 우리나라 연도별 사망 장소에 대한 1991년과 2013년의 통계청 자료에 따르면, 1991년 사람들의 74.8%가 '집에서 사망'이라는 통계와 비교해 볼 때 2013년 사망 장소별 사망자 수 비율은 의료기관 71.6%, 주택 17.7%, 기타(사회복지시설, 사업장, 도로 등) 10.7% 순으로 사망 장소에 대한 급격한 변화와 임종의 의료화를 나타낸다.

으로 돌아가고 있기 때문에 임종기는 죽음을 준비하는 과정이 아니라 생명연장의 실패의 결과로 맞이하게 된다. 연명의료의 확장으로 신체 기능을 기계가 대체하여 신진대사를 유지시키고 생명의 종말을 연기하게 되면서 임종의 경계는 명확성을 잃었고 임종과정은 마지막까지 죽음과 싸우는 응급상황이 되고 있다. 응급상황에서 죽음을 준비한다는 것은 오히려 비정상적이고 비도덕적인 것으로 인식된다. 임종현장은 죽음을 맞는 장소가 아니라 생존투쟁의 장소가 된 것이다. 그러나 임종의료 결정에 책임을 질 수 있는 주체가 없다. 환자는 애초 임종의료 결정에서 배제되어 있고 의사는 방어적인 입장에 있고 가족은 사회적 시선을 의식하면서 적지 않은 의료비용을 감내하게 된다. 현대 의료로 회복불가능하다고 판단되어서야 어떤 처치도 무의미한 것으로 여겨지고 죽음을 받아들이라고 한다. 그리고 죽음은 신속히 밀봉된다. 의사의 사망진단부터 몸의 온기가 남아 있는 상태로 급속 냉동되어 한두 시간만에 재로 변하는 시스템이 마련되어 있다. 이렇게 삶의 마지막 순간까지 죽음을 끝까지 밀어내어 연명된 목숨은 '살아 있지만 죽은 것과 다를 바 없는 삶'의 의미와 존엄한 죽음에 대한 윤리적, 법적 논란을 크게 일으켰다(제3기 국가생명윤리심의위원회, 2013; 박경숙 · 서이종 · 안경진, 2015).[05]

돌봄의 외주화 현상은 2000년대 이후 노인 돌봄이 사회적으로 제도화되는 과정에서 맞물려 나타났다(정경희 · 오영걸 · 변용찬 · 변재관 · 문현상, 1998). 돌봄 책임을 개인과 가족에서 국가로 확대해야 한다는 인식에서 정당화된 노인 돌봄의 사회화 과정은 가부장적 문화 속에서 심화된 가족 돌봄이 갖고 있던 여러 문제들을 해소한 측면도 있지만,

05 연명의료에 대한 사람들의 부정적인 인식은 사회적 논의로 확산되어, 2016년 1월 '호스피스 · 완화의료 및 임종과정에 있는 환자의 연명의료결정에 관한 법률'이 제정되었다.

상품화의 논리가 심화되어 효용성, 편의주의, 상업화와 맞물려 시설 돌봄 위주로 편성되었다. 그 결과 삶의 중요한 관계이자 실천으로서 돌봄의 의미와 가치는 크게 약화되었다. 돌봄은 누구에게나 필요한 관계가 아니라 피하고 싶고 돈에 의해 살 수 있고 팔 수 있는 서비스로 인식하게 됐다.

죽음의 상업화는 사후 돌봄을 위한 상장례가 상조업체와 장례식장으로 외주화되면서 상업화된 현상을 말한다. 현재 한국 사회에서의 상장례는 고인의 삶에 대한 회고와 상실을 애도하는 의식(ritual)이라기보다는, 유가족들의 체면치레와 위생적으로 주검을 처리하는 절차로 채워지고 있다(박복순, 2013). 노인이 생전 자신의 재산에 대한 상속, 제사, 장법, 장례식 등에 대한 의사결정을 미리 해 두지 않았을 경우, 상장례를 포함한 사후 돌봄에 관한 의사결정들은 고인의 평소 가치 등에 기초하여 이루어지기보다는 편의적으로 신속하게 처리된다. 타인의 부고를 받으면 병원 장례식장으로 가서 조의를 표하고 일상으로 재빨리 복귀한다. 고인의 가족들과 친지들도 중환자실 앞에서 대기하다가 갖가지 호스를 꼽고 연명의료장치로 유언조차 남길 수 없는 노인과 간단한 면회를 통해 가족의 임종을 경험한다. 임종 후 시신은 위생상의 이유로 재빨리 병원 영안실 냉동고로 옮겨지고, 상주들은 고인의 시신이 없는 공간에서 손님들을 맞는다. 대형병원의 특급호텔을 방불케 하는 장례식장과 계좌 이체를 통한 조의금 결제 시스템, 홈쇼핑을 통한 납골묘 분양, 상조 상품의 홍보 등 죽음도 상품화된다.

3. 죽어가는 과정의 고통

현상적으로 죽어 가는 과정은 많은 고통을 수반한다. 그렇다면 왜 임종기 노인은 많은 고통을 호소하는 것인지, 더 중요하게 어떤 사회적 상황에서의 임종이기 때문에 고통을 호소하는 것인지에 대해 질문하게 된다.

개인의 신체 · 심리적 웰빙이 사회적인 환경과 분리되지 않는다는 인식은 사회학의 오래된 상식이다. 임종기 고통은 개인이 오랫동안 익숙하게 행하였거나 중요하게 여기는 사회적 역할이 더 이상 지속되지 못한 결과와도 연관될 수 있다. 오랜 기간 익숙했던 역할과 사회적 인정이 더 이상 유지되지 못할 때 심각한 정체성의 위기와 함께 고통을 경험하게 될 수 있다(Dowd, 1975; Longino and Cart, 1982). 고독감은 관계나 역할로부터 배제되었을 때 혹은 스스로 관계에 적응하지 못하여 관계를 거부하는 존재의 위기를 의미할 수 있다(Seeman, 1983). 사회적으로 기대되는 역할이나 성취를 중심으로 살다가 더 이상 역할을 수행할 수 없는 상황에서 삶의 회의로 괴로워 할 수 있다. 그동안 바람직하다고 믿었던 가치나 의미가 무너질 때, 당연하게 여겼던 가치와 규범이 무의미하다고 여겨질 때, 부정적인 감정과 고통에 휘말릴 수 있다. 세계와 자아의 의미는 더 이상 명확성을 잃고 정의하기 어려워지고 삶의 무의미함에 방황한다. 삶과 존재의 의미를 잃어버리고 자기를 기만하면서 살았던 존재에 대한 회의감이 크게 밀려올 수 있다. 역할 상실과 삶의 의미에 대한 방황은 특히 죽음을 앞둔 상황에서 극적으로 표출될 수 있다.

현대 사회에서 마음의 병이 깊고 우울증을 호소하는 사람들이 많은 것은 또한 현대 사회를 살아가는 생존전략 안에 고통의 원인이 자리하기 때문일 수 있다(노베르트 엘리아스, 1998; NHK 무연사회 프로젝트팀, 2012). 과거 어느 시대보다 현대에서는 죽음이 사회로부터 기피되고 배제되어야 하는 대상으로 여겨진다. 현대 사회는 경쟁 속에서 자아를 계속 확장해야 하는 압력이 크다. 경쟁에서 이기기 위해서 건강과 지능, 체력과 능력의 회복과 유지가 중요하게 여겨진다. 그런데 나의 의식과 나의 것이 확장해 가면서 세계는 점점 타자화되고 나와 세계의 관계는 약화된다. 젊음과 생산성이 강조되고 자기가 과시되는 사회에서 임종과 죽음의 공포는 증폭될 수 있다.

역설적이게도 고통을 피하는 전략이 발전됨으로써 고통이 확대하기도 한다. 현대 사회에서 각종 질병이 늘어난 것은 과거에 없었던 새로운 병들이 늘어난 이유도 있겠지만, 과거에는 정상적이라고 여겨지고 감내해야 한다고 여겨졌던 상태가 지금은 두렵고 피해야 하고 피할 수 있는 병으로 전환되었기 때문일 수 있다. 고통을 최소화하는 효과적인 전략 중의 하나가 질환으로 접근하는 것이다. 그러나 질환으로 접근될수록 불안이 늘어나고 그만큼 고통을 내적으로 통제하는 몸과 마음의 작용은 약해질 수 있다.

고통은 심리학의 중심 주제이기도 하다. 프로이드와 융이 대표하는 초기 정신분석학은 현대 사회에서 사람들이 호소하는 심각한 고통은 외적인 환경이 아니라 마음에서 기인하고 있다고 강조하였다(칼 구스타프 융 · C. S. 홀 · J. 야코비, 1986). 마음이 무너지면 주체와 세계가 무너진다. 개인은 지식을 배우고 외부 세계에 호기심을 갖고 관계를 경험하고 적지 않은 좌절과 방황을 겪으면서 자신의 세계를 만들어 간다. 정신분석학에서는 일상의 행동과 의식을 조정하는 심층의 강한 에너지에 초점을 둔다. 정상적인 인격에서도 여러 상충된 행동과 감정을 표출할 수 있는 심층의 인성들이 존재할 수 있다. 그러나 심층의 분열이 너무 커서 통합된 인격을 갖지 못하는 것은 심각한 병이고 고통 상황이라고 주장한다.

마치 사회 전체가 고통에 휩쓸린 것 같은 오늘날 한국인의 정서에 초기 정신분석학의 메시지는 깊이 공감되는 것 같다. 우리 모두를 위협하는 위험은 경제 불안과 자연재해, 물리적 위험 환경뿐만 아니라 개인과 집단의 마음에서 오고 있다는 데 수긍하게 된다. 환각, 파라노이아, 피해망상 등의 고통은 인성적 요인과 생활사 그리고 욕망 등이 결합되어 마음이 파괴될 때 일어난다. 정신분석학은 편집증, 히스테리, 다중인격, 환각과 같은 분열현상을 보이는 사람은 심층의식에 상처의 비밀을 가지고 있다고 강조한다. 마음이 무너진 이유를 찾기 위해서는 인생에서 겪었던 그리고 무의식에 은밀하게 감춰진 좌절과 고통의 실체를 밝히는 것이 중요하다고 강조한다. 프로이드는 그 상처의 비밀을 성적 억압으로 설명하지만 융은 삶에서 겪었던 다양한 억압이 인격통합에 부정적으로 영향을 미칠 수 있다고 강조하였다. 또한, 융은 환자와 마찬가지로 의사도 마음의 분열을 갖고 있다는 것을 터놓는게 중요하다고 지적하였다. 마음의 병을 겪고 있는 환자를 고치기 위해서는 환자를 이해해야 할 뿐만 아니라 자기 자신도 이해해야 한다. 치료자는 그가 환자에게 반응하고 있는 방법을 항상 경계하고 있어야 하며 의사가 갑옷처럼 위엄을 몸에 두르고 있을 때 아무런 치료 효과도 얻지 못하게 된다고 강조한다(칼 구스타프 융 외, 1986).

고통은 몸, 마음, 자아, 세계가 상호작용하는 생명작용과 밀접히 연관된다. 한편으로 생명작용은 본능적으로 고통을 통제하려고 한다. 어떤 살아 있는 존재도 고통을 피할 수 있다면 고통을 피하려고 한다. 그리고 살기에 편하고 익숙한 것을 추구한다. 그리하여 고통을 최소화하는 전략으로 몸과 마음이 작용하면서 전형화된 인성과 세계가 구성될 수 있다. 이렇게 나라는 인성은 생존의 전략에서 고통을 최소화하는 방식으로 몸과 마음을 작용하여 세계를 주관적으로 구성할 수 있다. 그러나 다른 한편 고통은 인성발달과 자아통합에 필수적인 조건이기도 하다. 어떤 생명체도 환경에 대응하여 고통을 조절하는 능력을 키우지 못하면 성장이 지체된다고 한다.[06] 외적 환경에 대응하는 과정은 욕구를 충족하는 과정일 뿐만 아니라 자기 존재를 위협하고 힘들게 하는 고통을 극복해 가는 과정이기도 하다. 생명체는 고통에 대응해 가면서 외적 환경을 보다 잘 조정할 수 있는 힘이 생긴다. 고통을 극복해 가면서 생존력을 강화해 가는 것이다. 그래서 고통을 인내하는 능력은 인성발달과 통합된 인성을 유지하는 데 중요하다.

그럼에도 불구하고 극심한 고통은 나라는 인성의 통합성을 심하게 파괴하고 나와 세계의 연결을 끊어버림으로써 더 이상 살 수 없게 만들 수 있다. 이렇게 생존을 위협하는 고통은 외적인 상처 자체보다는 나의 의식이 더 이상 통합성을 유지할 수 없고 세계와 연결이 끊어지게 되는 몸과 마음의 붕괴과정일 수 있다. 오이 겐은 불안이라는 감정이 고통의 심층 정서라고 주장한다. 불안은 자의식이 분열될 때, 세계와의 연결이 끊어질 때 작용하는 격정적인 감정이다. 그리고 극심한 고통에 대응하는 방식에서 나라는 인성은 근본적으로 바뀔 수 있다. 살아가면서 우리는 고통 상황에서 벗어나려고 노력하고 자아를 통합하려고 하면서도 순간순간 내적인 분열을 경험한다. 달리 말하면 우리 모두는 다중인격이 될 가능성을 가지고 있다. 그리고 더 이상 자의식으로 통제가 불가능한 고통 속에서 살기 위해 심층의식은 자아전환도 마다하지 않는다(오이 겐, 2013). 어떤 사람은 극심한 고통의 상황을 거치면서 지금까지 믿었던 자아와 세계의 집착을 내려놓고 새로운 삶의 의미를 찾을 수 있다.

---

06 BBC의 〈고통에 대한 보고서〉에 포함된 인터뷰에 따르면 미숙아는 어떤 유전적인 문제나 뇌 기능의 장애 때문에 정상아에 비해 고통을 더 많이 느껴 정상적인 사회생활을 유지하기 어렵다고 한다.

자의식을 분열시키고 외부 세계와의 연결을 끊어버릴 수 있는 심각한 고통은 몸, 마음, 사회적 상태에 어떤 스트레스적인 상황이 일어나 서로 영향을 주면서 원인과 결과로 엮여 심화될 때 작용할 수 있다. 한편으로 몸은 자립성의 도구이고 외부와 연결되어 주체성을 확장시킨다. 그리고 몸의 변화에 따라 자기의식이 새롭게 구성되는 부분이 있다. 깨어 있는 동안 끊임없이 새로운 정보와 자극에 반응하고 새로운 정보를 체득하는 데 주의력과 지향이 활발하게 작용한다. 그런데 사람에 따라 다르게 변하지만 나이가 들면 일반적으로 새로움과 변화에 적응하기 어려워진다. 새로운 정보를 주의 깊게 선택하여 인지할 수 있게 하는 집중력도 떨어진다. 그리하여 외부 환경에 적응하는 데 스트레스가 커질 수밖에 없다. 달리 말하여 신체적 손상이나 노화과정은 주체과정과 사회적 상호작용에 상당한 고통을 수반할 수 있다. 이에 점점 몸과 마음의 작용은 편안함과 안전을 추구하는 상황이나 방법을 발전시키는데 그 과정에서 이전의 통합된 인성과 다른 변화가 일어날 수 있다. 외부 세계에 연결되어 새롭게 의미를 구성하는 데 필요한 집중력이 떨어진 것에 대응하여 이미 구성된 의미와 상징과 정보에 의존하여 자신과 세상을 인식하는 관성이 강해진다. 물론 그렇게 구성된 세계는 과거에 경험했던 세계도 아니고 현재 일반 사람들이 상호 주관적으로 경험하는 세계도 아니다.

심각한 신체적 기능의 손상에 따라 자의식과 외부 세계와의 연결이 긴장하여 심각한 고통을 겪고 그 과정에서 나와 세계가 크게 변하는 과정을 이해하는 데 치매환자의 행위가 유의한 사례가 될 수 있다. 일반적으로 치매의 중심증상과 주변증상이 구분되고 있다. 중심증상은 뇌기능의 쇠퇴나 손상과 직접 관련된 증후이다. 치매의 주된 질환인 알츠하이머의 경우, 뇌 손상의 정도에 따라 언어능력이 쇠퇴하고 장소와 시간을 판단하고 사람을 기억하고 구별하는 기능이 쇠퇴해 간다(Levine-Madori, 2012). 한편 치매 상황의 스트레스가 표현되는 방식은 사람마다 차이가 크다. 배회하고 보이지 않는 것을 보고 일어나지 않은 일을 일어났다고 의심하면서 고통스러워하는 것은 환자의 심층의식작용과 밀접히 연관된다. 우리가 환경을 인식하는 것은 단순한 자극 반응과정이 아니라 주의하고 이미 수집된 정보를 기억하고 해석하는 것이다. 적절한 정보를 수집하고 기억하고 활용하는 몸과 마음의 기능이 훌륭하다면 생존에 유리하다. 그런데 치매환자는 뇌 기능의 손상으로 주의하고 분석하고 느끼고 판별하는 기능이 약화되어 통합된 인성을 유지하기 힘들고 세계와 연결하기가 어려운 것이다. 결국 자신과 세계와의 관계를 해석하지 못하는 고통스런 상태에 놓이게 된다. 세계를 해석하는 틀이 작용하지 못하고 통합된 자아의식도 갖기 어려운 상황에서 심각한 불안 정서에 쌓이게 되고 이는 타자에 대한 두려움과 분노와 의심으로 표출된다. 오이 겐의 해석에 따르면 치매환자가 나타내는 분노, 혼돈, 환각 등의 증세는 환자의 주관적인 생활세계가 심각하게 흔들리고 정의되지 못할 때 발생한다(오이 겐, 2013). 고통은 주관적으로 구성된 생활세계가 위협될 때 일어날 수 있다. 치매노인이 현재 일반 사람들이 공유하는 세계가 아닌 그만의 세계를 이야기하는데 요양사가 구박을 한다면 자명한 세계에 대한 믿음이 의심되면서 상당한 혼란과 격한 감정을 표출하게 된다. 그리고 외부 세계와의 소통을 닫아버리고 내면의 세계도 사라지게 된다. 멍한 상태가 된다.

흥미로운 것은 치매환자처럼 뇌 기능이 크게 손상되었거나 몸과 마음 작용이 극심하게 약화된 임종상황에서도 생명을 유지하려는 몸과 마음의 작용이 지속되는 것이다. 종합적인 의식과 판단 기능이 상실되어 현실세계를 해석하기가 어려운 상황에서 고통을 최소화하는 방법은 심층의식의 정보, 특히 가장 좋게 기억되는 정보로 자신과 세계를 재구성하는 것이다. 치매환자는 보통의 인지력을 가진 사람도 그렇듯이, 그러나 보통 사람보다 더 절실하게 자신의 안전하고 자명한 생활세계를 심층의식으로 구성한다. 나이가 몇 살이냐고 물을 때 20살이라고 말하고 자신을 돌봐주는 딸을 언니라고 믿고 집에 가서 식구들 밥해 줘야 한다고 믿는다. 그리고 편안한 돌봄 환경 속에 있는 치매환자는 현재 세계와 과거 세계 그리고 미지의 세계에 동시에 연결되어 자기를 표현하기도 한다. 시간과 공간과 사람을 우리가 체험하는 방식과는 다르게 인식하는 것이다. 치매환자와 비슷하게 정신분열을 겪는 사람도 살기 위해서 우리가 체험한다고 믿는 세계와 완전히 다른 세계를 창조한다고 이해할 수 있다. 다중인격은 살아가기 힘든 고통 속에서 살기 위해서 구성한 자아이고 세계일 수 있다. 그 세계는 환자들이 경험했던 생활을 그대로 재현한 것이 아니라 살기 위해 스스로 구성한 허구의 현실이다. 그리고 허구의 현실을 실재하는 세계라고 믿는다.

살아 있다는 것은 외적 환경에 연결되어 몸과 마음이 계속 기능하면서 통합된 인성을 유지하는 것으로 정의할 수 있다. 자아와 세계는 몸과 마음과 사회와 인과관계로 나타났다 사라질 수 있는 것이다. 외적 환경과 타자와 연결되어 움직이는 몸과 마음의 기능이 나를 살게 하고 나의 인성을 주조한다. 그리고 생명과 고통의 과정에서 나라는 인성과 세계의 인식은 지속적으로 변화된다.

4. 고통의 연금술

앞에서 논하였듯이 고통은 몸과 마음의 작용으로 이루어지는 생명작용이라고 볼 수 있다. 살아 있다는 것은 몸과 마음의 기능으로 통합된 인성을 유지하고 세계와 연결되는 것이다. 심각한 고통은 삶의 조건이 해체되거나 위협되는 몸과 마음의 상황일 수 있다. 그리고 인성이 분열되고 세계와의 연결이 끊어지는 몸과 마음 상태는 만성화된 갈등관계, 삶의 존재를 위협하는 해체적인 환경, 부조리한 권력과 이데올로기, 역할상실, 고립과 단절을 심화하고 삶의 가치를 부여하지 못하는 현대 사회의 개체 중심적 생존전략 등 다양한 사회적 차원을 포함하고 있다.

죽어 가는 과정이 고통스러운 것은 인간의 일반적인 조건이거나 지극히 개인적인 문제라고 생각할 수도 있지만 우리가 살아가는 방식과 그 안에서 부여하는 삶의 의미는 우리 세계의 권력과 이데올로기 그리고 해석과 감정 틀에 의해 주조되며 고통을 느끼고 표현하고 행동하는 방식은 다양한 사회적 의미를 갖고 있다. 그렇기 때문에 임종기의 고통은 죽음에 관련된 고민일 뿐만 아니라 우리의 삶이 어떤 사회적 상황에서의 삶인가를 성찰하게 하는 주제이다. 또한, 임종기 고통의 사회적 의미는 삶과 죽음에 대한 우리의 인식을 제대로 보게 한다. 마지막 삶의 순간들이 생명연장의 처치 속에서 끝나거나 무정하게 끝나는 현상의 의미를 직시하고 삶의 의미를 분명하게 깨달을 수 있게 하는 주제이다.

신체, 정신적 고통과 대처방식 그리고 죽음을 맞는 태도는 서로 연결되어 있지만 정확히 선형적인 인과관계라고 보기 어렵다. 신체적 고통과 함께 심층의식에 기억된 사회관계와 가치, 욕구, 그리고 자기상이 어우러져 고통이 표현되고 고통에 대응하고 죽음을 맞는 태도가 상황적으로 구성될 수 있다. 고통과정에는 몸과 마음과 사회적 상황이 연결되어 있고 삶의 갈등을 극복하기 위해 노력하는 의지가 개입되어 있다. 그리고 고통에 대처하는 방식이나 자원은 문화와 역할규범과 권력구조에 영향을 받고 이런 사회적 환경에 대응한다.

1) 고통의 복합적 양상

(1) 존재가 무너지는 상실에 대한 고통

죽음은 나를 이루고 있던 몸, 정체성, 관계성 등 모든 것이 사라지는 것이기 때문에 상실의 고통이 격렬하다. 죽어 가는 과정 속에서 경험하는 다양한 상실은 노인의 일상의 삶을 유지하기 어렵게 하고 삶의 통제력을 약화시키면서 복합적인 고통을 야기한다. 이러한 상실의 경험은 노인의 현재 삶의 질에 크게 영향을 주며, 삶의 불안정성을 야기하는 원인이 되기도 한다. 연구에 참여한 노인들은 생애 말기 신체적 상실, 경제적 상실, 그리고 역할상실과 정체성 위기를 경험하면서 나라는 존재가 없어지는 근원적인 상실을 경험하고 있었다. 늙어 감과 죽어 감의 과정 속에서 누군가에게 의존할 수밖에 없는 자신의 존재에 대해 아무것도 할 수 없음과 같은 절대적 무능을 느끼며, 짐스러운 존재로 자신을 표현하면서, 비생산적 존재라 인식하였다.

건강의 악화로 인해 겪게 되는 신체적 기능 상실은 단순한 신체적, 정신적 고통뿐 아니라 고용, 빈곤 등 일상생활에 큰 영향을 주면서 고통을 주고 있었다. 노인 A는 신체적 질환의 악화로 단순히 신체적 통증만 경험하는 것이 아니라, 그로 인해 고용이 불안해지면서 경제적으로 매우 불안정한 삶을 살고 있다. 그는 기초생활수급자로 국가로부터 일정 금액의 경제적 지원을 받고 있지만, 질병의 악화로 인한 약값, 병원비 그리고 생계비 등을 충당하기에는 무리가 있다. 복합적인 고통과 상실 속에서 일상을 살다 갑작스러운 신체적 통증을 경험할 때 그는 큰 두려움을 느끼며, 더 이상 고통스럽게 살고 싶지 않아 죽음을 생각하기도 한다.

노인 A

"아프다 보니까 제가 현장에 가서 일을 할 수가 없고. 도저히 이거는 뭐… 제가 감당할 수가 없는 거에요.… 많이 아플 때는 세상을 등지고 싶다는 생각… 저보다 더 아프고 어려움 겪는 사람도 있지만 더 이상 고통스럽게 살고 싶지 않다라는 생각을 할 때도 있습니다.… 건강해야 돈도 벌 수 있고, 생활의 안정성도 있어요. 제가 아픈 것도 갑자기 막 이렇게… 예고 없이 몸이 막 아프고 그러는데. 며칠 전에는 또 전립선 때문에 병원에 갔습니다. 밤에 갑자기 아프고 그럴 때는, 어지럽고 넘어지고 그럴 때는 할 수 없이 119 불러가지고 제가. 그건 한두 번이 아니고. 양지병원도 가고 뭐… (말끝을 흐리며) 힘들죠. 근데 제가 슬기롭게 받아들여야지 안 그러면 당장도 못 살죠. 지금 이 순간도 아프지 않으니까 행복해요. 갑자기 아픔이 올까봐 걱정이 돼요"

복합적인 상실의 경험 속에서 노인은 삶의 통제력을 잃어 가면서, 자존감의 하락과 정서적 고립 속에서 관계성의 단절을 경험한다. 돌봄 종사자 신유진은 95세인 자신의 할머니 사례를 이야기하면서 신체적 기능의 상실은 가족 간의 원활한 의사소통을 방해하는 요인이 되기도 하고, 정서적인 고립감 그리고 일상생활 전반에 불편감을 주면서 자존감을 낮게 한다고 하였다. 그녀는 할머니가 잘 듣질 못하니, 계속 목소리는 커지고, 목도 아파 예전에 비해 말수가 줄어들고 가족들의 대화에 끼지 못하고 소외된다고 하였다.

돌봄 종사자 신유진

"할머니 보고 있으면 항상 감사하다고 느끼는데 안쓰럽다고도 생각해요. 할머니가 95세 정도 되시는데 100을 바라보시는데, 할머니가 귀도 잘 안 들리시고 하시니까 불편함이 큰거죠. 저희 언니, 오빠, 엄마, 아빠는 할머니가 요강을 쓰시는데 요강 쓰실 때도 만약에 소변 같은 게 튀고 하니까 그게 매일매일 반복이 되니까 힘들어질 수 있잖아요. 할머니도 안쓰럽고. 할머니도 그러고 싶지 않은데… 저희 할머니도 보면 가족들이랑 계속 이야기를 못하니까 서로 답답한 거에요. 잘 못 듣고, 목소리만 커지고 목만 아프니까. 그래서 보면 말수가 줄어드는 것 같아요."

노인 E는 현재 94세로 치매증상 및 저혈압을 가지고 있다. 그녀는 신체 및 인지 기능의 쇠퇴와 가족과의 불화로 인한 정서적 고립으로 존재가 총체적으로 무너지는 심각한 증세를 경험하고 있다. 자신의 지나온 삶 속에서 충족되지 못한 욕망은 일그러지면서 타인에 대한 원망으로 점철되었고, 남편과 어머니 등과의 부정적 경험은 자신의 존재 자체를 송두리째 부정하게끔 만들었다. 존재가 무너지는 이러한 격심한 고통은 자신의 죽음과 직결되는 전인적인 고통임에도 불구하고, 관계성의 단절 속에서 홀로 경험하고 있다.

노인 E

"(지금 아픈 곳은) 어머니 편애 때문에 생긴 병이 소변보기 거북한 거, 13살 때, 그때 대학병원에서 별일 없다. 중간에도 검사해 보면 아무 이상이 없다. 소변이 마려우면 온 몸이 막 저려와요. 그것 말고는 특별한 것은 없었어요.… 지금 약을 많이 먹죠.… 84세에 관절 수술했어요. 인공관절. 혈압은 기립성 저혈압이 있어요.… (남편은)죽을 때까지도 나를 무시했어요.… 원망. 버려야 하는데. 그 사람이 세상을 떴지만 아직은… 지금도 제일 미운 사람은 그 사람이에요. 뭐 항상 그것만 생각하고 있는가. 어쩌다 건들면 생각이 나서… 빌어먹을 측은지심이 내 인생 망쳤다고 생각해.… (90 한평생 인생을 살아보니까 인생은) 살 가치가 없다.… 나는 혼자 자립하고 싶어요. 자립하고 싶어요. 내 생각이나 행위에 대해서는 간섭받기 싫고 그래서 죽음이 다가오면 나 혼자 가던지."

(2) 살아온 삶에 대한 후회와 정리되지 못한 관계로 인한 원망

고통의 정서는 통증뿐만 아니라 심리적 허탈감, 무력감, 분노, 배신감, 자괴감, 고립감, 버려짐 등의 복합적인 감정이 포함된다. 이런 감정은 관계 속에서 관계에 대한 자기 평가와 밀접히 연관된다. 살아온 삶에 대한 후회와 인생에서 정리되지 못한 관계로 인한 원망의 감정으로 고통을 경험하게 된다. 미련, 집착, 후회, 원망, 분노 등의 억눌린 감정은 평생을 통해 누적되어 한(恨)이라는 감정으로 응축된다. 감정은 자기에 의한 자기에 대한, 자기에 의한 타자에 대한, 타자에 의한 자기에 대한 행위이다(박형신 · 정수남, 2009; 김남옥, 2012). 몸과 마음으로 표현되는 고통은 자기와 타자를 지향한 관계 작용이다. 고통의 표현은 타자를 지향한 사회적 행위이고 관계에 영향을 미친다. 고통은 살아오면서 오랜 시간 동안 알게 모르게, 의식 · 무의식적으로 그물처럼 엮인 관계로부터 파생된 갈등 인식일 수 있다. 이런 의미에서 죽어가는 과정의 고통은 신체기능의 손상뿐만이 아니라 살아오면서 만들어진 여러 관계에 내재된 갈등과 깊이 연결될 수 있다. 인터뷰 참여자 노인들은 인생을 통해 다양한 사람들과 관계를 맺어오면서 감사함, 위안, 지지와 같은 긍정적인 정서도 느끼지만, 분노, 슬픔, 두려움, 억울함 등의 부정적인 감정들도 가지고 있었다. 특히 죽음 인식에서 표현되는 부정적인 감정과 복합적인 고통은 그들이 살아온 시대적 배경, 가정환경, 교육, 건강, 성, 계층, 노동환경 속에서 이루어진 관계 속에서 체험되고 누적된 갈등과 연결되어 있었다. 이러한 부정적인 감정들은 현재 삶의 방식과 관계들에 영향을 주면서 합리적인 생각을 방해하고, 상처의 기억에 집착하여 사실과 관계를 왜곡하며 현재의 삶에도 충실하지 못하게 한다. 과거를 기억하며 자신에게 부정적인 영향을 준 사람들에 대한 원망과 한을 강하게 느끼며 억울함과 원통함 그리고 관계의 허망함을 토로한다.

노인 H는 도박으로 전 재산을 날려버린 죽은 남편에 대한 원망의 마음을 가지고 있다. 남편과 사별한 지는 18년이 되었지만, 여전히 남편이 전 재산을 날려버린 것을 생각하면 울화가 치민다고 했다. 그녀는 울화가 치미는 자신의 마음을 진정시키기 위해서 육체적으로 고되지만 미나리 다듬는 일을 자청해서 한다. 10년째 미나리 다듬는 일을 하고 있는데, 남편에 대한 용서는 쉽게 되지 않는 것 같다. 납골당에 모신 남편을 찾아가면 속 썩였던 기억이 살아나 자주 가지 않는다고 한다.

노인 H

"(남편에 대한 원망은) 원망 말할 수도 없죠. 고생 그렇게 많이 했는데 (한숨) … (남편 납골당에는) 그 전엔 자주 갔어요. 장사하면서는 차리기도 걸게 잘 차렸는데 지금은 잘 안 가. 왜 안 가냐면 이제 보기 싫고 그래서 자주 안 가 오래되고 (웃음)… 아휴 지금도 힘들고 그러면 그 많은 재산. 다 쓰고 다니고 그런 생각하면… 원망이 아직도 많죠. 남들은 영감 돌아가시면 울고 그러드만 난 생전 안 울어요. (목 가다듬고)"

노인 E는 갑작스러운 막내딸의 죽음을 경험하면서, 딸의 죽음의 책임을 사위에게 귀속시킴으로써 분노와 혐오의 감정을 쏟아냈다. 또한, 죽은 남편에 대해서도 그가 자신을 경멸하고 고생시킨 것에 대해서 원망의 마음을 품고 있었는데, 살아 있을 때 용서하고 화해하지 못한 관계는 그 사람이 죽고 나서도 여전히 살아 있는 사람의 일상의 삶에 부정적인 영향을 미친다. 죽음 앞에서 화해하지 못한 감정의 고통은 남은 자들의 가슴 속에 한으로 새겨지게 된다. 그녀는 과거의 삶과 관계 속에서 보상받지 못한 것들로 인한 억울함과 '한'의 감정 속에서, 90 평생 자신의 인생에 대해 "살 가치가 없다."고 가차 없이 말한다.

노인 E

> "지 죽을 줄 모르고 쇼핑백에 이것저것 챙겨서 병원에 갔어. 갖고 가니까 위에서 출혈이 조금 있다고 해서 치료하다 갑자기 코마 상태로 들어갔어. 걔는 지 죽을 줄 모르고 갔어.… 내가 원망할 사람이 참 많았어요. 애한테 가해를 한 사람들… 그랬는데 하루 저녁, 이틀, 저녁, 수의를 내 것을 준비했다가 입혀줬어요. 내 옷 입고 가라고. 그리고 마지막에 입관하기 전에 수의 입혀 놓고 보라 그러대요. 잘 가라고… 마음이 괴로웠어요.… 참… 내가 원망할 사람이 참 많았어요.… 내가 아주 분노가 나서… 내가 그랬어요. 내 자신을 주체를 할 수가 없더라구요.… 원망. 버려야되는데… 그 사람이 세상을 떴지만 아직은… 아직은 자식들한테 미치는 것은 현재 진행형이다.… 지금도 제일 미운 사람은 그 사람(남편)이에요.… 여자가 남편 잘못 만났으니까 세상이 어렵고 내가 힘들고 그랬지."

평생 군인의 삶을 살아온 노인 C는 죽음을 인식하면서 자신의 인생을 되돌아봤을 때 부끄러운 삶은 아니었지만, 좀 더 다양한 삶을 살아보지 못하고 여러 직종의 사람들과 만나지 못한, 군인으로서 외골수 삶을 살아온 것에 대해서 후회하는 감정이 있다고 했다. 노인 G는 자신의 죽음을 인식하면서 과거 삶에서 보상받지 못했던 것들에 대한 억울함이 한으로 남아 더욱 고통스러워했다. 노인 G는 전쟁고아로 여기저기 고아원을 옮겨 다니며 살다가, 대학을 가게 해 준다는 양부모의 약속을 믿고 따라 갔지만, 교육은 커녕 양부모로부터 소외되고 괄시받으며 살았다. 그는 죽음의 인식 앞에서 자신의 삶을 뒤돌아보며 부모 복, 부인 복, 자식 복이 없는 인생이라고 자신의 삶을 한탄한다.

노인 C

"아까 말씀드린 대로 너무 외골수 삶을 살았기 때문에. 내 삶을 생각할 것이 아무것도 없었어요. 생각할 것이 아무것도 없고, 내가 할 수 있는 일에 책임을 다하면 다 잘될 것이라고 생각하고 그 일이 무엇이냐면 국가와 민족을 위하는 길밖에 내 책임은 없었어요. 그걸 위해 평생을 살았습니다. 가장 후회스럽다.… 지금 이제 다 내 인생을 평가하면… 내가 군인이 되었다는 거. 군인이 되었다는 게 평생을 군생활을 했으면서도 너무 한스럽다."

(3) 나의 죽음을 인식하지 않으려는 태도 : 차단과 수동성

일상생활에서 죽음 인식의 분리는 개인의 죽음을 타자화하고 자신의 삶에 대한 성찰을 차단하게 한다. 타인의 죽음에 대해서는 간접 경험으로써 죽음을 생물학적인 현상으로 객관화하여 이해하거나, 삶의 자연스러운 과정으로 인식할 수 있지만, 정작 나의 죽음에 대한 인식은 내가 이 세상에 더는 존재하지 못한다는 것을 자각시켜 주기 때문에 굉장한 당혹감으로 다가올 수 있다.

노인 G는 60까지 살면 잘하는 것이라고 생각하고 살았는데, 막상 살다 보니 오래 살고 싶은 욕심이 생긴다고 하였다. 아직까지 해결하지 못한 일이나 정리되지 못한 관계로 노인 A와 노인 H는 죽음에 대한 인식을 차단하고 수동적으로 대하는 태도를 보였다.

노인 G

"전 고생하고 살아서 집사람한테 그렇게 말했어요. 60만 살면 잘 사는 거다. 그렇게 생각하고 살았어요 근데 살다 보니 70, 80이 가까워지니까 욕심이 생기더라고요. 그래서 80까지만 살아도 많이 사는거다. 건강이 전 같지 않으니까. 근데 집사람은 무슨 소리냐. 90은 산다."

노인 A

"그런데 죽음을 받아들인다는 것이 정말 쉽지 않지요. 왜냐면 아직도 저는 고향의 집을 짓지 못하고 있는데 저세상 가서 조상이 고향에 집이라도 짓고 왔냐고 물어보면 떳떳하게 답할 수 있는 그런 내 자신이 살아 있을 때 해 놓고… 제가 아직 딸을 못보고 있습니다. 지금 저. 경제적으로 어렵고. 경제적으로 능력이 되면 딸을 만나 가지고."

노인 H

"죽음은 생각하지도 않아요. 아직까지는 그런 것은 없어요. 근데 옛날에 내가 길병원에서 일하다 쓰러져서 이 집에 와서 2년 반인가를 살았어요.… 그때 아파서 병원에 실려가고 그랬는데 우리 작은딸이 아직 결혼도 안 하고 그랬으니까 죽기 싫더만."

매정한 어머니, 단 한 번도 마음이 통하지 않았던 남편에 대한 응어리를 풀지 못하면서도 자식, 손주 돌봄에 열성이었고 마지막까지 자신을 잃지 않으려 했던 노인 E에게 막내딸의 갑작스런 죽음은 커다란 쇼크였다. 딸의 불행에 대해서도 원한을 쌓으면서 그동안의 90여 년의 인생을 의미 없는 것으로 정리하고 죽음에 대해 아무런 미련이 없다고 말한다.

자기 죽음에 관한 인식을 차단하는 태도는 또한 자신이 이 땅에서 더 이상 존재하지 않는, 즉 무로 되어버리는 것을 받아들이기 힘들기 때문이다. 인터뷰에 참여한 노인들은 '죽음' 하면 떠오르는 감정에 대해서는 '섬뜩함', '이 세상에서 떠나가는구나!', '생각하기 싫음', '생각하면 정신이 번쩍 나고 심각해짐', '받아들이기 쉽지 않음'이라고 응답하면서 자신이 더 이상 이 세상에 존재하는 않는 것에 대해 받아들이기 힘들어하였다. 이와 같이 노인들은 자기 죽음의 인식으로 자신의 현재 삶과 존재가 더 이상 지속될 수 없음을 깨달으면서, 현재의 삶에 대한 미련, 안타까움을 느끼며 현재 삶에 더욱 몰두하고 있었다. 노인 B는 죽음은 끝을 의미하기 때문에 섬뜩한 생각이 든다고 하였다. 그는 자신이 죽으면 지금 경험하고 누리는 모든 것이 끝나는 것이기 때문에, 건강을 유지하기 위한 까다로운 식이요법을 철저히 지키며 게이트볼에 몰두하여 하루하루를 보내고 있다.

노인 B

"죽음을 생각을 하다 보면 섬뜩해요. 내가 이제 이 세상에서 떠나가는구나. 나이 먹으면. 그러면 죽기 전에 어떻게 살아야 하는지 깊이는 생각 안 했지만… 젊을 땐 그런 생각을 못 해봤는데… 죽음이 자꾸 다가오면 산 속에 허름한 집… 그런 데 가 조용히 죽고 싶어. 화장도 싫고. 너무 뜨거울 것 같고."

(4) 원치 않는 방식대로 죽는 것에 대한 두려움

인터뷰 참여자인 노인, 가족, 그리고 돌봄 종사자들은 내가 원치 않는 방식대로 죽음을 맞이할 것에 대한 두려움을 가장 크게 가지고 있었다. 인터뷰 참여 노인들이 인지하는 좋은 죽음 혹은 원하는 죽음의 유형 및 이미지는 현재 우리 사회의 웰다잉에 대한 인식과 맞물려져 있다. 노인들이 원하는 죽음의 이미지는 오랜 병치레를 하지 않는 죽음, 가족에게 부담을 주지 않는 죽음, 치매로 죽지 않음 등으로 나타났다. 노인 외 돌봄 종사자들의 구술에서도 삼일 아프고 죽음 등이 선호하는 죽음 형태로 나타났다. 하지만 그들이 직접 경험한 죽음은 원치 않는 형태의 죽음이었다.

노인 G는 치매를 앓던 장모를 수발하는 과정을 보면서 치매로 죽는 것에 대해 두려움을 표현했다. 치매는 가장 겪고 싶지 않은 끔찍한 방식의 죽어 감의 경험으로 인식되었다. 그는 치매로 돌아가신 장모님에 대한 경험을 회상하면서 혹시나 치매에 걸릴 것을 대비하여 무배당 치매 보험을 15년간 부었고, 긴 병치레나 치매에 걸려 자식에게 혹여나 폐를 끼치는 상황이 되면 차라리 부인과 함께 약을 먹고 죽을 것이라고 구술했다.

노인 G

"우리 장모님이 치매로 돌아가셨어요. 그걸 내가 잘 봤어요. 치매 걸린지 3개월 만에 돌아가셨는데… 진짜 못보겠더라구요. 집사람도 가서 치우고 그래야 되는데 방에 안 들어가는거야. 자기 엄마인데. 자기 엄마가 저기 하는데도 눈 뜨고는 못 보겠더라고요. 빨리 돌아가셨는데… 나중에 집사람이 이야기하는데 올케가 밥을 안 먹여서 일찍 돌아가셨다고 하더라고. 근데 그 치매라는 게 엄청 먹으려고 해요. 금방 먹고 밥 달라고 하고. 상판 걷어 놓고 거기다 일 보고는 문에다, 벽에다 다 찍어 바르고. 며느리고 누가 들어가면 귀신 들어온다고… 치매는… 그래서 내가 치매 보험 들어서 15년 들었는데 그게 무배당 보험이에요. 그래서 10원 한 장 못 찾고 끝난거지. 암 보험도 무배당 들었는데 4만 7천 원 들어가요 한 달에. 13년 부었나, 15년짜리에요. 2년 뒤에 끝나는데 그것도 15년 부은거 다 허사되는 거죠. 집사람 앞으로도 있어요. 무배당 암보험 들었는데 아직까지는 뭐… 대장, 위암 검사 받아도 이상없다고 하니까."

그리고 노인의 가족 김현아도 치매가 있는 친정 어머니를 요양원에서 돌보고 있지만, 자신은 향후 요양원에 올 정도가 되면 안락사를 생각한다고 했다. 노인의 가족 김현아는 요양원에 모신 어머니가 5년 정도만 큰 병을 앓지 않고 가셨으면 하는 바람인데, 그대로 될지는 아무도 모르는 것이기 때문에 불안감이 크다. 어떠한 죽음을 맞을지 모르는 죽음의 불확실성은 사람들에게 죽어 감의 과정과 죽음에 대한 두려움을 증폭시킨다. 그녀는 현재 치매가 있는 친정 어머니를 요양원에서 돌보고 있지만, 자신은 향후 요양원에 올 정도가 되면 안락사를 생각한다고 했다. 요양원에 갈 바에야 차라리 스스로 죽는 것이 낫겠다는 표현은 사회문화적으로 이상적인 혹은 좋은 죽음의 이미지와 죽어 감의 현실적 경험의 괴리가 크다는 의미일 수 있다. 또한 돌봄을 필요로 하는 상황에 대한 부담인식을 반영할 수 있다.

노인의 가족 김현아

"나는 요양원에 올 정도가 되면 안락사를 할까… 나이가 들어 가는 것이 움직이지 못하면 의미 없는 삶이라고 생각했어요. 저는 5년 정도만 큰 병 앓지 않고 가셨으면 하는 바람인데… 저도 아직 그런 나이가 안 됐기 때문에 내 의지로 살 수 있다가 안 되면 죽을까 생각해 봤지만, 그때 돼서 그 시기를 놓치면 저도 엄마 같은 그런게 될 거잖아요. 그러니까 내가 과연 그렇게 강할까, 그렇게 할 수 있을까는 의문인데. 저희 어머님 같은 경우는 너무 오래 앓으셨어요. 며느리도 괴롭히고. 저희 아버님은 오래 사실 줄 알았어요. 노인이 되면 좀 뚱뚱해야 오래 사셔요. 우리 어머니도 욕심이 많으니까 뚱뚱하고 많이 드시고 그랬어요. 우리 남편이 항상 하는 말이야. 면역이 강해야 되는데 많이 드시니까 버티셨어요. 근데 아버님은 곡기를 끊으시니까 폐렴이 왔다가 패혈증이 바로 와서 바로 돌아가셨어요. 그러니까 아버님 같은 경우는 앓지 않고 바로 가신 좀 특별한 경우고. 그런데 보통은 그런 경우가 없죠."

(5) 회생 가능성에 대한 기대와 임종기 연명의료 결정에 대한 갈등

임종의 의료화는 죽는 순간까지 인간을 의료적으로 관리함에 따라 연명의료의 문제를 야기한다. 임종기 연명의료는 인간 존재가 해체되는 고통을 신체적인 고통으로만 인식하고, 노인이 호소하는 육체적 통증과 질병의 악화를 막기 위해 의료적인 치료에만 매달리게 한다. 그리고 노인이 죽음의 과정 속에서 마땅히 받아야 하는 전인적인 돌봄을 제한한다는 점에서 갈등을 일으킨다. 임종의 의료선택에 대해 자기 결정권이 강조되고 있지만 자기 결정권이 충분하게 작동되기 힘든 다양한 상황이 있다. 일반적으로 노인과 가족은 평소에 최선의 돌봄이 무엇인지에 대해 신중하게 고민하지 않거나 부담스럽게 여기면서, 급작스러운 임종기 상황에서 연명의료를 하게 되고 연명의료 중단에 대한 딜레마 상황에 놓이게 된다.

노인 H는 연명의료를 고통스럽게 받다가 죽음을 맞이한 가족에 대한 기억으로부터, 임종기 연명의료에 대해서는 참혹하다 등으로 표현했다. 돌봄 종사자 임순자는 시어머니가 갑작스럽게 응급실에 입원함에 따라 연명의료 결정을 해야 했는데 시어머니가 연명의료를 원하지 않았음에도 불구하고 의사가 어머니를 위한 최선의 치료가 연명의료밖에 없다고 하여 연명의료를 실시할 수밖에 없었다고 한다.

노인 H

"돌아가실 때 보지도 못했어요. 다 나가라 그러더라고요. 호스 꽂고 중환자실에 있을 때는 봤죠. 그래서 볼 때는 처참하죠 보기가. 처참하죠."

돌봄 종사자 임순자

"어머니는 안 하신다 그랬어. 근데 병원에 가면 그걸 안 할 수가 없었어. 그거 안 하면 병원에서 오지 말래. 어머니가 급하셔서 K 병원에 갔어요. 거기서 우리를 모아 놓고 며느리는 나가라 그러더라고. 모든 걸 다 나한테 맡겼어. 내가 모셨기 때문에. 그래서 내가 연명치료 같은 거 안 한다고 했더니 나가라 그러더라고. (의사가요?) 따님도 나가라 그래. 나중에 그러는 거야 다 썼어. 그러면서 의사가 이거를 안 하면 돌아가신대. 그럼 여기를 왜 모시고 왔냐고. 자기들은 처치를 안 하면 걸린대요. 일단 병원에 모시고 왔는데 이 환자가 그걸 안 하잖아, 안 하면 돌아가셔서 했어요. 그래서 그때 알았어. 원하지 않으면 안 하는데… 큰 병원을 모시고 가면 안 된다. 거기서 그러는 거야. 환자가 왔는데 이걸 안 하면 돌아가시는데 하지 말라는 건 여기 왜 모시고 왔냐고. 근데 119가 불러서 거기로 갔거든."

반면 돌봄 종사자 백영호는 가족 모두 연명의료에 관한 부정적인 인식이 있었기 때문에 장모님에 대한 연명의료를 유보할 수 있었다고 했다. 연명의료에 관한 노인의 자기 결정권이 구현되기 위해서는 가족들이 연명의료 등을 포함한 부모님의 임종기 돌봄 의사결정에 관해 노인과 함께 논의해야 하는데, 자식의 도리상 노부모 죽음에 대해 함께 논의하는 것에 관해서 부담스럽게 생각하고 있었다. 돌봄 종사자 민지영은 자신의 연명의료 중단에 대해서는 긍정적인 인식을 가지고 있었지만 부모님의 연명의료 중단에 대해 미리 상의하는 것은 불효하는 것으로 인식하여 판단을 보류하고 있었다. 돌봄 종사자 신유진은 본인의 의사를 모를 때는 할 수 있는 데까지 치료는 해 보고 기간이 길어지면 힘드니까 연명의료를 생각해 봐야 한다고 하였다. 돌봄 종사자 윤미경은 보호자들은 부모님에 대해서는 한 가닥의 희망을 갖고 있기 때문에, 자녀가 부모님의 연명의료 결정을 하는 것은 쉽지 않다고 하였다.

돌봄 종사자 윤미경

"근데 이미 저희가 봤을 땐 임종 시기가 왔어요. 그럼 저희가 봤을 때… 여기서 편안하게 임종하시겠느냐, 병원에 가시겠느냐 하면 결국 병원에 가셔서 산소호흡기 꽂고 엄청 달고 돌아가시는 거에요.… 병원에 가 봤자 아무것도 할 수 없는 상황이라는 걸 저희도 파악을 하면 저희가 여기 특별 침실이라는 데가 있어요. 혼자 1인 계시면서 가족들이 오셔서 면회하시고, 면회 시간 제약 없고, 같이 계실 수 있는 공간을 마련해 드려요.… 대다수의 보호자분들이 근데 잘 못 하세요. 한 가닥 1%의 희망을 가지시는 거에요.… 자기 결정은 자기가 하는 게 쉬운데 자녀가 부모님의 결정에 대해서 하는 게 쉽지 않더라구요."

(6) 오랜 시간이 걸리는 죽음과 돌봄 부담

의생명공학기술의 발달은 죽음의 과정을 더욱 오래 길어지도록 하였다. 그에 따라 장기간의 돌봄에 대한 책임과 부담으로 인한 갈등이 심화된다. 인터뷰 참여 노인은 장기화된 죽음의 과정에서 자식들에게 의존하는 것을 당연하게 생각하고 있지 않았다. 긴 병치레에 대해서 대부분 부정적으로 인식하고 있었다. 또한 오랜 시간이 걸리는 죽음과 돌봄 부담을 해결할 수 있는 적절한 대안을 찾지 못해 자살 등 극단적인 생각을 하며 갈등하고 있었다.

노인 F

"난 병치레만 오래 안 했으면 좋겠다는 생각을 하거든. 며칠만 아프다 갔으면. 아무리 오래 앓아도 효자도 뭐. 그렇게 되면은 극단적인 생각을 할 것도 같아요. 나는 스스로 목숨을 끊을 것도 같아.

노인 G

"집사람도 그렇고 나도 그렇고 중병 들으면 약이라도 먹고 미리 죽겠다고 해요. 서로 고생 안 시키고. 어차피 갈 거 조금 일찍 간다는 생각이지. 고생들 좀 안 시키고 약이라도 먹고 죽는 게 낫겠다 생각해요.… 매스컴도 많이 보지만 돈 없는 사람들 보통 요양원 가잖아요. 1년 살 것 반년도 못 살고 간다는 거죠."

오랜 시간이 걸리는 죽음의 과정과 돌봄 부담에 있어 세대 간 인식이 변한 것 같지만, 자식 세대에서도 부모의 임종기 돌봄 부담에 대해 여전히 고민하고 갈등하는 모습을 보인다. 돌봄 종사자 신유진은 가족을 위해 20~40년간 희생하면서 산 부모님이 어린아이 상태로 되어 버릴 때 그분을 돌보는 것이 자식의 마땅한 책임이라고 생각했지만, 부모님에 대한 돌봄이 현실이 되면 자신에게 큰 의미를 부여하는 일을 병행할 수 없다는 사실로 인해 갈등할 수 있다고 하였다. 돌봄 종사자 민지영의 어머니는 다른 사람의 손을 빌려야 하는 것을 아버지가 수치스럽게 생각할 것이라 해석하고 직접 자신이 돌봄을 제공하고자 했다. 어머니의 뜻에 따라 친정아버지의 임종 돌봄은 수행했지만 자신의 배우자는 치매가 오면 요양원에 보낸다고 하였다.

돌봄 종사자 민지영

"엄마가 워낙에 완강히 하시겠다고 하셨고… 최종적으로 아빠가 와상이 되시면서는 더 힘드셨던 거라… 나중에는 그러시더라고. 이제는 내가 버거운 것 같다고. 그래서 요번 달까지만 하자고 하셨는데 돌아가신 거죠.… 남편이 치매가 왔다. (그러면) 요양원에 보낼 거에요. 나쁜 건 아니에요. 왜냐면 정말 집에서 모시는 건 제가 봤지만 관리가 안 돼요."

또한 인터뷰 참여 노인 대부분과 가족은 임종기 돌봄 책임에 대해서 가족보다는 개인 혹은 국가의 책임으로 인식하고 있었지만, 시설 돌봄에 대해서는 부정적인 인식을 가지고 있었다. 노인들은 최대한 신체적/경제적으로 독립성을 유지하기를 희망하였고 부분적 의존상황에서는 요양원 입소보다 개인의 프라이버시가 유지되는 돌봄을 희망했다. 완전 의존상황에서는 요양원 입소를 생각하지만, '자식이 보낸다면 할 수 없이 가야지', '요양원 가면 일찍 죽는다', '요양원 갈 정도 되면 죽어야지'라고 말하였다. 돌봄 종사자면서 가족 돌봄 경험이 있는 염지은은 외부 돌봄 서비스를 이용하는 것을 긍정적으로 생각하면서도 가족이 더 진정성을 가지고 돌봄을 제공해 줄 수 있다고 생각했고, 집이라는 공간이 노인에게 편안함을 제공할 수 있다고 생각하고 있었다.

돌봄 종사자 염지은

"저는 아직 결혼을 못하기도 했지만. 결혼을 할지 안 할지 모르겠지만. 결혼을 해서라도 제가 책임을 질 것을 생각하고 있어요. 동생들한테도 그렇게 이야기를 했구요. 그러니까 남의 손에 맡기는 게 부담되기도 하고, 제가 그런 부모님의 성향을 잘 안다고 생각해서 최대한. 그리고 자녀니까 제가 더 존중하면서 모실 수 있을 거란 생각이 들어요."

(7) 고독사 : 관계로부터의 고립과 상실감 속에서 홀로 죽음

사별, 이혼, 비혼 등으로 인한 1인 가구 증가와 고령화 현상에 따라 혼자 살다 죽는 것은 일반적인 사회현상이 되었다. 비혼의 삶을 산 사람도 있고, 사별과 이혼으로 홀로 살게 된 경우도 있다. 또한 가족이 있지만 함께 살고 있지 않아 독거노인이 된 경우도 있다. 이와 같이 노인이 혼자 사는 삶의 형태는 개인의 맥락에 따라 다양하다. 하지만 홀로 됨이 문제가 되는 상황은 물리적 그리고 정서적으로 타자와의 완전한 관계적 고립이다. 사회적으로 이슈가 되고 있는 고독사는 관계를 상실한 상황에서 홀로 죽음을 맞이했는데, 아무도 이를 인지하지 못하고 사후에 뒤늦게 시신이 발견되는 사례들이다. 노인 B는 아내와 이혼한 지 25년간 혼자 살아왔다. 자식으로 아들이 하나 있지만 연락을 거의 하지 않는다. 신체적 악화를 홀로 경험하면서 '몸이 이제 서서히 가는가 보다.'라고 생각하며, 고독을 느끼는 시간이 잦아지면서 혼자 울 때가 많다고 했다. 자존심이 강해 남에게 아쉬운 소리를 하기 싫다고 한 그는 자신이 요양원을 가야 될 상태가 되면, 여러 사람들에게 부담을 주기 싫고 자신의 비참한 모습을 보여주기 싫어서 빈집을 하나 사서 들어가 조용히 죽고 싶다고 했다. 노인 A는 빈곤의 상황 속에서 건강검진과 의료비에 대한 부담 때문에 신체적 통증에 대해 적절히 대처하거나 응급상황에서 도움을 요청할 곳이 없어, 질병으로 인한 극심한 고통을 느낄 때 죽고 싶다고 하였다. 관계의 끊어짐 속에서 신체적 악화와 빈곤을 경험하게 되면 자신의 상황을 절망적으로 인식하고 자살과 같은 극단적인 상황을 고려하게 된다. 지역 사회의 독거노인 통합돌봄을 담당하고 있는 돌봄 종사사 박영숙은 돌봄 현장에서 예기치 않게 클라이언트의 고독사를 목격하게 되었을 때 고통스럽다고 말하였다.

돌봄 종사자 박영숙

"하도 전화를 안 받아서 영상으로 어르신을 부르는데 손만 보이는 거에요. 아, 집에 있고 저혈당이 왔구나 해서 112에 신고를 했죠. 사다리 타고 올라가서 창문을 넘어가서 보니까 다 토해 놓고 내 소리는 들리니까 기어 나오시다가 못 기어 나오시는 거에요. 119 불러서 병원으로 이송해서 회복되신 경우가 있었구요. 사망사고도 보죠.··· 어르신이 아침이면 나와서 활동을 한다든지 그런 게 있어야 하는데 안 받아서 열쇠수리공을 부르려고 하니까 불법이에요. 허가 없이 들어가는 게. 근데 문이 딱 열리는 거에요. 들어가 봤더니 돌아가셨어요. 근데 전날 도시락을 드셨어요. 아침에 돌아가셔서 최초 발견자로 경찰서 가서 조서도 쓰고. 그런 일이 있었어요. 근데 그 트라우마가 되게 오래 가더라구요. 항상 같이 만나고 이야기 나눴던 분들을 보니까 그렇게 되니까."

2) 고통 속에서 승화된 자아

극심한 고통은 통합된 인성과 세계와의 연결이 심각하게 위협되는 상황이다. 이런 고통을 이기지 못하여 미치광이가 되거나 죽음을 선택할 수 있다. 그렇지만 나와 세계를 재구성하는 과정을 통하여 고통에 적극적으로 대처하는 모습이 심각한 질환 상태에서도 관찰된다. 아마도 마지막 생명의 순간까지 살아오면서 겪었던 상처와 삶과 죽음의 의미를 찾지 못하는 혼돈스러움에 적극적으로 대응하는 주체일 수 있다. 평안하게 죽음을 맞는 태도는 이전의 삶과 무관하지 않다. 얼마나 주체가 자신의 삶을 긍정적으로 평가하고, 살아오면서 만들었던 관계가 인성에 통합적인가에 따라 죽음을 평안하게 맞는 정도가 다를 수 있다. 지난날의 삶의 가치와 자신의 욕구를 잘 통합할 수 있다면 살아오면서 소중하게 여겼던 삶의 가치들을 유지하면서 그리고 믿을 수 있고 의지할 수 있는 관계 속에서 죽음을 맞을 수 있다.

신체, 정신적 고통의 양상과 고통에 대처하는 방식이나 죽음을 맞는 태도는 다양하다. 어떤 이는 고통의 원인을 치유하지 못하고 삶의 가치를 정리하지 못하고 죽음을 수용하지 못하면서 죽는다. 혹은 삶의 고통이 너무 커서 죽음을 고통의 도피처로 해석한다. 죽음은 아무 의미가 없고 끝이라고 생각한다. 연명치료를 거부하고 안락사나 자살도 신중하게 고려될 수 있다고 생각한다. 죽음의 두려움을 덮고도 남는 임종상황에 대한 불안은 자기 기능이 떨어져 아무것도 하지 못하는 상황에 대한 두려움과 가족에게 폐를 끼치는 것에 대한 부담인식을 상징한다. 의미 없는 삶을 치료하겠다고 자신과 가족 모두 고통스럽게 하는 상황을 피하고 싶어한다. 힘들게 모은 재산을 제로로 만들어서는 안 된다고 생각한다. 또한, 고통뿐인 삶에 미련이 없어 죽음을 기꺼이 수용하겠다는 분도 존재한다. 오랜 시간 고통의 나날이었는데 가급적 빨리 생을 마감하기를 원한다고 말한다. 죽음은 고통스러운 삶의 끝이라고 생각하고 죽음 이후는 아무 의미가 없다고 말한다. 삶에 미련도 없고 오래 살고 싶지 않고 아파서 남 성가시게 하지 않고 조용히 가고 싶다고 말한다.

한편 고통 속에서 세상을 보는 눈, 인생을 보는 눈, 죽음을 보는 눈이 다르게 변화된 경험을 갖는 분도 존재한다. 나만 왜 이래 생각하면 못 산다. 거기에 집착하면 못 나온다. 인생은 잠깐 순간이다. 이 순간을 고통 속에서 허우적거리는 것은 어리석은 것이다라고 생각한다. 고통과 비방 속에서 사는 것이 무의미하다고 자신을 다잡는다. 상대방을 비난하는 마음은 내려놓는다. 그런 마음 씀에서 나이가 들어가는 과정을 자연스럽게 받아들인다. 쇠퇴해 가는 것이 좋을 것 없지만 기꺼이 자신을 낮춘다. 고통을 통해서 인생의 소중함을 깨닫는다. 그리고 고통을 통해서 자명하다고 생각했던 아상에서 깨어난다. 자명한 세계와 자아가 사실은 수많은 관계와 아집이 모여서 구성되고 그 관계가 흩어지면 사라지는 것을 진심으로 받아들인다.

고통에 대응하여 통합된 인격을 유지하거나 자아를 넘어서는 마음을 수행할 때 죽음에 대해서도 적극적으로 대처할 수 있다. 평안하게 죽음을 수용하고 죽음과 삶의 가치를 발견하기도 한다. 평생을 한으로 살았지만 마지막 진심으로 용서하면서 지금 이 순간의 삶을 소중하게 여기고 소중한 관계를 발견한다. 아픔이나 부당한 관계에 휘둘리지 않고 당당함을 유지하고 용서하고 자신을 내려놓는 마음을 갖게 되어 보다 큰 나로 전환될 수 있다. 그러나 아마도 더 많은 사람들이 임종의 두려움이나 살아오면서 겪은 만성적 고통 속에서 괴로워한다. 살아가면서 만들었던 원망과 나쁜 감정들과 자기 집착을 내려놓지 못하고 죽음 앞에서 고통스러워한다. 죽고 싶지 않아 절규하고 삶의 의미를 찾지 못해 억울해하고 자기 존재 기반을 잃어버렸다고 소중한 것들과 이별하는 것에 힘들어하면서 괴로워한다. 살면서 만들어 온 자아가 사라지려는 죽음의 앞에서 격정적으로 반응하는 것이다.

(1) 지금, 여기를 보다 충만하게 살기

노인 B는 이전까지는 죽기 전에 어떻게 살아야 하는지 깊이 생각해 보지 않았지만, 인터뷰를 하면서 자신의 늙어 감과 죽어 감을 인식하게 되었고 앞으로 남은 삶을 좋은 생각을 갖고 살아야 할 것 같다고 했다. 돌봄 종사자 오순희는 지난 시절의 상처에 함몰되지 않고 용서하고 어려운 이들에게 덕을 베풀며 자신에 충실한 삶을 살았다. 현재는 요양보호사로서 노인들을 진심 어린 마음으로 돌보며 자신의 취미생활도 열심히 한다. 나아가 인터뷰 참여 노인들은 유한한 삶에 대한 인식을 통해 삶의 진정한 의미를 발견하고 타인에 대한 돌봄과 나눔을 실천하고 있음을 볼 수 있었다. 노인 D는 장애아 딸로 인해 처음에는 왜 나에게 이런 일이 생겼을까? 고민하며 심리적인 갈등을 많이 겪어 자살도 시도했지만 인고의 시간을 거친 후 현재의 삶의 조건들을 감사함으로 수용한다. 그녀는 지금, 여기의 삶을 충만하게 살기 위해 현재 노인복지관 등에서 웰다잉 강사를 하며 활기찬 노년을 보내고 있다.

노인 D

"살면서 항상 죽음은 기억하면서 살아야 해요. 그래야 삶이 보람 있게 살아가는 것 같아요. 내가 언제 죽을지도 모르는 거잖아요.… 제가 하나 살아오면서 의미 있다 하는게 뭐냐면… 유치원을 경영을 했어요. 직장을 다니면서부터 생각했던 건데… 어려운 사람을 돕자. 그래서 굉장히 어려웠지만, 거기서 얼마씩 떼서 어려운 학생을 도와줬어요. 제가 너무 어렵게 자랐기 때문에 학교에서 등록금 못 낸다고 쫓겨나고 그런게 한두 번이 아니거든요. 그때부터 내가 할 수 있는 건 내가 어려운 애들 도와주는 거다 해서… 제가 30년 정도 그렇게 했어요. 그래서 나는 내 삶에서 가장 보람 있고, 의미 있는 일은 이거다 이렇게 생각해요.… (상속에 대해서 자식들에게 미리 전달하기를) 내가 죽으면 후에 이 집은 그냥 어려운 아이들 장학금으로 줬으면 좋겠다는 거지."

(2) 자신의 죽음을 준비한다는 것

죽음을 타인이 아닌 내가 주체적으로 준비하기 위해서는 자신의 과거의 삶과 관계들을 능동적으로 성찰하고 정리하는 것이 필요하다. 타인에 의해 삶의 마지막 돌봄과 관련된 다양한 결정들이 이루어지지 않게 하기 위해서는 임종기 돌봄을 둘러싼 의료적 의사결정뿐 아니라 요양원과 집에서의 생애 말기 돌봄에 대한 의사결정과 함께 사후 돌봄에 관한 사항들도 미리 준비해 두는 것이 권해진다. 돌봄 종사자 백영호는 연명의료 결정에 관한 사전의향의 중요성을 인식하고 미리 부부가 이 문제에 대해 이야기를 나누었다고 했다. 자신의 죽음과 관련된 의사결정들을 미리 준비해 두는 것은 가족과의 갈등을 줄여줄 수 있고, 지금까지 살아온 자신의 인생을 성찰하면서 삶을 통합할 수 있게 한다.

돌봄 종사자 백영호

"정리. 살아온 삶을 정리하고. 사실 제가 가슴 아픈 가족 사연이 있어요. 사촌 여동생이 30살밖에 안 됐는데 2개월 판정을 받았어요. 온 몸에 암이 전이가 끝났다고 해서. 근데 얘가 혼자 인정 못하고 있어요. 2개월이라는 걸. 혼자 살겠다는 의지로 인터넷 찾아서 말도 안되는 치료를 하겠다고 하고. 근데 3개월 선고받고 지금 6개월째 왔어요. 근데 아직까지 안 놓고 있는 거고. 부모나 저희처럼 가족들은 마음의 정리를 다 하는 거죠. 이 바람이 있죠. 30살밖에 안 돼서 끈을 놓지 못하는 이유는 알겠지만 선고를 받은 이상 정리를 좀 했으면 좋겠는데… 와이프랑도 제가 언젠가 갑자기 죽으면 연명치료 안

하고, 이렇게 하고… 이런 약속하는 부분들이 생기더라구요. 와이프도 나도 그렇게 해줘라는 이야기를 했고. 장기기증 있지 않습니까? 와이프 몰래 했거든요. 우리 아버지, 어머니가 그거 듣고 깜짝 놀라서 화를 내시는 거에요. 근데 이제 우리 와이프는 받아들였고. 우리 와이프도 사회복지사 했거든요."

상장례 등에 있어서도 인터뷰에 참여한 노인과 가족 그리고 돌봄 종사자들은 형식적인 의미의 제사보다는 가족의 화합과 감사함의 의미가 더 중요하다고 생각하고 있었다. 노인 E는 제사보다는 살아서 효도하는 것이 중요하다고 하였다. 노인 C와 돌봄 종사자 윤미경은 형식적인 제사보다는 살아 있을 때 당사자에게 잘하고 진심을 다하는 마음이 무엇보다 중요하다고 생각했다. 제사의 형식적인 면에는 큰 관심을 두지 않았지만 망자와의 관계를 기억하고 가족이 화합할 수 있는 장으로서의 제사에 대해서는 긍정적인 의미를 두기도 하였다. 그리고 자신의 장례 방식과 상속에 관해서는 노인이 자신의 원하는 사항들을 가족들에게 전달하는 등 미리 결정해 두는 것이 필요하다고 생각했다. 웰다잉 강사인 노인 D는 자신의 죽음에 대해 미리 성찰함으로써 재산상속 및 원하는 장례 방식에 관한 생각들을 자녀들과 미리 의논하고, 자신의 유언을 책자로 만들어 놓았다고 했다.

노인 E

"(제사) 필요없어요. 교회 젊은 집사들도 그때는 살아생전에 효도하자 그래서 시어머니들 초하루 보름에 꼭 찾아갔어요. 우리 시어머니는 눈이 있어서 오는지 가는지 보기를 하냐, 코가 있어 냄새를 맡냐, 말을 하면 귀가 있어서 듣기를 하냐. 너희들 생각이 맞다. 살아서 불효하면 뭐해요. 죽은 사람이 뭘 알아요. 소용없어요."

노인 C

"장례 문제에 대해서는 개방적이에요. 애들 결혼하기 전부터 내가 죽으면은 제사 지내지 말아라, 제사 지내지 말아라. 그 다음 국군묘지에 묻히든, 유골함에 넣든, 성묘한다고 왔다갔다 하지 말아라. 의무적으로 하지 말아라. 의무적으로. 그 얘기를 어릴 때부터 강조를 해 왔어요."

돌봄 종사자 윤미경

"저는 종교가 가톨릭인데요. 그냥 뭐 사후 세계가 있다고 믿고 살잖아요. 천국이 있다고 (웃음). 그런 부분들은 여기에서 내가 몸은 이렇게 했지만 영혼은 좋은 데 가서 있겠다 싶은 데요. 저는 시댁이 불교라서 제사를 지내고, 저희 엄마도 천주교 신자인데 나이가 있으셔서 제사를 지내세요. 천주교는 염미사라고 해서 제사를 대체하는데, 저는 제 입장은 그렇게 하라고 할 거고 저희 부모님도 그렇게 하고 싶어요. 근데 저희는 6남매라서 종교들이 다 다르다 보니까 다 맞지는 않더라구요. 점차적으로는 이런 제사나 이런 부분들이… 기독교, 천주교는 다 안 지내고 불교만 하니까. 저도 개인적으로 제사는 안 하는게… 마음이 중요한 것 같아요."

노인 D

"전 장례는 부조금 받지 말고, 음식은 잘 대접해서 교통비도 만 원씩 드렸으면… 수의는 네 결혼 때 입었던 한복 다 해서 넣어 놨으니까 이걸 입혀라. 그 다음에 이걸 쓸 때는 싸고 친환경적인 걸 사용해라. 이런 것. 화장을 해서 수목장을 하든지. 잔디장을 해야. 그리고 재산은 아까 말했지만 너희들은 다 먹고 사니까… 내가 죽으면 후에 이 집은 그냥 어려운 아이들 장학금으로 줬으면 좋겠다는 거지."

(3) 용서와 화해

인터뷰 참여 노인들은 대부분 지금까지의 인생을 살아오면서 다양한 관계 속에서 주고받은 상처를 가슴에 겹겹이 쌓아 놓고 있었다. 타인으로부터 업신여김을 받거나 부당한 일을 당한 것에서부터 자신의 잘못된 행동으로 인해 가족들과 지인들에게 상처를 준 것까지 다양한 상처의 관계들을 묻어 두고 있다. 하지만 과거의 다양한 상처들과 삶의 어려움들에 대한 책임을 타인에게 돌리는 대신, 그 상황을 이해하고 관계성을 끊지 않는다. 돌봄 종사자 오순희는 어린 시절에는 엄마의 편애로 가슴이 아팠지만, 엄마를 원망하며 과거에 갇힌 삶을 사는 대신 엄마의 상황을 이해하며 받았들였다. 그녀는 엄마의 사망소식을 듣고, 엄마의 고통을 고스란히 느끼며 연민의 감정을 가졌다. 원망스러운 사람을 용서하면서 현재 만나는 새로운 사람들과의 관계를 소중히 여기며 삶을 기쁘게 누리며 살고 있다.

돌봄 종사자 오순희

"(어머니가)돌아가시고 나니까 나는 가슴 아프다. 가슴 아프다 말만 들었는데 진짜 가슴이 막 오그라지듯이 아픈데 힘들더라고. 숨도 못 쉬겠더라고. 그래서 그 뒤로 가슴 아프다라는 말은 안 써. 아픈 사람만 알지 그건 아무도 몰라. 심장이 수축이 되면서 아프더라고. 막 숨쉬기도 힘들고. 아버지 돌아가셨을 때는 아버지라 그런가 그렇게 가슴은 안 아팠어요. 아버지는 100일 아프셨다가 가셨고, 근데 엄마는 그렇게 아프더라고. 화장하러 들어갔을 때 제일 가슴이 아프더라고… (엄마에 대한 감정은) 별로 안 좋아. 시골은 아들만 위해 주지 딸은 별로야. 딴 사람 같았으면 엄마 안 봤을 거야. 근데 난 엄마가 그렇게 밉지 않아요. 우리 아버지 돌아가시기 전에 동생은 서울에서 직장 다닌다고 논 10마지기 주고, 큰아들은 농사지을 줄 모른다고 땅을 줬어.

근데 나는 한 평도 안 줬어. 조금 서운하대. 말도 안하고 그냥 그랬어. 근데 엄마가 어느 날 2,000만 원 주면 550평을 내 앞으로 주겠다고 하대. 괜찮잖아. 돈이 있었어. 그래서 2,000만원 줬어. 근데 그 돈이 어디로 갔냐. 작은아들이 학교 때려치고 학원 인수받는 데로 간거야. 그러니까 우리 엄마가 나한테 팔아먹은 거야.… 딸에 대한 인식은 없어. 그래도 나이먹고 보니까… 사람은 다 각각이야. 사람 사는 게 다 그렇더라고. (지금까지 살아오면서 인생에서의 많은 고생도) 그냥 삶의 흐름이라 생각하니까… 과정이 삶의 흐름일 뿐이고 거기에 집착할 필요도 없어."

죽음 앞에서 가장 취약한 모습으로 노출된 한 인간의 고통을 외면하지 않고, 불쌍히 여기는 마음은 관계성의 의미가 무엇인지 그 가치를 성찰하게 함으로써 사랑의 마음을 가질 수 있게 해 준다. 이러한 경험은 윤리와 도덕규범으로 강제하는 돌봄의 당위성과는 구분된다. 돌봄 종사자 임순자는 돌아가신 시어머니를 회상하면서, 삶의 마지막 과정 속에서 육체와 정신 모든 것이 허물어져 가는 시어머니를 돌본 그 시간이 자신에게 위안이 된다고 하였다. 임종기 돌봄 속에서 육체적, 정서적으로 많이 힘들었지만 가족의 소중함과 사랑을 알게 되었다고 한다.

돌봄 종사자 임순자

"(어머니가) 이제 돌아가신 지 2년 반 됐거든요. 그래도 효도할 수 있는 기회를 줬잖아요.… 그때는 몰랐는데 지나고 보니까 내가 큰며느리로서 내가 그럴 수 있다는 것에 남편도 지금 고마워해요. 우리 와이프 같은 사람이 없었다고… 지나고 나서 보니까 어머니한테 그렇게 해서 내가 위안이 되는게 있어. 진짜 맨 처음에는 좀 그랬는데. 그래도 어머니가 내 품에서 2년 넘게 있다 가시니까 좋다하게 되더라고. 그래서 부모님 아프신 분들 계시면 금방 지나간다고 말해 주고 싶어."

돌봄 종사자 박영숙은 자신이 관리하는 노인 중 자신의 소외됨을 참지 못해 자살까지 생각하는 어르신이 있다고 한다. 어르신들을 위해 그녀는 생활관리사로 계약된 업무 이외에 말벗이 되어 주고 잔심부름을 자원하면서 인간적인 관계를 맺고 그들에게 따뜻한 마음을 전한다. 그녀의 전화와 방문을 손꼽아 기다리는 독거노인들이 있으며, 그녀는 어르신들을 대하면서 삶과 돌봄의 의미에 대해 배워간다. 이렇듯 돌봄 제공자들은 노인이 필요로 하는 돌봄을 제공하고, 노인들은 돌봄 제공자들에게 삶의 의미와 죽음에 대해서 새롭게 인식할 수 있는 기회를 제공하여, 관계성의 소중한 가치를 발견할 수 있게 한다.

돌봄 종사자 박영숙

"기다리고 있는 거에요 우리 전화를. 종일 가도 말도 안 하고, 테레비만 보고 있고. 한 번씩 전화 오면 자기를 찾아줘서 반갑다고 해요.… 저는 어르신들을 만나서 대화하다가 배우는 게 참 많아요. 어르신들을 통해서 정말 힘들고 어렵고 그런데도 밝고 작은 것에 감사하는 분들이 많이 있어요. 그런 분들 보면서 그렇구나, 다 풍요롭다고 다 만족하는 게 아니고 작은 것에도 감사하는 분들도 있구나. 아주 작은 것에 만족하는 분들을 보면서 오히려 내 마음이 따뜻해서 올 때가 많아요."

5. 삶과 죽음의 통합

생명이 멸하는 과정은 상상하기 어려울 정도로 심한 신체적 고통을 수반한다. 또한 지나온 삶의 상처와 고통을 비춘다. 부당한 관계로부터 누적된 상처, 자기 존재를 지탱하였던 역할들의 상실, 자기 집착과 미움과 몰이해로 소통하지 못하고 사랑하지 못하였던 삶에 대한 회한, 살아 있기 때문에 누릴 수 있는 기회의 상실, 삶과 죽음을 수용하지 못하는 아상 등이 엉켜 있다. 또한 의료적 접근에 의존하면서 마지막까지 죽음을 믿지 않으며 절규하거나 삶의 고통의 도피처로서 죽음을 선택하는 것을 종용하는 우리 사회를 돌아보게 된다. 임종의 고통은 생명의 신체적 기반이 무너지는 고통, 사회적 존재의 욕망, 책임, 역할, 관계의 고통, 그리고 유한한 생명을 인정해야 하는 고통이 함께 응축되어 있다.

한편으로 죽어 감은 삶의 모든 비참함과 괴로움을 담고 있지만 다른 한편으로 고통이 치유되고 인간이 가장 성스럽게 전환되는 시간이기도 하다. 고통에 적극적으로 대처하기 위해 자신의 삶의 가치를 통합하고 사랑과 용서로서 관계를 정리할 수 있다. 번뇌의 근원에 대한 명증한 통찰을 통해 고통에서 벗어나기도 한다. 또한, 호스피스와 같은 전인적 돌봄이 임종기 고통을 치유하는 데 큰 도움이 된다. 신체·정신 기능이 극도로 쇠약한 상황에서 의료인과 가족, 그리고 봉사자의 행위가 환자에게 미치는 영향은 매우 크다. 임종을 돌보는 데 무엇보다 갖추어야 하는 것은 마음으로 소통하는 것이다. 이성으로 무장한 돌봄의 효과는 매우 제한된다.

인터뷰 참여자들은 죽음을 자기 성찰과 성장의 기회로 삼고, 현재 삶의 충실함을 통해 삶의 균형과 충만함을 찾는 것이 중요함을 성찰한다. 죽음 앞에서 존재가 통합되기 위해서는 지금까지 살아온 삶과 자신의 존재를 온전히 받아들이면서 타인에 대한 미움과 한의 마음을 풀고 용서하면서 정리되지 못한 관계를 해결하는 것이 중요함을 이야기한다. 불완전한 존재로서의 자신과 타인을 인정하며 자신의 과거와 화해하고 타인들과의 관계들을 다시 회복하는 의미를 돌아보게 한다. 용서를 통해 우정, 친밀함의 관계들을 다시 만들어 갈 수 있음을 성찰한다. 삶에서 타인에게 베푼 선한 영향력은 죽음 이후에도 존재의 가치가 타인의 현재의 삶에 영향을 미치는 것으로 나타날 수 있다. 죽음은 회피와 두려움의 대상이 아니며 살아남은 자들에게 삶의 의미를 더욱 풍성히 누릴 수 있는 이정표 역할을 할 수 있다. 또한, 인터뷰 참여자들이 갈등과 고통의 과정 속에서 죽어 감과 죽음의 의미를 재구성하고 자신의 삶을 성찰하는 과정은 상호 돌봄의 관계성이 중요함을 강조한다. 이는 물질, 편의, 생산성에 지배되는 삶과 사회구조의 변화를 요구한다. 돌봄이 삶의 밖에 외주화되지 않고 진정한 관계 수행으로 삶의 중심이 되는 것이 필요하다. 상호 돌봄과 삶의 의미로서 생애 말기 좋은 돌봄이 이루어지기 위해서 어떻게 개인과 사회가 노력할 수 있을지에 관한 연구와 사회적 관심이 필요하다. 지금까지 인간의 죽어 감과 죽음을 둘러싼 사회적 논의는 환자의 자기 결정권에 기초한 연명의료 결정 및 호스피스 그리고 안락사에 대한 윤리 · 법 · 정책적 제도화에 큰 무게를 두었다. 이 과정에서 인간이 경험하는 생애 말기의 고통을 질병과 노쇠로 인한 신체적 고통에만 한정하고 의료적 관점에서 다루었다(박경숙 외, 2015). 생애 말기에 관한 앞으로의 사회적 논의는 몸, 마음, 관계, 세계의 상호 연관에 대한 담론으로 확장되는 것이 필요하다.

참고문헌

1장

앨버트 라슬로 바라바시. 2002. 『링크』. 강병남 · 김기훈 역. 동아시아.

제레드 다이아몬드. 2005. 『총, 균, 쇠』. 김진준 역. 문학사상.

2장

김귀옥. 2014. 『구술사 연구: 방법과 실천』. 한울.

김동배. 2008. "한국 노인의 성공적 노화 척도 개발을 위한 연구." 『한국사회복지학』 60(1): 211-231.

김미혜 · 신경림. 2005. "한국 노인의 '성공적 노후 척도' 개발에 관한 연구." 『한국노년학』 25(2): 35-52.

김혜숙. 2013. "제주노인들의 성공적 노화에 관한 인식 연구." 『노인복지연구』 59: 159-182.

능행. 2010. 『이 순간』. 휴.

박영란 · 심우정 · 강수연 · 박은주. 2019. "ICT 기반 독거노인 커뮤니티케어 현황과 과제." 『2019년도 한국노년학회 전기학술대회 발표문』.

서울노년학 국제학술심포지엄. 2018. 『초고령사회 대응 해외 지방정부의 노인복지 패러다임과 실천전략』. 한국노년학회 · 서울특별시 주최.

유기웅 · 정조원 · 김영석 · 김한별. 2012. 『질적연구방법의 이해』. 박영사.

윤택림. 2005. 『문화와 역사 연구를 위한 질적연구방법론』. 아르케.

정진웅. 2006.『노년의 문화인류학』. 한울.

정진홍. 2008.『만남, 죽음과의 만남』. 궁리.

조홍식 · 정선욱 · 김진숙 · 권지성. 2015.『질적 연구방법론: 다섯가지 접근』. 학지사.

천선영. 2002. "노망과 치매사이."『사회와 문화』13: 59-91.

_____. 2012.『죽음을 살다: 우리 시대의 죽음의 의미와 담론』. 나남.

Curl, Angela. 2018. "Promising Strategies of State and Local Governments to Benefit Older Adults in the United States." 서울노년학 국제학술심포지엄.『초고령사회 대응 해외 지방정부의 노인복지 패러다임과 실천전략』. 한국노년학회 · 서울특별시 주최.

Kuosmanen, Pekka. 2018. "Developing Welfare Services for the Elderly in North Karelia, Finland." 서울노년학 국제학술심포지엄.『초고령사회 대응 해외 지방정부의 노인복지 패러다임과 실천전략』. 한국노년학회 · 서울특별시 주최.

Yuske, Yamashita. 2018. "From Regional Revitalization to Regional Creation in Japan." 서울노년학 국제학술심포지엄.『초고령사회 대응 해외 지방정부의 노인복지 패러다임과 실천전략』. 한국노년학회 · 서울특별시 주최.

팻 테인 · 팀 파킨 · 슐람미스 샤하르 · 린 A. 보텔로 · 데이비드 G. 트로얀스키 · 토머스 R. 콜 · 클라우디아 에드워즈. 2012.『노년의 역사』. 안병직 역. 글항아리.

Abrams, Dominic., Pascale S. Russell, Melanei Vauclair, and Hannah J. Swift. 2011. *Ageism in Europe: Findings from the European Social Survey*. AgeUK.

Denzin, Norman and Yvonna Lincoln. 2000. "The Discipline and Practice of Qualitative Research." In Denzin, Norman and Yvonna Lincoln(Eds.). *Handbook of Qualitative Research*. Sage Publications.

Kaufman, Sharon R. 1986. *The Ageless Self: Sources of Meaning in Late*

Life. The University of Wisconsin Press.

Palmore, Erdman. 1999. *Ageism: Negative and Positive*. New York: Springer.

Park, Keong-Suk. 2013. "Consecrating or Desecrating Filial Piety? Korean Elder Care and the Politics of Family Support." *Development and Society* 42(2): 287–308.

Ray, Ruth. 2002. "The Search for Meaning in Old Age: Narrative, Narrative Process, Narrativity, and Narrative Movement in Gerontology." *Gerontologist* 42(1): 131–135.

Rowe, John W. and Robert L. Kahn. 1999. *Successful Aging*. New York: Dell Publishing.

謝元魯 · 王定璋. 2002.『中國古代敬老養老風俗』. 陝西人民出版.

"빈곤의 섬."『한겨레신문』. 2005.03.14.

"종묘공원, 51억 들여 원형 복원."『연합뉴스』. 2007.06.08.

"도시미관 저해 vs 복지 따로 있나…위기의 공원 장기판."『뉴스핌』. 2018.11.21.

"숨 멈춰야 해방되는 곳…기자가 뛰어든 요양원은 '감옥'이었다."『한겨레』. 2019.05.14.

3장

김광일. 2007. "노화의 생물학적 원인."『대한의사협회지』 50(3): 216–220.

김대중 · 윤강재 · 이난희 · 정용엽. 2013.『보건의료분야에서의 창조경제 구현방안』. 보건사회연구원.

김성운. 2004. "노화의 신체적 개념과 노화방지 호르몬인 성장호르몬."『대한의사협회지』 47(4): 342–350.

김정석 · 김송은. 2012. "남녀노인의 노년시작 인식연령과 노인인지."『한국노년학』 32(1): 103-114.

김정채 · 유선국. 2013. "착용형 개인 건강관리 장치를 위한 실시간 생체신호 암호화 모듈의 설계." 『전기공학회논문지』 50(2): 22-231.

김택식 · 이병관 · 정태영 · 백승민 · 이승재 · 정혜실 · 김우선 · 문명국. 2014. 『글로벌선도산업을 위한 항노화산업 실태 조사분석 및 활성화방안 연구』. 보건산업진흥원.

김후경 · 이순철 · 오주석. 2007. "고령자의 상실감과 자아통합감의 관계." 『한국심리학회지』 13(1): 17-32.

문현상. 1997. "실버산업의 발전방향." 『보건복지포럼』 5: 67-71.

문혜선 · 이준. 2013. "고령화시대 항노화산업의 부상과 성장전략." 『산업연구원 Issue Paper』 328: 1-49. 산업연구원.

박경숙. 2000. "한국 노인의 사회적 관계: 가족과 지역사회와의 연계정도." 『한국사회학』 34: 621-647.

박경숙 · 서이종 · 안경진. 2015. "연명의료 결정의 딜레마와 그 사회적 맥락." 『사회와 이론』 26: 255-302.

박윤경 · 구정화 · 설규주. 2014. "초중등 교과서에 나타난 노인의 이미지분석: 사회, 도덕, 실과(기술 가정) 교과를 중심으로." 『열린교육연구』 22(3): 157-182.

박혜란. 2006. 『나이듦에 대하여』. 웅진지식하우스.

배철영. 2004. "노화방지 클리닉의 실제 가이드." 『임상노인의학회지』 5(3): 393-399.

_____. 2011. "노화의 생물학적 원인." 『임상노인의학회지』 12(1): 86-89.

서이종 · 박경숙 · 안경진 · 정령 · 구미진. 2014. "노년의 생명윤리의 생명사회, 생명정치적 연구-노화, 만성질환, 죽음에 대한 의식조사 결과." 『한국연구재단 ssk 1차연도 결과보고서』.

신민선. 2018. "노화방지의학의 지식사회학적 연구." 『서울대학교 대학원 사회학과 석사논문』.

안세영. 2013. "노인(노화)에 관한 한의학적 관점." 『노년의 생명(윤리)정치 포럼 월례발표회』.

안순태 · 이선영 · 정순둘. 2017. "매체를 통한 노인접촉경험이 연령주의 행동의

도에 미치는 영향."『한국노년학』37(3): 763-781.

양정혜. 2011. "TV 광고가 재현하는 고령화 시대의 노인."『커뮤니케이션 이론』7(1): 72-106.

유형준. 2007. "항노화요법과 호르몬."『대한의사협회지』50(3): 234-239.

윤연정. 2016. "서울 · 경기지역 중산층 노인과 하층 노인의 치매 인식과 치매예방행동 연구."『서울대학교 대학원 사회학과 석사논문』.

윤훈 · 이순철 · 오주석. 2007. "고령자의 상실감이 주관적 안녕감에 미치는 영향."『한국심리학회지: 문화 및 사회문제』13(2): 1-15.

이금룡. 2006. "한국사회의 노년기 연령규범에 관한 연구."『한국노년학』26(1): 143-159.

______. 2008. "나이는 숫자에 불과한가?: 인지연령과 차이연령 분석에 근거한 한국사회의 노년기 연령정체성연구."『한국노년학』28(2): 251-267.

이상이. 2020. "노인연령 상향 조정이 필요한 이유."『월간 복지동향』266: 5-13.

이순철 · 오주석 · 김후경. 2007. "고령자의 상실감과 자아통합감의 관계."『한국심리학회지 : 문화 및 사회문제』13(2): 17-32.

이영수. 2004. "노화방지(항노화) 의학의 현재와 미래."『노인병』8(3): 125-127.

이윤경. 2007. "비노인층이 갖는 노인 이미지 연구."『한국인구학』30: 1-22.

이은주. 2007. "노화방지의학의 허와 실."『대한의사협회지』50(3): 228-233.

이지현 · 한경혜. 2012. "예비노인의 친구관계망 특성이 행복감에 미치는 영향: 성별 차이를 중심으로."『보건사회연구』32(2): 170- 205.

정우진. 1996. "실버산업의 시장규모 예측 및 전망."『보건복지포럼』창간호: 78-90.

정태연 · 조은영. 2005. "노년기의 외로움 및 생활만족도와 관련된 변인탐색."『한국노년학』25(1): 55-71.

조병희. 2006.『질병과 의료의 사회학』. 집문당.

최현숙. 2013.『천당하고 지옥이 그만큼 칭하가 날라나?』. 이매진.

최혜지. 2016. "노인기준연령 상향조정 논의에 대한 비판과 대안."『월간 복지동향』216: 45-49.

한정란 · 이금룡 · 원영희. 2006. "청소년과 노년 세대간 태도분석: 상호지향성 및 중요도-실행도 분석모형을 기초로." 『한국노년학』 26(2): 381-402.

조엘 드 로스네 · 장 루이 세르방 슈레베르 · 프랑수아 드 클로제 · 도미니크 시모네. 2007. 『노인으로 산다는 것』. 권지현 역. 서울 : 계단.

謝元魯 · 王定璋. 2002. 『中國古代敬老養老風俗』. 陝西人民出版

Bai, X., D. W. Lai, and A. Guo. 2016. "Ageism and Depression: Perceptions of Older People as a Burden in China." *Journal of Social Issues* 72(1): 26-46.

Baltes, P. B. and M. M. Baltes(Eds.). 1990. *Successful Aging: Perspectives from the Behavioral Sciences*. Cambridge University.

Burgess, Ernest W. 1950. "Personal and Social Adjustment in Old Age." In Milton, Derber(Ed.). *The Aged and Society*. Ayer Publishing.

Cetina, Karin Knorr. 2005. "The Rise of a Culture of Life." *EMBO Reports* 6(S1): S76-S80.

Coudin, G. and T. Alexopoulos. 2010. "'Help me! I'm Old!' How Negative Aging Stereotypes Create Dependency among Older Adults." *Aging and Mental Health* 14(5): 516-523.

Erikson, E. H. 1968. *Identity: Youth and Crisis*. New York: W.W. Norton Company.

Kite, M. E. and B. T. Johnson. 1988. "Attitudes toward Older and Younger Adults: a Meta-Analysis." *Psychology and Aging* 3(3):233-244.

Montepare, J. M. and M. E. Lachman. 1989. "'You're Only as Old as You Feel': Self-Perceptions of Age, Fears of Aging, and Life Satisfaction from Adolescence to Old Age." *Psychology and Aging* 4(1): 73-78.

Mykytyn, Coutney Everts. 2010. "A History of the Future: The Emergence of Contemporary Anti-Ageing Medicine." *Sociology of*

Health and Illness 32(2): 181–196.

Rosow, I. 1974. *Socialization to Old Age*. Berkeley: University of California.

Seefeldt, C., R. K. Jantz, A. Galper, and K. Serock. 1977. "Using Pictures to Explore Children's Attitudes toward the Elderly." *The Gerontologist* 17(6): 506–512.

Xie, Yuan Lu and Ding Zang Wang. 2002. *The Custom of the Respect for the Elderly in Ancient*. Shan Xi: Shan Xi Ren Min Publishing.

보건복지부. 2017. 『노인생활실태조사』.

국가인권위원회. 2018. 『2018 노인인권종합보고서』.

한국노인인력개발원. 2018. 『노인일자리 및 사회활동 통계 동향』.

통계청. 2018. 『2018 고령자 통계』.

통계청. 2019. 『2018년 생명표』.

"노화정도 측정 도구가 나왔다." 『대한의협신문』. 2003.04.20.

"생체나이 측정, 새로운 수익모델 활용." 『대한의협신문』. 2005.12.07.

"생체나이 측정 프로그램 'bio-age' 보급 확산." 『대한의협신문』. 2006.07.21.

"생체나이 측정 시스템 'bio-age' 중국진출 추진." 『대한의협신문』. 2006.09.28.

"생체나이 시스템 학술적 공인, SCI 등재 국제학술지에 논문 게재." 『대한의협신문』. 2008.10.30.

"강규철의 병원장을 위한 마케팅 레슨." 『대한의협신문』. 2010.07.23.

"젊게 더 젊게, 안티에이징 열풍…신성장동력 부상." 『노년시대신문』. 2013.03.15.

"정년 늘어났는데… 아빠는 더 빨리 회사 그만뒀다- 정년 연장의 역설." 『조선일보』. 2016.12.30.

"정년 맞은 근로자 고용 의무화… 사실상 65세로 정년연장 추진." 『동아일보』. 2019.09.19.

4장

김미혜. 2008. "한국노년학의 복지 분야 연구동향." 『한국노년학』 28(4): 733-752.

김윤정 · 최혜경. 1993. "치매노인의 장애기간과 부양자의 대처자원이 부양자의 부담 및 부양만족감에 미치는 영향." 『한국노년학』 13(2): 63-83.

김정석. 2005. "한국노부모들의 노후부양관 변화, 1994-2004." 『한국노년학』 25(4): 1-11.

김태현 · 전길량. 1995. "치매노인 가족의 부양 경험에 관한 연구." 『한국노년학』 15(1): 15-27.

김혜경. 2009. "박정희 체제하 '핵가족' 담론의 변화과정과 이원구조 연구: 조선일보를 중심으로." 『사회와 역사』 82: 169-212.

김혜경 · 남궁명희. 2011. "장남 부양 규범과 노부모 돌봄." 『노인돌봄』. 김혜경 엮음. 양서원.

박경숙. 2017. "서울과 나고야 노인의 생애사와 가족변화—근대가족의 탄생과 종언의 생애사적 자취." 『아시아리뷰』 6(2): 3-47.

박경숙 · 서이종 · 김수종 · 류연미 · 이상직 · 이주영. 2013. 『세대갈등의 소용돌이: 가족, 경제, 문화, 정치적 메커니즘』. 다산.

양현아. 2011. 『한국 가족법 읽기—전통, 식민지성, 젠더의 교차로에서』. 창비.

이경자. 1995. "치매 노인의 간호 문제와 돌보는 가족원의 부담감에 관한 연구." 『한국노년학』 15(2): 30-51.

이동진. 2002. 『가족이동과 가족중첩, 진단과 대응의 사회학』. 박영사.

최혜경. 1991. "심신 기능 손상 노인을 돌보는 가족 수발자 부담의 한국에서의 결정 요인에 관한 연구." 『한국사회복지학』 18: 175-205.

캐롤 길리건. 1982. 『다른 목소리로』. 허란주 역. 동녘.

Park, Keong-Suk. 2013. "Consecrating or Desecrating Filial Piety? Korean Elder Care and the Politics of Family Support." *Development and Society* 42(2): 287-308.

Ruddick, Sara. 1989. *Maternal Thinking: Toward a Politics of Peace*. Blackwell.

川島武宜. 1950.『日本社會の家族的構成』. 日本評論社版.

山根眞理 · 洪上旭 · 朴京淑 · 李東輝 · 長坂格 · 中筋由紀子. 2014. "20世紀アジアの社会變動と産育のネットワーク-5地域ライフコース調査-."『愛知教育大學研究報告』63: 155-166.

落合惠美子. 1994.『21世紀家族へ』. 有斐閣.

安藤喜大美. 2013.『現代家族における墓制と葬送』. 學術出版会.

대한가족계획협회. 1964.『가족계획』.

통계청. 2018.『사회동향조사』. 한국보건사회연구원.

한국보건사회연구원. 2018.『노인생활실태조사』.

"고부갈등, 무엇이 문제인가?"『중앙일보』. 1984.03.17.

"고령사회 일본의 끔찍한 간호살인…링거에 소독약 섞어 20명 목숨 앗아."『조선일보』. 2018.07.09.

"아무튼, 주말 효도해~ 집 줄게."『조선일보』. 2018.11.17.

5장

강남순. 2017.『용서에 대하여』. 동녘.

구미래. 2015.『존엄한 죽음의 문화사』. 도서출판 모시는 사람들.

구인회. 2004. "죽음의 개념과 뇌사찬반론."『과학사상』48: 51-72.

김남옥. 2012. "몸의 사회학적 현황과 새로운 과제."『사회와 이론』21: 289-327.

김보배 · 김명희. 2018. "연명의료결정법의 한계를 극복하기 위한 대리인 지정제도 도입방안 모색."『한국의료윤리학회지』21(2): 95-113.

김상우. 2007. "한국의 도시화에 따른 무속적 죽음관의 변화."『사회과학연구』23(3): 305-330. 경성대학교 사회과학연구소.

김수지 · 김순은. 2019. “자녀 및 이웃 결속감, 고독감, 자기 방임간의 관계: 독거 노인과 비독거 노인을 중심으로.”『인문사회』 10(3): 1-16.

김연하 · 김민주. 2019. “재가 노인의 죽음불안에 영향을 미치는 요인: 생태학 이론을 바탕으로.”『한국호스피스 완화의료학회지』 22(1): 30-38.

김유경. 2014. “가족변화 양상과 정책함의.”『보건 · 복지 Issue and Focus』 258(2): 1-8. 한국보건사회연구원.

김은주 · 이윤주. 2019. “요양병원 입원 노인의 좋은 죽음 인식, 사전의료의향서에 대한 태도 및 임종치료선호도.”『기본간호학회지』 26(3): 197-209.

김지미. 2018. “한일 복지체제 재편과 가족의 위상변화: 노인돌봄의 사회화를 중심으로.”『사회보장연구』 34(4): 61-91.

김현아. 2020.『죽음을 배우는 시간』. 창비.

류연규. 2012. “가족의 돌봄공백에 대응하는 돌봄의 사회화 정책의 성격규명.”『비판사회정책』 37: 113-153.

문재영 · 안희준. 2019. “연명의료결정법과 환자자율성 증진에 관한 문제제기: 미국 환자자기결정권 제정 이후 논쟁분석.”『한국의료윤리학회지』 22(2): 163-173.

박경숙. 2015. “임종기 노인의 고통에 대한 사회학적 고찰.”『한국사회학』 49(2): 125-160.

______. 2017. “서울과 나고야 노인의 생애사와 가족변화: 근대 가족의 탄생과 종언의 생애사적 자취.”『아시아리뷰』 6(2): 3-47.

박경숙 · 서이종 · 안경진. 2015. “연명의료 결정의 딜레마와 그 사회적 맥락.”『사회와 이론』 26: 255-302.

박복순. 2013. “산 자와 죽은 자의 이별 그리고 추모.”『한국죽음학회 웰다잉 가이드라인 제정위원회, 죽음맞이』. 도서출판 모시는 사람들.

박형신 · 정수남. 2009. “거시적 감정사회학을 위하여.”『사회와 이론』 15: 195-234.

서이종 · 박경숙 · 안경진 · 정령 · 구미진. 2014. “노년의 생명윤리의 생명사회, 생명정치적 연구-노화, 만성질환, 죽음에 대한 의식조사 결과.”『한국연구재단 ssk 1차연도 결과보고서』.

서제희 · 임정미 · 최지희 · 이나경 · 백상숙. 2018.『보건의료서비스 이용자의 죽음여정과 경험 개선을 위한 제도적 방안 연구』. 한국보건사회연구원.

서혜경. 2009. 『노인 죽음학 개론』. 경춘사.

송다영. 2014. “돌봄의 사회화와 복지국가의 지연.” 『한국여성학』 30(4): 119-152.

송인주. 2016. 『서울시 고독사 실태 파악 및 지원방안 연구』. 서울시복지재단.

송현동. 2003. “현대 한국 장례의 변화와 그 사회적 의미, 종교연구.” 『한국종교학회』 32: 289-314.

신경아. 2011. “노인 돌봄의 탈가족화와 노인의 경험: 재가 노인과 시설거주 노인의 경험연구.” 『한국사회학』 45(4): 64-96.

안병하. 2018. “소위 ‘연명의료결정법’에 대한 법리적 검토 : 환자 인격권의 관점에서.” 『민사법학』 84: 143-176.

유복희 · 이민아. 2017. “대학생들의 웰다잉에 대한 인식태도 및 공간 계획요소 중요도 연구.” 『Journal of the Korean Housing Association』 28(1): 63-72.

윤영호. 2014. 『나는 한국에서 죽기 싫다』. 엘도라도.

윤황식 · 송다영 · 김인숙. 2011. 『가족정책: 복지국가의 새로운 전망』. 서울: 공동체.

이선미 · 이희영 · 김재윤 · 강성욱. 2011. “사망전 의료이용의 합리적 관리를 위한 진료비 지출구조분석.” 『국민건강보험공단 연구보고서』 3. 국민건강보험공단 건강보험정책연구원.

임현수. 2015. “죽음의 집에 대한 상상력.” 『죽음의 풍경을 그리다』. 한림대학교 생사학 연구소 엮음. 도서출판 모시는 사람들.

장하열 · 강성경. 2000. “한국의 전통상례와 죽음관 연구.” 『종교교육학 연구』 10: 265-283.

정경희 · 김경래 · 유재언 · 이윤경 · 서제희 · 이선희. 2018. “웰다잉을 위한 제도적 기반 마련 방안.” 『한국보건사회연구원 정책자료』. 한국보건사회연구원.

정경희 · 조애저 · 오영희 · 변용찬 · 변재관 · 문현상. 1998. 『1998년 전국노인생활실태 및 복지욕구조사』. 한국보건사회연구원.

정순둘. 2001. “노인의 가족유형과 고독감에 관한 연구.” 『한국가족복지학』 7: 255-274.

제3기 국가생명윤리심의위원회. 2013. "연명의료 환자결정권 제도화를 위한 인프라 구축방안 공청회 자료집." 『연례보고서』. 보건복지부연세대학교 · 의료법윤리학 연구원.

천선영. 2012. 『죽음을 살다: 우리 시대 죽음의 의미와 담론』. 나남.

한경혜. 2019. "가족과 가구 영역의 주요동향." 『한국의 사회동향』. 통계청.

NHK **무연사회 프로젝트팀.** 2012. 『무연사회: 혼자 살다 혼자 죽는 사회』. 김범수 역. 용오름.

노베르트 엘리아스. 1998. 『죽어가는 자의 고독』. 김수정 역. 문학동네.

시몬 드 보부아르. 1970. 『노년』. 박혜영 · 홍상희 역. 책세상.

아이라 바이오크. 1998. 『품위있는 죽음의 조건』. 김언조 역. 물푸레.

아툴 가완디. 2014. 『어떻게 죽을 것인가』. 김희정 역. 부키.

알렉산드로스 벨리오스. 2016. 『나의 죽음은 나의 것』. 보문 역. 바다 출판사.

오이 겐. 2013. 『치매 노인은 무엇을 보고 있는가』. 안상현 역. 윤출판.

우에노 치즈코. 2015. 『누구나 혼자인 시대의 죽음』. 송경원 역. 어른의 시간.

이반 일리치. 2001. 『병원이 병을 만든다』. 박홍규 역. 미토.

칼 구스타프 융 · C. S. 홀 · J. 야코비. 1986. 『융 심리학 해설』. 설영환 역. 선영사.

키케로. 2002. 『노년에 관한여』. 오흥식 역. 궁리.

Department of Health. 2008. *End of Life Care Strategy-Promoting High Quality Care for all Adults at the End of Life*. www.dh.gov.uk/publications.

Dowd, James. 1975. "Aging as Exchange: A Preface to Theory." *Journal of Gerontology* 30(5): 584–594.

Esping-Anderson, G. 1999. *Social Foundation of Postindustrial Economies*. Oxford University Press.

Esping-Anderson, G., D. Gallie, A. Hemerjick and J. Myies. 2002. *Why We Need a New Welfare State*. Oxford Univeristy Press.

Greenberg, J., J. Schimel, and A. Martens. 2002. "Ageism: Denying the Face of the Future." In T. D. Nelson(Ed.). *Ageism: Stereotyping and*

Prejudice Against Older Persons. MIT Press.

Held, V. 2006. *The Ethics of Care: Personal, Political, and Global*. Oxford University Press.

Holloway, I. and K. Galvin. 2017. *Qualitative Research in Nursing and Healthcare(4th ed.)*. Chichester: Wiley Blackwell.

Illich, Ivan. 1995. "Death Undefeated." *British Medical Journal* 311(7021): 1653–1654.

Levine-Madori, Linda. 2012. *Transcending Dementia through the TTAP Method*. Maryland: Health Professions Press.

Longino, Charles F. and Cary S. Kart. 1982. "Explicating Activity Theory: A Formal Replication." *Journal of Gerontology* 37(6): 713–722.

Seeman, M. 1983. "Alienation Motifs in Contemporary Theorizing: The Hidden Continuity of Class Themes." *Social Psychology Quarterly* 46: 171–184.

네이버 지식백과. "임권택 감독 영화 축제, 박철수 감독 영화 학생부군신위." https://terms.naver.com(검색일 2020.10.01)

"홀로 맞는 죽음 5년새 78% 급증."『한국일보』. 2017.07.23.

건강보험공단.『통계 DB』.

통계청. "출생사망통계." http://kostat.go.kr.(검색일 2020.10.01.)

통계청. 1992. "한국가구 형태의 추세(1960–1990)."『인구주택총조사』.

통계청. 1998~2012.『사회조사결과』.

보건복지부. 2018.『국민기초생활보장 수급자 현황』.

통계청. 2019.『사회조사결과』.

통계청. "2019년 인구동향조사: 출생. 사망 통계 잠정 결과." http://kostat.go.kr(검색일 2020.10.01)

BBC. 〈고통에 대한 보고서〉.

찾아보기

| ㅇ |

[저자 소개]

박경숙

서울대학교 사회과학대학 사회학과 학사
서울대학교 대학원 사회과학대학 사회학과 석사
미국 Brown대학 사회학과 박사
전 동아대학교 교수(2001–2006)
서울대학교 교수(2006–현재)

『인구학 방법: 인구동태의 측정과 모형』. 서울대학교출판부. 2017.
"서울과 나고야 노인의 생애사와 가족변화: 근대가족의 탄생과 종언의 생애사적 자취." 『아시아리뷰』 6(2). 2017.
"노인가구형태의 변화가 노인 빈곤율 변화에 미친 영향." 『한국사회학』 50(1). 2016.(공동)
"임종기 노인의 고통에 대한 사회학적 고찰." 『한국사회학』 49(2). 2015.
"Consecrating or Desecrating Filial Piety?: Korean Elder Care and the Politics of Family Support." *Development and Society* 42(2). 2013.
『세대갈등의 소용돌이: 가족, 경제, 문화, 정치적 메커니즘』 다산(박경숙 외). 2013.
『북한사회와 굴절된 근대: 인구, 국가, 주민의 삶』. 서울대학교출판부. 2013.
"도덕, 정치, 경제의 연관에서 본 효도법 담론의 의미." 『가족과 문화』. 2007.
『고령화 사회 이미 진행된 미래』. 의암출판. 2003.

안경진

Yale University, Divinity School M.A.R
이화여자대학교 생명윤리정책 박사
서울과학기술대학교 기초교육학부 강사

"노인의 죽음에 대한 인식과 경험." 『인간 · 환경 · 미래』 26. 2021. 봄.(공동)
"삶의 마지막 시기 돌봄 의사결정과 노인인권." 『법과인권교육연구』 13(3). 2020.12.
"'연명의료결정법'시행 이후 중환자실 간호사의 환자 연명의료결정 및 임종기 돌봄 경험 연구." 『생명윤리』 21(2). 2020.12.(공동)

단절 이후의 삶
노년이야기

초판 1쇄 발행 | 2022년 2월 28일
초판 2쇄 발행 | 2022년 10월 15일

지은이 | 박경숙 · 안경진
발행인 | 강희일 · 박은자
발행처 | 다산출판사

주소 | 서울시 마포구 대흥로 6길 8 다산빌딩 402호
전화 | (02)717-3661
팩스 | (02)716-9945
이메일 | dasanpub@hanmail.net
홈페이지 | www.dasanbooks.co.kr
등록일 | 1979년 6월 5일
등록번호 | 제3-86호(윤)

ISBN 978-89-7110-621-1 93330

정가 18,000원